Impressões de leitura e outros textos críticos

AFONSO HENRIQUES DE LIMA BARRETO nasceu no Rio de Janeiro, em 13 de maio de 1881, filho do tipógrafo João Henriques e da professora Amália Augusta, ambos mulatos. Seu padrinho era o visconde de Ouro Preto, senador do Império. A mãe, escrava liberta, morreu precocemente, quando o filho tinha seis anos. A abolição da escravatura ocorreu em 1888, no dia de seu aniversário de sete anos, mas as marcas desse período, o preconceito racial e a difícil inserção de negros e mulatos na sociedade brasileira nunca deixaram de ocupar o centro de sua obra literária.

Em 1900, o escritor deu início aos registros do *Diário íntimo*, com impressões sobre a cidade e a vida urbana do Rio de Janeiro. Lima Barreto começa sua colaboração mais regular na imprensa em 1905, quando escreve reportagens, publicadas no *Correio da Manhã*, sobre a demolição do morro do Castelo, no centro do Rio, consideradas um dos marcos inaugurais do jornalismo literário brasileiro. Na mesma época, começa a escrever a primeira versão de *Clara dos Anjos*, obra que seria publicada apenas postumamente, e elabora os prefácios de dois romances: *Recordações do escrivão Isaías Caminha* e *Vida e morte de M. J. Gonzaga de Sá*, livros que terminaria de redigir quase simultaneamente, ainda que este último tenha sido publicado apenas em 1919.

Recordações do escrivão Isaías Caminha sai em folhetim na revista *Floreal*, em 1907, e em livro em 1909. Em 1911, escreve e publica *Triste fim de Policarpo Quaresma* em folhetim do *Jornal do Commercio*. Publica ainda *Numa e a ninfa* (1915), *Vida e morte de M. J. Gonzaga de Sá* (1919), *Histórias e sonhos* (1920). Postumamente saem *Os bruzundangas* (1922) e as crônicas de *Bagatelas* (1923) e *Feiras e mafuás* (1953).

Morreu no Rio de Janeiro, em 1º de novembro de 1922, aos 41 anos.

LILIA MORITZ SCHWARCZ é antropóloga, historiadora e editora. Professora do Departamento de Antropologia da Universidade de São Paulo (USP), é também *global professor* na Universidade Princeton, curadora adjunta do Masp e colunista do jornal eletrônico Nexo. Foi *visiting professor* nas Universidades de Oxford, Leiden, Beown e Columbia. Teve bolsa científica da Guggenheim Foundation e fez parte do Comitê Brasileiro da Universidade Harvard. É autora, entre outros, de *Retrato em branco e negro* (Companhia das Letras, 1987), *O espetáculo das raças* (Companhia das Letras, 1993), *As barbas do Imperador: D. Pedro II, um monarca nos trópicos* (Companhia das Letras, 1998), *Racismo no Brasil* (Publifolha, 2001), *A longa viagem da biblioteca dos reis* (com Paulo Cesar de Azevedo e Angela Marques da Costa; Companhia das Letras, 2002), *O sol do Brasil: Nicolas-Antoine Taunay e seus trópicos difíceis* (Companhia das Letras, 2008), *Brasil: Uma biografia* (com Heloisa Murgel Starling; Companhia das Letras, 2015) e *Lima Barreto: triste visionário* (Companhia das Letras, 2017). Com André Botelho organizou, para a Companhia das Letras, duas coletâneas: *Um enigma chamado Brasil*, em 2009 (prêmio Jabuti) e *Agenda brasileira*, em 2011; e com Pedro Meira Monteiro, a edição crítica de *Raízes do Brasil*, em 2016.

BEATRIZ RESENDE nasceu no Rio de Janeiro em 1948. É professora titular da Faculdade de Letras da Universidade Federal do Rio de Janeiro (UFRJ) e pesquisadora do CNPq e da Fundação de Amparo à Pesquisa do Rio de Janeiro (Faperj). Na UFRJ é também pesquisadora do Programa Avançado de Cultura Contemporânea (PACC/Letras/UFRJ), onde é editora, junto com Heloisa Buarque de Hollanda, da revista *Z Cultural*. Mestre em teoria literária e doutora em literatura comparada pela UFRJ, foi professora de artes cênicas da Escola de Teatro da Unirio (2000-12) e coordenou o Fórum de Ciência e Cultura da UFRJ (2007-11). É autora, dentre outras publicações, de *Poéticas do contemporâneo, Lima Barreto e o Rio de Janeiro em fragmentos, Possibilidades da nova escrita literária no Brasil* (organizado com Ettore Finazzi-Agrò), *Contemporâ-*

neos: Expressões da literatura brasileira no século XXI, Cocaí-na, literatura e outros companheiros de viagem, Rio Literário (Org.), *A literatura latino-americana no século XXI* (Org.), *Toda crônica* (reunião das crônicas de Lima Barreto, organizada com Rachel Valença) e *Apontamentos de crítica cultural*. Há quase quarenta anos pesquisa a obra de Lima Barreto.

Lima Barreto

Impressões de leitura e outros textos críticos

Prefácio
LILIA MORITZ SCHWARCZ

Organização e introdução
BEATRIZ RESENDE

Copyright do prefácio © 2017 by Lilia Moritz Schwarcz
Copyright da introdução © 2017 by Beatriz Resende

Grafia atualizada segundo o Acordo Ortográfico da Língua
Portuguesa de 1990, que entrou em vigor no Brasil em 2009.

Penguin and the associated logo and trade dress are registered
and/or unregistered trademarks of Penguin Books Limited and/or
Penguin Group (USA) Inc. Used with permission.
Published by Companhia das Letras in association with
Penguin Group (USA) Inc.

PREPARAÇÃO
Erika Nakahata

ÍNDICE ONOMÁSTICO
Probo Poletti

REVISÃO
Ana Luiza Couto
Huendel Viana

Dados Internacionais de Catalogação na Publicação (CIP)
(Câmara Brasileira do Livro, SP, Brasil)

Impressões de leitura e outros textos críticos / organização e
introdução Beatriz Resende; prefácio Lilia Moritz Schwarcz.
— 1ª ed. — São Paulo: Penguin Classics Companhia das Letras, 2017.

ISBN 978-85-8285-054-1

1. Barreto, Lima, 1881-1922 — Crítica e interpretação
2. Literatura brasileira — Miscelânea I. Resende, Beatriz. II.
Schwarcz, Lilia Moritz III. Título.

17-05169   CDD-869.8

Índice para catálogo sistemático:
1. Miscelânea: Literatura brasileira 869.8

[2017]
Todos os direitos desta edição reservados à
EDITORA SCHWARCZ S.A.
Rua Bandeira Paulista, 702, cj. 32
04532-002 — São Paulo — SP
Telefone (11) 3707-3500
www.penguincompanhia.com.br
www.blogdacompanhia.com.br
www.companhiadasletras.com.br

Sumário

Prefácio — Lilia Moritz Schwarcz   11
Introdução — Beatriz Resende   29
Nota sobre o texto   43

IMPRESSÕES DE LEITURA E OUTROS
TEXTOS CRÍTICOS

1906
Carta de Lima a C. Bouglé   47

1907
Uma opinião de Catulo   51
Apresentação da revista *Floreal*   54
Literatura e arredores   59
Estética do "ferro"   63

1910
Carta de Lima ao redator de *A Estação Teatral*   65

1911
Uma coisa puxa a outra... I   67
Uma coisa puxa a outra... II   71
Uma coisa puxa a outra... III   74
Uma coisa puxa a outra... IV   78
Qualquer coisa   82
Alguns reparos   85
O Garnier morreu   88

1913
Semana artística I 93
Semana artística II 97
Semana artística III 100

1915
A biblioteca 104
Carta de Lima a Gilka Machado 106
Um romancista 108

1916
Carta de Lima a Murilo Araújo 110
Carta de Lima a Albertina Berta 113

1918
Anita e Plomark, aventureiros 115
Histrião ou literato? 120
Volto ao Camões 123
Literatura militante 128
O triunfo 132
Literatura e política 135
O secular problema do Nordeste 138
Carta de Lima a Monteiro Lobato 142

1919
Carta de Lima a Monteiro Lobato 144
Problema vital 146
Carta de Lima a Jaime Adour da Câmara 151
Um poeta e uma poetisa 153
Um romance sociológico 162
A crítica de ontem 169
Levanta-te e caminha 176
Canais e lagoas 180

1920
Uma ideia 184
O professor Jeremias 187
Um romance pernambucano 191
Limites e protocolo 195

Carta de Lima a Monteiro Lobato	200
Dois meninos	201
Mme. Pommery	205
Vários autores e várias obras	211
Estudos	218

1921

A obra de um ideólogo	224
Poesia e poetas	228
Carta de Lima a Francisco Schettino	233
Sobre uma obra de sociologia	235
A obra do criador de Jeca-Tatu	242
À margem do *Coivara*, de Gastão Cruls	247
Urbanismo e roceirismo	253
Um romance de Botafogo	257
O destino da literatura	265
Aos poetas	283
A lógica da vida	287
Um livro desabusado	294
Tudo junto	300
O sr. Diabo	305

1922

A Maçã e a polícia	308
O futurismo	310
História de um mulato	312
Um livro luxuriante	316
Reflexões e contradições à margem de um livro	321
Tabaréus e tabaroas	329
Poetas	331
Elogio do amigo	333
Livros	335
Fetiches e fantoches	337
Carta de Lima a Carlos Süssekind de Mendonça	339
Carta de Carlos Süssekind de Mendonça a Lima	340

Cronologia	341
Sugestões de leitura	345
Índice onomástico	347

Prefácio

Como ser do contra e a favor: impressões de leitura e muito mais[1]

LILIA MORITZ SCHWARCZ

Temo muito transformar esta minha colaboração no A.B.C. em crônica literária; mas recebo tantas obras e a minha vida é de tal irregularidade, a ponto de atingir as minhas próprias algibeiras, que, na impossibilidade de acusar logo o recebimento das obras, me vejo na contingência de fazê-lo por este modo, a fim de não parecer inteiramente grosseiro.

É dessa maneira, ao mesmo tempo humilde e generosa, que Lima Barreto descreve sua atividade como cronista literário, no texto "Limites e protocolo", escrito para a *A.B.C.* (Rio de Janeiro, 2 maio 1920), uma das revistas em que o escritor participou com maior assiduidade durante quase toda a vida.

Aí está uma faceta um tanto desconhecida que restou na obra e na produção de Lima Barreto. Em geral, o conhecemos como o autor de poucos romances, dentre eles *Recordações do escrivão Isaías Caminha* (1909), *Triste fim de Policarpo Quaresma* (1915), *Numa e a ninfa* (1915), *Clara dos Anjos* (datado de 1922 mas publicado pela primeira vez em 1924) e *Vida e morte de M. J. Gonzaga de Sá* (1919). Também não é estranha, ao menos nos dias de hoje, sua atividade como contista e criador de verdadeiras pérolas condensadas e de grande atualidade. São de sua autoria uma série de contos, completos ou que restaram incompletos, como "Nova Califórnia" (1911), "O homem que sabia javanês" (1911), "Cló" (1920), "O moleque" (1920) e "Um especialista" (1915). Lima ganhou renome, ainda, na qualidade de cronista da cidade do Rio de Janeiro e de seus subúrbios; tarefa que executava com rara constância e dedicação. Nesses espaços, costumava desfazer de tudo e de todos: da República, dos políticos, dos jornalistas, dos acadêmicos, do futebol, das feministas (apesar de ser contra os atos de violência cometidos contra as mulheres), dos costumes estrangeirados e das elites artificiais que, segundo ele, residiam em Botafogo e subiam a serra para passar o verão em Petrópolis e assim "tomar uma fresca". Lima comporta-se, nesse caso, como uma testemunha privilegiada da Primeira República; o período que surgiu prometendo muita inclusão mas entregou vários projetos de exclusão social.

No entanto, é graças à bela iniciativa de Beatriz Resende, uma das mais reconhecidas estudiosas da obra de Lima Barreto,[2] que o leitor tem nova oportunidade de conhecer e experimentar o mesmo escritor, mas visto sob outro ângulo: pelo lado de empedernido crítico e agitador literário. Se *Impressões de leitura* já havia sido organizado para a coleção que Francisco de Assis Barbosa publicou em 1956, na Brasiliense, agora será possível ler esses e outros textos de autoria do escritor de Todos os Santos, os quais, juntos, completam uma espécie de quebra-cabeça.

Francisco de Assis Barbosa, que fez a proeza de publicar uma biografia fundamental em 1951,[3] numa época em que ninguém dava muita bola para o autor de *Triste fim de Policarpo Quaresma*, esmerou-se em cuidar também de toda a obra de Lima. Mais, em 1956, quatro anos depois, Assis Barbosa não se limitou a devolver ao público os romances de Lima, também organizou seus diários, que até então não passavam de notas perdidas nas várias cadernetas pessoais do escritor; fez a sistematização de

PREFÁCIO

sua correspondência e deu a ela a forma de dois livros; e organizou novas coletâneas de ensaios. Não contente com isso, convidou M. Cavalcanti Proença[4] e Antônio Houaiss[5] para ajudar na força-tarefa[6] e escolher a dedo os prefaciadores dos diferentes volumes (a maioria ainda atuante e alguns já falecidos mas com textos de reconhecida importância), de maneira a criar uma rede de intelectuais que sustentassem o autor. O projeto era de monta e visava reviver Lima Barreto e sua literatura.

O biógrafo assinou o prefácio do primeiro volume dedicado ao romance *Recordações do escrivão Isaías Caminha*, até porque cabia a ele a primazia de inaugurar a coleção. Mas os demais prefaciadores também impressionam: o historiador, crítico e embaixador M. Oliveira Lima assinou o de *Triste fim de Policarpo Quaresma*; João Ribeiro de *Numa e a ninfa*; Tristão de Ataíde — pseudônimo de Alceu de Amoroso Lima — de *Vida e morte de J. Gonzaga de Sá*; o historiador Sérgio Buarque de Holanda de *Clara dos Anjos*; a crítica literária Lúcia Miguel Pereira de *Histórias e sonhos*; Oscar Pimentel de *Os bruzundangas*; Olívio Monteiro de *Coisas do reino de Jambón*; Astrogildo Pereira de *Bagatelas*; Jackson Figueiredo de *Feiras e mafuás*; Antônio Houaiss de *Artigos e crônicas: Vida urbana*; Agripino Grieco de *Artigos e crônicas: Marginália*; Gilberto Freyre de *Diário íntimo*; Eugênio Gomes de *Cemitério dos vivos*, que incluía *Diário do hospício*; e o velho e bom amigo, Antônio Noronha Santos, de *Correspondência I* e, sob o pseudônimo de B. Quadros, de *Correspondência II*.[7] Por fim, M. Cavalcanti Proença que, como vimos, foi um dos organizadores da coleção, ficou com o prefácio de *Impressões de leitura*.

Beatriz Resende não se restringiu, porém, a editar o que já estava organizado. Incluiu uma série de ensaios em que Lima surge na sua função de literato e de crítico de literatura. Aqui se encontra a conferência que Lima escreveu para proferir em São José do Rio Preto em 1921, mas jamais apresentou, e que chamou de "O destino da literatura"; a introdução que apresentou no primeiro número da revista *Floreal*, de 1907, uma iniciativa de Lima e de seu círculo de escritores boêmios, mas que não passou dos quatro números iniciais; bem como cartas que trocou com a feminista Albertina Berta, com Murilo Araújo e Théo-Filho; com seus "discípulos", como Jaime Adour da Câmara; com seus editores Monteiro Lobato e Francisco Schettino e com Antônio Noronha Santos, seu amigo mais assíduo na troca de correspondências. Todos esses escritos tratam, e cada um à sua forma, sobre livros e sobre a atividade literária.

Como se pode facilmente depurar, a partir do trecho com que iniciei este prefácio, se Lima podia ser duro com aqueles que considerava seus adversários nas mais diferentes áreas, sabia ser solidário com os colegas escritores. Por sinal, jamais deixava qualquer correspondência sem resposta, assim como animava jovens colegas e, muitas vezes, se dava ao trabalho de resenhar seus novos romances, contos ou poemas. É por esse motivo que Beatriz Resende inclui no volume algumas cartas — dentre a vasta correspondência deixada pelo escritor de Todos os Santos — e assim completa um perfil sensível do autor.

O conjunto é, pois, de monta e deixa entrever "as costelas" de Lima, conforme expressão que o criador de Gonzaga de Sá costumava usar quando aconselhava seus "discípulos". Segundo ele, era preciso caprichar na trama de maneira a não deixar a biografia aparecer demais, até mesmo no caso de uma literatura claramente autoidentificada, como era a dele. Enfim, aí está um retrato três por quatro desse escritor que jamais perdia a ocasião de expressar sua verve libertária e sua maneira irônica de definir o contexto literário em que vivia. "Reina, hoje, na República das Letras, uma grande liberdade de opinião que era bom reinasse ela também em outras repúblicas, uma das quais é muito nossa conhecida [...]. O diabo é o nome!" (*Careta*, Rio de Janeiro, 29 jul. 1922). Sem perder a ocasião de criticar a República, que não era aquela que imaginara para si e para a população brasileira, o autor de *Policarpo Quaresma* parece se enternecer com o tipo de demanda que recebe, sobretudo dos iniciantes, e com a dificuldade que sente de dar conta dela: "A oferta de livros não cessa de me ser feita. É cousa que muito me desvanece; mas muito me embaraça também. Às vezes, são poetas que me oferecem as suas *plaquettes* e mesmo os seus livros. Sou obrigado, por delicadeza e para não parecer presunçoso, a dar uma opinião sobre eles".

Sem falsa modéstia, Lima reconhece o que sabe fazer — escrever e criticar — assim como é o primeiro a admitir suas "fraquezas":

Ora, nunca estudei, mesmo nos seus menores elementos, a arte de fazer versos; não conheço as suas escolas, nem sei bem como elas se distinguem e diferenciam; entretanto, segundo as praxes literárias, tenho, ou por carta ou em artigo, que dar uma opinião sobre as obras poéticas que me são enviadas. É daí que me vem uma das complicações dolorosas que a literatura trouxe à minha existência [...]. Não é só aí que a minha humilde literatura complica a minha vida e me causa incômodos. Há outros pontos em que ela me põe abarbado. (*Gazeta de Notícias*, Rio de Janeiro, 6 dez. 1920)

O certo é que o solteirão Lima Barreto, que jamais teve romances ou casos amorosos mais estáveis, dizia que era mesmo casado com a literatura, e com aqueles que a professavam. Por isso, é bastante comovente notar como o escritor se esforça para dar conta de todos os livros e originais que recebe, assim como inclui uma lista de nomes, hoje em boa parte desconhecidos, mas que ele julgava dignos de menção em suas colunas na *A.B.C.* ou na *Careta*. Ali estão seus discípulos queridos como Jaime Adour da Câmara, Nestor Vítor, Eneias Ferraz; colegas e amigos como Noronha Santos, Gastão Cruls, Carlos Süssekind de Mendonça, Leo Vaz e Mário Sette; mas também uma relação de autores hoje pouco nomeados: Hermes Fontes, Veiga Miranda, Valfrido Souto Maior, Otávio Brandão, Araújo Jorge, Lucilio Varejão, Orris Soares, Maria Teresa Abreu Costa, Carlos de Vasconcelos, Adelino Magalhães, José Saturnino de Brito, Théo-Filho, Hélio Lima, Heitor Alves, Vinício da Veiga, Otávio Augusto, Perilo Gomes, Adelino Magalhães, Murilo de Araújo e até dois "autores ingleses", Mr. Joachin Macran e Mr. W. Smith.

Os gêneros literários que suas colunas abarcam são igualmente variados: poesia, romance, crítica, ensaios e até culinária. O escritor parece concentrar-se em qualquer obra que estivesse contida na fronteira estendida da literatura, mas sobretudo em autores que, de alguma forma, estavam fora do cânone literário até mesmo de sua época. Por meio de suas colunas, abria espaços para novas obras e autores e, assim fazendo, dava publicidade a colegas, muitos deles iniciantes, que não conseguiriam outro tipo de exposição nessa que Lima chamava de "República das Letras" — não sem deixar passar um pingo de ironia.

Nessas horas ele era até paternal; pedia por ajustes nas obras e dava "conselhos de mais velho, só de mais velho, porque gosto o senhor tem de sobra". Pedia também que os jovens escritores carregassem seus escritos com mais "realidade" e que abandonassem "as exterioridades de cor de papel, formatos e quejandos". Ou então: "escreve muito, a todo o momento, narre as suas emoções, os seus pensamentos, descubra a alma dos outros, tente ver as cousas, o ar, as árvores e o mar, de modo pessoal, procure o invisível no visível, aproxime tudo em um só pensamento".

Essas crônicas datam, em sua maior parte, do final dos anos 1910 e começo dos anos 1920, contexto em que Lima já se considerava, comparativamente, mais "maduro" em relação às novas gerações — mas nem por isso mais "incluído". Tentara por três vezes entrar na Academia Brasileira de Letras, mas sem sucesso — na última até desistiu —, e desdenhava de escritores como Coelho Neto e João do Rio que faziam parte desse clube ("clabe", como gostava de brincar, imitando o sotaque inglês) ou haviam tomado parte da associação de letrados.

Por sinal, nessas suas colunas, que se comportam mesmo como "impressões de leitura", o escritor aproveitava para deixar clara sua própria missão,[8] e aquela que procurava encontrar para os demais escritores. A literatura que acreditava era aquela que se dedicava a temas sociais, que sofria ao lado dos humildes, mas era também identificada com as agruras da população de uma forma geral. Aquela que era solidária com homens e também com os animais, e que apreciava "os maiores tipos, Zola, Tolstói, Ibsen, Bjørnson, dentre todos os contemporâneos". Segundo ele, esse conjunto de nomes tinha em comum o fato de serem considerados "como singulares, como extravagantes, como degenerescentes. Todos eles conspiram contra o interesse geral, ou pelo menos contra aquilo que a grande maioria entende que o é. Com o povo as academias, toda a gente que anda em concílios, que representa coletividades, notáveis, os escorraça e condena" (*Revista Contemporânea*, 1919).

Lima se identificava com esse tipo de literato e não era ele próprio muito bom no desempenho social ou na performance de palanque. Tanto que, na primeira conferência que preparou acerca da literatura que advogava, e que seria proferida em 1921, acabou tomando um imenso pileque e foi obrigado a desistir do que para ele era um imenso desafio pessoal. Mesmo assim, conservou o texto que preparou de cabeça, e sem ter a sua Limana por perto — a sua biblioteca privada que contava com quase oitocentos volumes — para ampará-lo. Nomeou-o, como já tivemos oportunidade de mencionar, de "O destino da literatura", mesmo sem saber que o texto se converteria numa espécie de testamento. O certo é que dessa forma descobrimos onde mora a alma de Lima, e em que lugar residem as suas interdições. O escritor não se achava bonito, muito menos galanteador o suficiente para lograr a atenção de uma plateia. Mas leitores ele tinha, assim como adeptos da literatura militante e social que professava. Uma literatura que não abria mão da sua gente, do seu contexto político, e que inquiria sobre a política e sobre as regras por demais restritivas da academia.

Já houve, entre nós, o pedantismo dos gramáticos que andou esterilizando a inteligência nacional com as transcendentes questões de saber se era "necrotério" ou "necroteca", "telefone" ou "teléfono" etc. etc.; já houve o pedantismo dos positivistas que aterrava toda a gente com a matemática; hoje há ou está aparecendo um outro: o pedantismo católico que se entrincheira atrás de são Tomás de Aquino e outros respeitáveis e sutis doutores da Igreja.

Polêmico, Lima não costumava deixar pedra sobre pedra. E, para tanto, nada como atacar, ainda que injustamente, aquele que mesmo morto em 1908 representava a "régua e o compasso" para os jovens escritores: Machado de Assis.

Nós todos temos a mania de procurar sempre a verdade muito longe. O caso de Machado de Assis é um deles. Ele e a sua vida, o seu nascimento humilde, a sua falta de títulos, a sua situação de homem de cor, o seu acanhamento, a sua timidez, o conflito e a justaposição de todas essas determinantes condições de meio e de indivíduo, na sua grande inteligência, geraram os disfarces, estranhezas e singularidades do Brás Cubas, sob a atenta vigilância do autor sobre ele mesmo e a sua obra. (*Revista Contemporânea*, Rio de Janeiro, 10 maio 1919)

Se Lima reconhecia talento no acadêmico, desfazia de suas opções pessoais. Segundo ele, os escritores deveriam lidar e incluir "sua origem", destacar suas diferenças sociais num país tão desigual como o Brasil, e Machado, na opinião do autor de *Triste fim*, aburguesara-se por conta das atitudes e dos projetos de ascensão literária que decidiu tomar. Não é mesmo o caso de comparar escritores e ainda menos de optar por um deles.[9] O fato é que Lima precisava de Machado para se opor e, assim, definir a literatura que fazia e defendia.

Por isso, em "O destino da literatura", ele escreve com o coração:

Fazendo-nos assim tudo compreender; entrando no segredo das vidas e das cousas, a Literatura reforça o nosso natural sentimento de solidariedade com os nossos semelhantes, explicando-lhes os defeitos, realçando-lhes as qualidades e zombando dos fúteis motivos que nos separam uns dos outros. Ela tende a obrigar a todos nós a nos tolerarmos e a nos compreendermos; e, por aí, nós nos chegaremos a amar mais perfeitamente na superfície do planeta que rola pelos espaços sem fim. O Amor sabe governar com sabedoria, e acerto, e não é à toa que Dante diz que ele move o Céu e a alta Estrela.

Atualmente, nesta hora de tristes apreensões para o mundo inteiro, não devemos deixar de pregar, seja como for, o ideal de fraternidade, e de justiça entre os homens e um sincero entendimento entre eles.

E o destino da Literatura é tornar sensível, assimilável, vulgar esse grande ideal de poucos a todos, para que ela cumpra ainda uma vez a sua missão quase divina.

Esse era mesmo Lima Barreto, sem tirar nem pôr, e o leitor tem nesta coletânea uma rara e condensada oportunidade de compreender o projeto militante do escritor. Esse era aliás o título que ele dava à literatura que realizava: militante! Os tempos andavam convulsionados, vivíamos na sombra da Primeira Guerra Mundial e na eminência da Segunda, os movimentos anarquistas ganhavam expressão e volume,[10] as greves pipocavam por todo o território nacional, e Lima vestia-se como paladino de seu momento nervoso.

E por estar obrigado a publicar tantas colunas diárias nos jornais da capital, certas vezes Lima não tinha, efetivamente, o que dizer ou redigir. Nessa época, com as dívidas que se acumulavam por conta da doença do pai, que havia uma dezena de anos aposentara-se por causa da loucura, e da sua própria aposentadoria (que não lhe provia sequer o sustento), o escritor trabalhava em demasia, entregando até duas colunas por dia. Até por conta dessa peculiaridade, em certas situações devia-lhe faltar assunto, e nessas horas ele parecia preferir, entre escrever ou calar, falar mal dos demais. Num artigo, por exemplo, confessa não estar

> bem-disposto para escrever; e, desde que as ideias não me acodem em abarroto nem a pena escorrega célere, não é bom forçar a natureza, tanto mais que tenho que contar com todos os intermediários necessários entre o meu pensamento e os leitores, para desfigurarem o meu artigo. Sendo assim, o melhor é interromper a série de rápidos estudos que venho fazendo dos nossos homens de lápis e pincel, e escrever qualquer coisa.

Passa então a se declarar contra tudo o que fosse mais estabelecido nessa "República das Letras". Era, por exemplo, avesso à Garnier, editora que — segundo ele — convertera-se em "desaguadouro da produção literária nacional e exercia sobre as edições um monopólio nem sempre favorável a nós". Na opinião do escritor carioca, o estabelecimento era dirigido por "um velho mentecapto, que nem lia português e nunca tinha vivido no nosso meio, as suas edições eram feitas atendendo mais à representação oficial do autor do que mesmo ao valor da obra". Segundo o criador de *Clara dos Anjos*, a Garnier cuidava apenas dos autores de sucesso e não dava atenção àqueles que ele se dedicava e se preocupava em resenhar. Também era contra a Biblioteca Nacional, desde que ela se mudara "para um palácio", o qual, de acordo com ele, apenas apavorava possíveis frequentadores.

Lima ainda se opunha, como vimos, às jovens feministas como Albertina Berta e Gilka Machado. Entendia o movimento como mais um fenômeno importado do ambiente intelectual europeu, e, portanto, distante da realidade das trabalhadoras brasileiras. Como era em tudo debochado, o escritor por vezes se equivocava. Nesse caso, errou em cheio em suas projeções, uma vez que hoje sabemos da relevância do movimento social e de sua atuação na luta pelos direitos num país tão marcado pelo machismo institucional.

Mas se nesse departamento Lima (e bem a seu estilo) criticava para depois adular, existiam outros opositores contra os quais o criador de Policarpo jamais baixava a guarda. Dentro do "time de desafetos", Coelho Neto ocupava posição avantajada. A essa altura ele já tinha entrado na Academia, e não parava de publicar em profusão. Era também autor de um estilo empolado, parnasiano, e preferia voltar-se a uma Grécia idealizada a buscar inspiração na realidade nacional. E, nesse caso, nosso escritor não mostrava qualquer laivo de generosidade. Na verdade, atacava o acadêmico, sempre, sem dó nem piedade. Veja-se o trecho: "O sr. Coelho Neto é o sujeito mais nefasto que tem aparecido no nosso meio intelectual. [...] O sr. Neto quer fazer constar ao público brasileiro que literatura é escrever bonito, fazer brindes de sobremesa, para satisfação dos ricaços".

Coelho Neto era mesmo seu "inimigo de plantão", e um bom pretexto para Lima, na contramão, sustentar sua própria literatura. O autor de *Triste fim* julgava o Brasil um país "complexo, na ordem social econômica, no seu próprio destino", e acreditava que, nesse critério, Coelho Neto era destituído de autoridade. Segundo ele, o acadêmico não tinha "visão da nossa vida, nem simpatia por ela [...]. Ninguém lhe peça um pensamento, um julgamento sobre a nossa vida urbana ou rural; ninguém lhe peça um entendimento mais perfeito de qualquer dos tipos da nossa população: isso, ele não sabe dar". Para piorar, eram opostos no que se refere ao futebol: Coelho Neto seguia o esporte com paixão; já Lima Barreto colocava na conta do jogo um ambiente que apenas acirrava ódios e divisões internas.

Lima também não se identificava com João do Rio e não economizava no escárnio. Ele seria um personagem do Rio, "com a sua literatura cortada no Brandão [...]. Outros, com menos roupas, sem bordados, sem pés formosos, sem capacidade de agenciar anúncios, hão de tê-las também; e então veremos quem são os nossos homens de talento e se são só os *auteurs de la maison* do mentecapto Hipólito Garnier. Veremos". Enfim, não é preciso multiplicar os exemplos pois são todas passagens de textos incluídos neste volume, fundamental para entender uma obra de difícil doma como essa. O leitor tem, pois, em mãos um belo "aperitivo", um "ticket de entrada" sensivelmente ofertado por Beatriz Resende, que permite invadir esse mundo literário de Lima Barreto. Um Lima boêmio, que passava as noites sem entrar no teatro, mas a "perambular pelas ruas e botequins". Um Lima que mesmo sabendo ler inglês, francês, italiano e espanhol, brincava com a mania de "língua estrangeira" que infestara o país e que preferia elogiar a "literatura popular" e polemizar até com os amigos.

É preciso confessar, porém, que Lima não era fácil, e jamais perdia a oportunidade de uma boa crítica. O estado em que se encontrava o país era seu prato cheio e

PREFÁCIO   23

sua mesa posta. "Não há dúvida alguma que o Brasil é um país para ser embasbacado. Não há cidadão que aqui chegue com duas ou três bobagens nas malas que não nos cause pasmo." Enfim, fazendo crítica literária, crítica de teatro e crítica política, o escritor acreditava mesmo que sua "alma" era de "bandido tímido", que não tinha lugar em meio a tanta modernidade, estrangeirices e "suntuosidades desnecessárias".

Falando em modernidade, a organizadora dessa obra inclui ao final do volume uma fatídica resenha que Lima dirigiu aos paulistanos da *Klaxon*, no carregado ano de 1922. Fiquemos só com duas das muitas atividades que tomaram a agenda daquele ano. Foi em 1922 que se comemorou no país todo, mas sobretudo na capital, o centenário da independência, com todos os requintes e patriotadas que Lima tanto desdenhava. Já em outro estado da nação, um grupo autointitulado modernista usou o pomposo Teatro Municipal para a celebração e ritual de inauguração do que eles julgavam ser uma nova dicção, uma forma menos enferrujada de lidar com o nosso país. A revista *Klaxon* era seu cartão de apresentação.

Quem entregou o exemplar em mãos para o autor de *Isaías Caminha* foi Sérgio Buarque de Holanda, na época um jovem escritor e intelectual que, como outros tantos que temos mencionado neste breve texto, ofereceu ao "cronista maduro" um pouco da arte que o grupo andava fazendo e escandalizando a pauliceia.[11] E o que poderia ter sido um belo encontro virou então um imenso desencontro, uma trombada de graves proporções. Lima avaliou que os "rapazes paulistanos" não passavam de novos adeptos de modas do estrangeiro. Ele se referia ao "futurismo" do italiano Marinetti, que virava voga fácil e símbolo de qualquer modernidade. Por isso, traduziu o título da revista como uma homenagem aos novos tempos urbanos e velozes: o som de uma buzina de automóvel. Além do mais, o autor de Policarpo já carregava consigo certas desconfianças não só em relação ao "dinheiro dos paulistas", como contra o que chamava de provincianismos do Estado. E, assim, juntando dois mais dois, o escritor carioca caiu em cima dos rapazes com sua conhecida ironia.

> Disse cá comigo: esses moços tão estimáveis pensam mesmo que nós não sabíamos disso de futurismo? Há vinte anos, ou mais, que se fala nisto e não há quem leia a mais ordinária revista francesa ou o pasquim mais ordinário da Itália que não conheça as cabotinagens do "il Marinetti". [...] A originalidade desse senhor consiste em negar quando todos dizem sim; em avançar absurdos que ferem, não só o senso comum, mas tudo o que é base e força da humanidade. (*Careta*, Rio de Janeiro, 22 jul. 1922)

Distantes dos idos de 1922, é até fácil perceber como "os moços" guardavam certa proximidade com Lima e sua geração boêmia que se reunia nos bares da capital. Ambos os grupos eram avessos à linguagem empolada e acadêmica, favoráveis à introdução dos termos retirados do povo e comportavam-se tal qual franco-atiradores diante dos literatos mais estabelecidos e parnasianos. Também traziam uma nova visão de Brasil, que incluía e dialogava com os termos locais. Mas dessa vez nem as desculpas, que apareciam de forma recorrente no final das resenhas do escritor carioca, tiveram o dom de aplainar o atrito, que teve consequências graves. E se a resposta dos modernos — na revista[12] e depois de estabelecido o movimento — não foi responsável, ajudou a retardar o reconhecimento da literatura de Lima Barreto, que só mais recentemente vem sendo valorizada da forma e com a importância que merece.

Em sua época, a obra de Lima acabou restando como uma literatura "entre"; ele que morreu aos 41 anos, bem no final do ano de 1922. Por isso teria ficado no meio da geração de Machado e aquela anunciada pelos modernos;

PREFÁCIO   25

entre uma literatura parnasiana e outra renovada; a favor
da quebra das regras gramaticais mais limitadoras.[13] O importante é que Lima Barreto jamais foi "entre"; era com
certeza "mais".

Enfim, dentre os tantos méritos desta coletânea organizada por Beatriz Resende, há uma que é ainda mais evidente. O conjunto de escritos traça um painel improvável
das artes e da literatura produzidas no Brasil, sobretudo nos primeiros anos do século xx, com a introdução
de obras e autores hoje pouco mencionados. Quem sabe
aqui esteja um belo convite para que novas gerações mer-
gulhem nesse período, cuja produção é ainda tão pouco
conhecida e estudada. Neste livro também desponta, tal
qual imagem refletida no espelho, a pena afiada de Lima
Barreto, com seus erros e muitos acertos; suas idiossincra-
sias e suas paixões; suas broncas e apostas; sua melancolia tímida e as grandes utopias que gostava de propagar.

Contra Botafogo, contra o futebol, contra a academia,
contra o Municipal, contra a imitação do estrangeiro, contra as feministas, contra Coelho Neto e contra João do
Rio, mas a favor de uma literatura voltada para o social,
por qualquer janela que se queira observar, Lima Barreto
era sempre a melhor versão de si próprio. Aí está um escritor militante e solidário que, como o leitor verá, procurou
por um lugar ao sol na República das Letras. Não apenas
para si mesmo, mas para a arte de seus colegas de geração
que acabaram presos no meio do redemoinho, ou arrasta-
dos pelo furacão modernista que terminou virando métrica segura para um campo literário que mal se formava no
país e pedia por mais inclusão do que exclusão.

Notas

1.   Vários aspectos da vida e da literatura de Lima Barreto
        mencionados neste prefácio, e de maneira ligeira, fo-

ram mais desenvolvidos na biografia que escrevi sobre o escritor, chamada *Lima Barreto: triste visionário* (São Paulo: Companhia das Letras, 2017).

2. Beatriz Resende é autora de livros e ensaios da maior relevância para a obra de Lima Barreto. Dentre eles cito o clássico *Lima Barreto e o Rio de Janeiro em fragmentos* (Campinas: Ed. da Unicamp; Rio de Janeiro: UFRJ, 1993). Isso sem esquecer de seu trabalho no levantamento das inúmeras crônicas escritas pelo autor carioca. Ver Lima Barreto, *Toda crônica* (Org. de Beatriz Resende e Rachel Valença. Rio de Janeiro: Agir, 2004. 2 v. [v. 1: 1890-1919, v. 2: 1919-22]).

3. Refiro-me ao livro *A vida de Lima Barreto* (7. ed. Belo Horizonte: Itatiaia; São Paulo: Edusp, 1988). Francisco de Assis Barbosa (1914-91) se formou pela Faculdade de Direito do Rio de Janeiro. Foi redator de *A Noite* (1934) e de *O Imparcial* (1935), colaborou em *A Noite Ilustrada*, *Vamos Ler, Carioca, Diretrizes, Revista do Globo, Correio da Manhã, Diário Carioca, Folha da Manhã* (de São Paulo) e *Última Hora*. Foi também diretor da *Revista do Instituto Histórico e Geográfico* a partir de 1966. Fundou a Associação Brasileira de Escritores (ABDE); ocupou o cargo de subchefe do Gabinete Civil e assessor de documentação da Presidência da República durante o governo de Juscelino Kubitschek (1956-61). Sobre este, escreveu, em 1962, uma biografia intitulada *Juscelino Kubitschek: Uma revisão na política brasileira*. Em 1970 foi eleito para a Academia Brasileira de Letras. Já em 1977 passou a integrar o corpo de diretores da Fundação Casa de Rui Barbosa, como chefe do Centro de Estudos Históricos, e foi também membro do Conselho Federal de Cultura. (Fonte: <www.academia.org.br/abl/cgi/cgilua.exe/sys/start.htm%3Fsid%3D176/biografia>.)

4. M. Cavalcanti Proença (1905-66) foi professor, escritor e militar reformado. Crítico literário, colaborou nos suplementos literários de diversos jornais, entre eles o *Correio da Manhã*, tendo sido diretor da revista *Civilização Brasileira*. Entre seus trabalhos destacam-se os ensaios *O roteiro de Macunaíma* e *Augusto dos Anjos*

PREFÁCIO

e outros ensaios e o romance *Manuscrito holandês*. (Fonte: *Correio da Manhã*, 17 dez. 1966.)

5. Antônio Houaiss (1915-99), professor, diplomata e filólogo, nasceu no Rio de Janeiro. Lecionou português, latim e literatura no magistério secundário oficial do então Distrito Federal, de 1934 a 1946, quando pediu exoneração, optando pela carreira diplomática. Entre 1957 e 1960, atuou como assessor de documentação de Juscelino Kubitschek. Foi redator do *Correio da Manhã* em 1964 e 1965. Ingressou na Academia Brasileira de Letras (ABL) a partir de 1971. Atuou, entre outros, no estabelecimento de um novo *Dicionário da língua portuguesa*. (Fontes: <www.academia.org.br/academicos/antonio-houaiss/biografia> e <enciclopedia.itaucultural.org.br/pessoa14496/antonio-houaiss>.)

6. Na época, era editor da Brasiliense Arthur Heládio Neves (1916-71), militante comunista que o historiador conheceu no Partido Comunista Brasileiro. Foi um dos fundadores da editora Brasiliense (ao lado de Caio Prado Jr.) e militante do PCB. (Fonte: Laurence Hallewell, *O livro no Brasil: Sua história*. São Paulo: Edusp, 2005, pp. 367-9.)

7. Para um levantamento desses prefácios sugiro a leitura de Nádia Maria Weber Santos, "Lima Barreto muito além dos cânones" (*Artelogie. Dossier thématique: Brésil, questions sur le modernisme*. Paris, 12 mar. 2011).

8. Sobre o conceito de "literatura como missão" ver livro pioneiro de Nicolau Sevcenko, *Literatura como missão* (São Paulo: Brasiliense, 1983).

9. Desenvolvi de forma mais cuidadosa essa reflexão na biografia que escrevi sobre o escritor chamada *Lima Barreto: triste visionário* (São Paulo: Companhia das Letras, 2017) e no artigo "Machado de Assis: Leitor de si" (*Revista Machado de Assis em Linha*, Rio de Janeiro, v. 7, n. 14, pp. 22-60, 2014).

10. Sobre o movimento anarquista, ver Antonio Arnoni Prado, *Lima Barreto: O crítico e a crise* (Rio de Janeiro: Cátedra; Brasília: INL, 1976) e Francisco Foot Hardman, *Nem pátria, nem patrão!: Vida operária e cultura anarquista no Brasil* (São Paulo: Brasiliense, 1983).

28 IMPRESSÕES DE LEITURA E OUTROS TEXTOS CRÍTICOS

11. Escrevemos, Pedro Meira Monteiro e eu, um texto sobre o tema. Ver o artigo "Sérgio com Lima: Um encontro inusitado em meio aos modernismos", que escrevemos para o dossiê sobre o segundo autor, e que foi organizado por Ângela de Castro Gomes e publicado na *Revista Brasileira de História* (set.-dez. 2016).

12. Em crônica na *Careta*, de 22 de julho de 1922, Lima qualifica os modernistas de São Paulo de "futuristas" e faz troça da revista *Klaxon*. Os paulistas revidam com a mesma ironia. No livro de minha autoria, e já mencionado, trago os termos da resposta de maneira literal.

13. Para uma visão mais abrangente sobre os impasses dessa que foi equivocadamente chamada de uma geração "entre", ver Silviano Santiago, *Uma literatura nos trópicos: Ensaios sobre dependência cultural* (São Paulo: Perspectiva, 1978) e Flora Süssekind, *Cinematógrafo de letras: Literatura, técnica e modernização no Brasil* (São Paulo: Companhia das Letras, 1987); "O figurino e a forja", em *Sobre o pré-modernismo* (Rio de Janeiro: Fundação Casa de Rui Barbosa, 1988); *O Brasil não é longe daqui* (São Paulo: Companhia das Letras, 1991).

Introdução

Lima Barreto:
Vida e morte pela literatura

BEATRIZ RESENDE

> *O ensaio não apenas negligencia a certeza indubitá-*
> *vel, como também renuncia ao ideal dessa certeza.*
> Theodor W. Adorno, "O ensaio como forma"

Desde muito cedo até sua morte, aos 41 anos, Afonso Henriques de Lima Barreto decidiu que toda sua vida seria, custasse o que custasse, dedicada à literatura. A preocupação social, o empenho na defesa dos excluídos da sociedade, a luta contra a desigualdade, contra o racismo e contra os desmandos dos governantes, a preocupação em dar voz a todos que ainda não podiam falar por si na Primeira República do Brasil, tudo isso era sua missão a ser cumprida através da literatura.

Nicolau Sevcenko, que forja a expressão "literatura como missão" ao falar de Lima Barreto e de Euclides da Cunha, mostra que uma missão como essa, sendo artística, transcenderia todas as outras pela eficiência simbólica: "Produzir literatura é por isso um gesto de inconformismo".[1]

Pela literatura, o autor de *Triste fim de Policarpo Quaresma* viveria e lutaria contra todas as adversidades, todos os limites que lhe foram impostos ou que ele mesmo causava — como a bebida ou o delírio — não impediam a criação, mas lhe minaram a saúde, provocando a morte precoce.[2] Em seu *Diário íntimo*[3] narra, em vários momentos, a luta contra as limitações impostas pelo álcool, como em 9 de junho de 1917: "Hoje, depois de ter levado quase todo o mês passado entregue à bebida, posso escrever calmo". Também aí repete a força de sua opção de vida pela literatura, como faz em seu principal texto teórico, "O destino da literatura", a conferência não pronunciada que faz parte deste volume: "a Literatura, a que me dediquei e com que me casei", afirma, "teve, tem e terá um grande destino na nossa triste Humanidade".

Os textos aqui reunidos mostram Lima Barreto como o autor comprometido com princípios estéticos e éticos que bem define, mas também o leitor atento e o crítico literário que apenas em duas oportunidades se utiliza de um formato mais próximo da crítica literária — na conferência e na apresentação de *Floreal*, a revista que criou com outros companheiros. O exercício de sua crítica se dá em ensaios publicados em jornais ou revistas, com a liberdade que o gênero permite, ou — na falta de oportunidade de uma escrita pública — movido pelo desejo de uma observação mais pessoal, em cartas, especialmente as dirigidas a escritores iniciantes.

Por reconhecer a importância de alguns momentos da correspondência ou de textos apresentados como crônicas, para a formulação do que entendia por crítica literária, juntei outra seleção à coletânea preparada por Francisco de Assis Barbosa, com a colaboração de Antônio Houaiss e M. Cavalcanti Proença, organizadores das *Obras de Lima Barreto*.

Se cotejarmos os textos críticos de Lima Barreto com a engessada crítica literária de sua época, quase sempre regida pelas determinações de escolas literárias a que se filiavam os autores ou mobilizada por interesses de legitimação impostos pelos rituais classificatórios e entidades de consagração, como a Academia Brasileira de Letras, veremos a importância da liberdade com que se move nosso romancista. A exclusão que experimentou ao se ver

INTRODUÇÃO

banido da grande imprensa, sua recusa a tudo que pudesse parecer oficial ou pertencente às esferas do poder durante a República Velha — e mesmo as condições de vida que experimentou após uma juventude promissora —, transformam-se na independência com que escrevia, numa espécie de à vontade, como dizia, para fazer seus comentários críticos. O formato de ensaio que seus escritos sobre obras e autores tomam favorece a originalidade, o tom opinativo e mesmo pessoal de suas avaliações, incentivos, ou fortes reprimendas e acusações. A escrita é agradável, permite-se confidências e humor, um assunto puxa outro, um autor incentivado opõe-se a um terceiro duramente censurado. A amizade pelo resenhado pode ser pública porque o texto nunca é movido pela estrutura do favor. Lima não deve nada a ninguém, nem prestígio, nem emprego, nem adornos vaidosos. Ou melhor, deve sempre algum dinheiro pequeno, necessidade que as *mordidas* nos amigos aliviam.

Desde Montaigne até Theodor W. Adorno ou Alexandre Eulalio, no Brasil, o ensaio é marcado pela escolha, pelo arbítrio de quem o escreve; não deve ser conclusivo, mas preferencialmente breve; pode se permitir opiniões ecléticas, recusando a especialização. Esse é o "gesto fundador" de Montaigne, cuja tarefa, com a criação do gênero, "é construir um ponto de vista de radical independência entre as falas autorizadas da sociedade em que vive",[4] como mostra o escritor e jornalista Paulo Roberto Pires.

É essa liberdade em relação a modelos classificatórios que leva Lima, como no exemplo inicial que para cá trouxemos, a falar de Catulo da Paixão Cearense como poeta. O cronista, assinando-se Jonathan na revista *Careta*, como indica Felipe Botelho Corrêa,[5] apresenta Catulo como músico em cujas mãos a modinha "transformou-se, enriqueceu-se de todo travo popular", mantendo sintaxe, paródia e métrica caipiras. Não falta também ironia ao ensaio, expressão da vontade de ser frequentemente "do contra" — como mostra muito bem Lilia Schwarcz —, mas o importante mesmo é ter apresentado Catulo como poeta. Impossível não lembrar das resistências irritadas de hostes literárias à atribuição do prêmio Nobel de literatura ao músico Bob Dylan.

Excelente caso de pura liberdade ensaística está em "Alguns reparos", sobre a publicação *A Estação Teatral*, que fazia um ano cumprindo a tarefa de "inventar" um teatro em português, nacional ou imitado. Lima não prepara um texto a tempo para as comemorações, mas escreve em seguida, interrompendo a crônica para falar de um dos poucos retratos que deixou, enviado a pedido da publicação: "Dessa forma, não foi possível dar-lhes um medíocre artigo; entretanto, viram o meu retrato, não foi? Tirei-o de surpresa, senão teria cortado o cabelo e pedido emprestado uma outra pigmentação para que a cousa saísse mais decente".

Foi por perceber que o movimento ensaístico e crítico se estende a certas cartas que selecionei algumas, como a que Lima dirige à poeta Gilka Machado, sobre quem não escreveu na imprensa, mas que decerto contava com sua simpatia mais por não ser branca do que por ser mulher. No livro de poemas *Cristais partidos* de Gilka, o romancista vê "completa independência de moldes, dos velhos 'cânons', e a sua audácia verdadeiramente feminina". Ou ainda a carta que escreve para Albertina Berta quando esta publica o romance *Exaltação*, em 1916. A implicância de Lima com Albertina, representante do feminismo — que julgava uma prática das elegantes, pouco preocupada com as mulheres pobres —, era notória, não poupando a militante de sarcasmo. Diante da escritora que lhe oferecera em gesto elegante o volume, o diapasão é outro. Escreve à autora: "dando-lhe rapidamente minhas impressões de leitura" com todo o respeito que lhe merece uma colega do ofício que afirma ser "um perpétuo sacerdócio", ainda que não deixando de criticar os limites que a existência

INTRODUÇÃO   33

abastada impunha à romancista: "O seu livro é bem um poema em prosa, e um poema de mulher, de senhora, pouco conhecedora da vida total, dos altos e baixos dela, da variedade de suas dores e das suas injustiças".

Despede-se, no entanto, com "respeito e acatamento". Albertina responde, agradecendo a sinceridade em carta que se dirige ao "doutor Lima Barreto", aproveitando para destacar o *humour* de *Triste fim de Policarpo Quaresma*.[6]

Se Lima chegou a elogiar, ou quase, o romance romântico, não terá qualquer simpatia pela autora quando esta publica o livro de ensaios *Estudos*, em 1920. O livro é considerado cheio de anacronismos, e Lima Barreto não perdoa sobretudo o que chama de "influência nefasta de Nietzsche". A visão de mundo expressa por d. Albertina, a partir da construção de um "castelo de encantos, para seu uso e gozo, movendo-se nele soberanamente, sem ver os criados, as aias, os pajens e os guardas", não poderia lhe escapar. Quando se trata de confronto de ideias, de posicionamento diante da sociedade desigual, não há negociação, dê-se o dito pelo não dito, e nem mesmo a ficcionista será poupada. E o texto finaliza implacável: "O que eu quis fazer foi caracterizar o espírito da autora e se, aqui ou ali, houve alguma aspereza, é porque é um livro de ideias e as minhas, se as tenho, são muito opostas às da ilustrada autora do *Exaltação*, cujo saber admiro muito e não cesso de preconizar".

Os dois textos em tom de manifesto, a conferência e a apresentação de *Floreal*, são escritos em estilo diverso daqueles que chamamos crônicas, de escrita mais jornalística,[7] mas mesmo nesses Lima não só usa a primeira pessoa, o que era raro em conferências no começo do século XX, como também não deixa de incluir observações absolutamente pessoais.

No terceiro número da revista *Floreal* — que apenas chegaria ao quarto —,[8] a apresentação de Lima é bastante crítica em relação à imprensa e aos jornais que eram menos do que um cinematógrafo, uma *féerie*, "uma espécie de mágica, com encantamentos, alçapões e fogos de bengala, destinadas a alcançar, a tocar, a emover o maior número de pessoas". Em tal panorama, a pequena revista não poderia encontrar mesmo um número de leitores capaz de mantê-la, apesar da convicção de Lima e de seus companheiros na "grandeza da literatura, todo o seu alcance e destino superiores".

Escolhi organizar este volume seguindo uma ordem cronológica, diferentemente da versão original do *Impressões de leitura*, por duas constatações: a primeira é de que há certas sequências de temas que são retomados, evidenciando a preocupação com assuntos específicos em determinado momento; em segundo lugar, por me parecer evidente que se as convicções políticas do autor permanecem imutáveis por toda a vida, por outro lado surge, com o passar dos anos, uma certa tolerância em relação ao público leitor. A prática da escrita para a imprensa, onde o texto chega rapidamente a quem vai apreciá-lo ou repudiá-lo, dá ao autor intimidade com o público e uma espécie de desejo de conhecê-lo, compreendê-lo.

Se o público, nos primeiros anos — como mostra a apresentação da revista que ajuda a fundar —, parecia incapaz de perceber a importância da literatura que lhe era apresentada, passa, mais adiante, a ser visto como o leitor que deve ser construído também pela obra, e pode aprender com o texto. Os jovens escritores devem prestar atenção nele. É o que acontece com a obra de Nestor Vítor, vista por Lima em "Vários autores e várias obras" como capaz de provocar a inteligência do leitor. Nesse ensaio também aposta, com grande acerto, em outro jovem autor, o importante Adelino Magalhães. Lima já falara de Nestor Vítor em 1919, a propósito dos estudos de *A crítica de ontem*, momento em que se refere com verdadeiro carinho a Machado de Assis e "seu nascimento humilde, sua falta de títulos e sua situação de homem de cor".

INTRODUÇÃO   35

Nos textos da fase mais madura, surge a interessante expressão "leitor comum" ou, como diz em carta a Monteiro Lobato, "leitor ou leitora comum", termo que se repete. Vale lembrar que esse personagem, o leitor comum, é tema de ensaio de Virginia Woolf, publicado em 1925. Em "O leitor comum", a romancista assim caracteriza esse leitor apressado, superficial e inexato, que, no entanto, tem voz ativa no mundo editorial: "O leitor comum, como sugere o dr. Johnson, difere do erudito e do crítico. Não é instruído, nem foi a natureza tão generosa ao dotá-lo. Ele lê por prazer, não para transmitir conhecimento ou corrigir opiniões alheias".[9]

Talvez seja na busca pelo leitor comum, alguém a ser conquistado, que Lima Barreto terá se utilizado, tantas vezes e com grande destreza, do recurso menos estudado em toda a sua obra: o humor. Além da ironia ou da sátira, o humor inteligente, que faz rir mas requisita um certo repertório de conhecimentos — um humor mordaz — por vezes atravessa também grande parte de seus ensaios sobre literatura.

Não está longe desse leitor comum o destinatário da palestra "O destino da literatura". Por isso mesmo o autor começa citando seu colega da *Careta*, o popular poeta O. M., o "belo camarada" Olegário Mariano, muito conhecido por sua poesia dedicada às cigarras, que, em 1938, será eleito "O príncipe dos poetas". Apreciador de moços sedutores e louros deveria ser o público de moças e senhoras frequente em conferências literárias, supunha o escritor. Não sem razão, o escritor de "esbodegado vestuário" precisou do parati para tomar coragem de enfrentar a plateia, o que acabou impedindo que estivesse presente ao evento para o qual preparou o discurso.

Em seguida à confissão de sua incapacidade para orador de sobremesa e de afirmar não ser "homem de sociedade" — apesar de ser "sujeito sociável" que passa, "das 24 horas do dia, mais de catorze na rua, conversando com pessoas de todas as condições" —, Lima inicia reflexão primorosa sobre a função da literatura. Mesmo usando de ironia para identificar a teoria geral das artes como uma das ciências ocultas, vai afirmar com convicção que o fenômeno artístico é um fenômeno social. Para desenvolver a argumentação precisa perguntar o que é a beleza. A beleza da obra literária está, mesmo sem desprezar os atributos de forma, estilo ou correção gramatical, no pensamento de interesse humano; Tolstói e Dostoiévski são exemplos. O principal mérito da obra literária seria estabelecer a solidariedade entre os homens, unir almas diferentes num ideal que as mostre semelhantes na dor imensa de serem humanos. Termina resumindo o destino da literatura: "tornar sensível, assimilável, vulgar esse grande ideal de poucos a todos, para que ela cumpra ainda uma vez a sua missão quase divina".

A verdade é que a conferência resulta bem mais idealista do que outros textos de 1918, como "Literatura e política", em que, criticando duramente seu inimigo favorito, Coelho Neto, indica que estavam num século de crítica social, em que existia uma literatura militante, ocupada com preocupações políticas, morais e sociais, ou ainda "literatura militante", como considera, nos diz, as obras que têm o destino de "revelar umas almas às outras, de restabelecer entre elas uma ligação necessária ao mútuo entendimento dos homens".

Mas, na verdade, por militante, Lima vai entender bem mais do que esse ímpeto humanista. A literatura que apreciava era sobretudo aquela que mais tarde será conhecida como "literatura engajada", comprometida com mudanças sociais, com ideais *maximalistas*. É evidente que o pretendido engajamento jamais tornou suas obras esquemáticas ou doutrinárias e em nada perturbou a imaginação do ficcionista, capaz de criar personagens que irão se incorporar de forma definitiva ao próprio cânone da literatura brasileira e serão retomados por ou-

INTRODUÇÃO   37

tras formas de criação artística entre nós — o teatro e
o cinema —, como acontece com Policarpo Quaresma,
nosso d. Quixote.

Vários dos escritores, ficcionistas ou não, sobre os
quais Lima escreveu eram, antes de mais nada, companheiros da luta que o anarquismo ia espalhando pelo Rio
e por São Paulo, principalmente. Outros eram escritores
que se associavam, por injunções pessoais ou não, à luta
contra o racismo que perdurava naquela sociedade escra-
vocrata e elitista, em especial os que sofriam com a "moléstia da cor" — qualificação de Sílvio Romero —, de que
é exemplo o personagem de *História de João Crispim*, de
Eneias Ferraz, resenhado em "História de um mulato".

Em 1920, Lima Barreto chega a dizer que teme transformar sua colaboração no *A.B.C.* em crônica literária,
tal a constância com que dava conta da produção sobretudo de novos escritores, aqueles que partilhavam de suas
convicções sobre a importância da literatura e da crítica
em se ocupar dos pobres, dos excluídos, dos injustiça-
dos. Aproveita para dar notícia de livro do melhor e mais
constante de seus amigos, Noronha Santos.

Essas contribuições críticas são importantes se quisermos, hoje, traçar ainda um panorama da literatura brasileira e do movimento editorial das primeiras décadas do
século XX para além do cânone.

A carta a Jaime Adour da Câmara, jovem intelectual
de Natal com quem troca significativa correspondência e
que se tornará jornalista de grande visibilidade, mostra
a dedicação aos novos escritores. Adivinhando-o muito
moço, explica-lhe: "Aqui, no Rio, já não há mais a preocupação boba de 'escolas' e a tal tolice de estilo".

A prática de crítica literária durante o período abran-
gido por esta reunião de textos evidencia não apenas a
preocupação do autor com os rumos da literatura prati-
cada no Brasil e sua disposição em se ocupar do assunto,
mas também, de forma bastante especial, a posição que

chega a ocupar na vida literária carioca. A opinião de Lima Barreto pesava, suas crônicas tinham e davam visibilidade, o que escrevia era lido e citado, seus ditos circulavam pelas rodas boêmias do centro do Rio de Janeiro.

A relação com dois autores muito diferentes, um do Rio e outro de São Paulo, evidencia a importância de seus elogios ou condenações.

O primeiro é Monteiro Lobato e muito já foi escrito sobre a correspondência que os dois travaram.[10] Os biógrafos do escritor carioca constatam o papel decisivo de Monteiro Lobato na profissionalização de Lima Barreto como escritor. Foi Lobato quem "passou à máquina" pela primeira vez os manuscritos da ficção do autor de *Vida e morte de M. J. Gonzaga de Sá*, por ele publicado. Lima retribui com um dos bons momentos de sua trajetória como cronista publicando "Problema vital", na *Revista Contemporânea*, onde faz o elogio do livro de contos *Urupês,* identificando a relação de Monteiro Lobato com as artes plásticas e o tratando como um pensador dos nossos problemas sociais. O texto se estende pelo comentário do livro publicado em seguida, já não mais ficção e sim reunião de ensaios, *Problema vital*, em que Lobato fala das condições de falta de saneamento e outras dificuldades na vida em áreas agrárias que resultariam na indolência do homem do campo, o Jeca Tatu.

Diante do editor, responsável também pela *Revista do Brasil*, Lima mantém suas convicções: "Precisamos combater o regímen capitalista na agricultura, dividir a propriedade agrícola, dar a propriedade da terra ao que efetivamente cava a terra e planta e não ao doutor vagabundo e parasita, que vive na 'Casa Grande' ou no Rio ou em São Paulo. Já é tempo de fazermos isto e é isto que eu chamaria o 'Problema Vital'".

Tenha Lobato acatado ou não as opiniões do romancista, a verdade é que o Jeca Tatu foi modificado e ainda se transformou no personagem infantil Jeca Tatuzinho, produto rentável nas histórias em quadrinhos que começavam a ser publicadas.

Théo-Filho fornecerá a outra comprovação do prestígio de Lima. Quando publica *Anita e Plomark, aventureiros*, Théo-Filho já era o que se chama hoje best-seller. O sucesso será seguido por *360 dias de boulevard*, outro campeão de vendas. As edições de seus livros se sucediam em números que hoje parecem impossíveis. É esse autor de venda fácil quem envia a Lima Barreto cartão elegante, guardado no acervo da Fundação Biblioteca Nacional, em que pede ao amigo o favor de uma crônica. Em outra correspondência, dirige-se ao "querido artista", em cartão da Livraria Editora Schettino, para solicitar que envie "ao meu Mundo Literário um lindo conto".

Em 1921, quando Théo-Filho lança *Virgens amorosas*, Lima volta a falar do autor a que o ligavam laços "estreitos de amizade e camaradagem fraternal" e encontra qualidades no romance que falava de Botafogo traçando "amplo quadro de costumes" de forma realista.

O papel de relevo que Lima Barreto gozava nos círculos literários que se organizavam em torno dos cafés e entre grupos que reuniam jornalistas oposicionistas, além da intelectualidade de convicções anarquistas e anarcossindicalistas, vai contribuir para que o autor não se deixe seduzir pela novidade dos modernistas paulistas.

O episódio que cerca a entrega de um número da revista *Klaxon* por Sérgio Buarque de Holanda ao jornalista e sua resposta irônica na crônica "O futurismo" está estudada com minúcia na parte "Lima e os modernos" de *Lima Barreto: triste visionário*, de Lilia Schwarcz, mas vale apontar mais alguma coisa do cenário carioca.

A Semana de Arte Moderna, em fevereiro de 1922, não teve qualquer repercussão na imprensa carioca, embora sua gestação tivesse início em reuniões realizadas na capital. Só Álvaro Moreira publicou pequena nota. A cidade estava ocupada com as preparações da Exposição

Internacional que comemoraria os cem anos da independência, com revistas inteiras dedicadas ao feito, o que bem irritava o crítico da República que era Lima.

A literatura que circulava como novidade era a de Théo-Filho e Benjamin Costallat, ousada, falando de sexo, drogas e automóveis. Costallat e Mme. Chrysantème, a escritora Cecília Bandeira de Melo, filha de Carmen Dolores, a quem Lima dedica algumas páginas admirativas de seu diário, traziam o homossexualismo para as salas de visita, o uso da cocaína e seus males entre os elegantes. J. Carlos inovava as imagens da imprensa com sua Melindrosa e capas de revistas fascinantes. O Rio de Janeiro parecia moderno o bastante para não se impressionar com futurismos vindos de São Paulo, "novidades velhas de quarenta anos".

A verdade é que Mme. Chrysantème e Théo-Filho, exemplos do que venho chamando de *literatura art déco*,[11] eram editores do *Mundo Literário*, publicação crítica do movimento modernista que reage ferozmente aos efeitos da Semana. Percebiam, talvez, que o modernismo, que custou a chegar ao Rio, soterraria sem piedade o *art déco* em todas as suas manifestações, inclusive a mais forte e expressiva, a arquitetura. Nem mesmo o *Mlle. Cinema*, de Benjamin Costallat, que quanto mais censurado mais vendia, sobreviverá, com seus 75 mil exemplares editados sumindo das bibliotecas.

Esse volume começa e termina por cartas. A primeira é uma ousadia do jovem Afonso Henriques, então com 25 anos, dirigida a Célestin Bouglé, sociólogo francês, discípulo de Durkheim, autor de *La Démocratie devant la science*, obra que chegou até o autor em sua casa de Todos os Santos. A minuta da carta mostra o conhecimento de francês mas, sobretudo, as esperanças e o arrojo do jovem que estava decidido a ocupar espaço de destaque nas letras brasileiras, inclusive apresentando nossa literatura ao professor da Sorbonne.

INTRODUÇÃO   41

As duas últimas são despedidas. Lima escreve ao amigo Süssekind de Mendonça contando sobre o ensaio que escreveu a partir de livro do editor com quem partilhava a implicância com o futebol, tema de muitas de suas crônicas na *Careta*. A correspondência entre os dois continua, e no dia 1º de novembro de 1922, dia de Todos os Santos, o diretor da Empresa Brasil Editora lembra-se do autor e manda rápido bilhete pedindo notícias do companheiro que não aparecia pelo centro da cidade. Justamente naquele dia morria Lima Barreto em seu quarto na "Vila Quilombo", nome que dava à casa.

É o único texto de que Lima Barreto não é autor. Fica aqui como um adeus da vida literária carioca ao combatente escritor que incluiu o subúrbio na literatura brasileira.

Notas

1. Nicolau Sevcenko, *Literatura como missão*. São Paulo: Brasiliense, 1983, p. 247.

2. Ver sobre a continuidade da produção literária de Lima Barreto, mesmo tomado pelo alcoolismo, assim como a escrita do *Diário do hospício* durante sua segunda internação no Hospital Nacional de Alienados, em 1919, a excelente biografia de Lilia Moritz Schwarcz, *Lima Barreto: triste visionário* (São Paulo, Companhia da Letras, 2017).

    Não vamos nos deter aqui em informações referentes à vida de Lima Barreto, admiravelmente tratadas não só neste trabalho, como na biografia anterior de Francisco de Assis Barbosa, *A vida de Lima Barreto* (8. ed. Rio de Janeiro: José Olympio, 2002).

3. Ver Francisco de Assis Barbosa (Org.), *Obras de Lima Barreto* (São Paulo: Brasiliense, 1956. v. 14: *Diário íntimo*).

4. Paulo Roberto Pires, *O fantasma de Montaigne: Ensaio e vida intelectual no Brasil*. Rio de Janeiro: UFRJ, 2015, p. 41. Tese (Doutorado em Letras). Mimeografado.

5. Felipe Botelho Corrêa (Org.), *Lima Barreto: Sátiras e outras subversões*. São Paulo: Companhia das Letras, 2016, p. 196. Ver as notas do organizador.

6. Ver Francisco De Assis Barbosa (Org.), *Obras de Lima Barreto* (Rio de Janeiro: Brasiliense, 1956. v. 16: *Correspondência ativa e passiva*), p. 285.

7. Ver Beatriz Resende; Rachel Valença (Orgs.), *Toda crônica* (Rio de Janeiro: Agir, 2004). Nos prefácios a cada um dos volumes tentei apresentar as características dos textos de *não ficção* de Lima Barreto.

8. Sobre a trajetória de *Floreal* e o conteúdo dos quatro números, ver o capítulo "*Floreal*: uma revista do contra", em *Lima Barreto: triste visionário*, op. cit.

9. Virginia Woolf, *O valor do riso e outros ensaios*. Org. e trad. de Leonardo Fróes. São Paulo: Cosac Naify, 2014, p. 133.

10. Antonio Arnoni vê em Lobato sobretudo interesses editoriais, deixando, inclusive, de responder a cartas de Lima diante da reduzida venda de *Vida e morte de M. J. Gonzaga de Sá*. Ver "A correspondência entre Lima Barreto e Monteiro Lobato", em Antonio Arnoni Prado, *Trincheira, palco e letras* (São Paulo: Cosac Naify, 2004).

11. Sobre literatura art déco, ver, dentre outros textos, o capítulo "Construtores de universos particulares", introdutório a livro que organizei, *Cocaína: Literatura e outros companheiros de ilusão* (Rio de Janeiro: Casa da Palavra, 2006).

Nota sobre o texto

Este volume reúne os escritos sobre literatura que fazem parte do livro *Impressões de leitura* organizado por Francisco de Assis Barbosa, com a colaboração de Antônio Houaiss e M. Cavalcanti Proença, para a coleção das *Obras de Lima Barreto*, publicada pela editora Brasiliense em 1956 e nunca reeditado. Nesta edição optamos por manter a grafia de época, assim como incorreções do próprio texto, sendo alguns trechos difíceis de serem elucidados.

O original apresentava artigos de Lima Barreto feitos para jornais e revistas, sempre sobre autores e obras, além de escritos de reflexão teórica: a apresentação da revista *Floreal*, criada pelo autor, e uma conferência: "O destino da literatura".

Acrescentaram-se aos textos de *Impressões de leitura* algumas cartas enviadas pelo autor a escritores, comentando as obras que lera. As cartas que aqui aparecem foram publicadas nos volumes I e II de *Correspondência ativa e passiva* da mesma coleção de *Obras de Lima Barreto*.

Finalmente, algumas crônicas foram trazidas para este conjunto por sua importância como a reflexão crítica sobre a literatura daquele momento. "A biblioteca", "Problema vital", "A Maçã e a polícia" e "O futurismo" foram republicados nos volumes I e II de *Toda crônica*, organizado por Beatriz Resende e Rachel Valença, (Rio de Janeiro: Agir, 2004), em cotejo com os originais da imprensa.

"Uma opinião de Catulo" foi encontrada por Felipe Botelho Corrêa e está no livro de Lima Barreto por ele organizado, *Sátiras e outras subversões* (São Paulo: Companhia das Letras, 2016).

Impressões de leitura e outros textos críticos

Carta de Lima a C. Bouglé

[Minuta]
[Sem data]

Je vous écris, Mr., plein d'audace, au sortir de la lecture de votre livre — *La Démocratie devant la Science*. Croyant que vous pardonnerez mes fautes de français, cette lettre a pour but offrir des renseignements sur l'activité des mulatres dans mon pays.

Je suis mulatre aussi, jeune, 25 ans, ayant fait mes études a l'École Polytechnique de Rio, laissant de continuer mon cours (génie civile) pour me rendre à la litterature et à l'étude des questions sociales. Aujourd'hui, je suis redacteur de deux petites revues de Rio, où je suis né, et employé au Bureau de la Guerre [ilegível].

Lisant votre beau livre, j'ai observé que vous êtes au courant des choses de l'Inde et que peu vous savez sur les mulatres du Brésil. Dans les lettres bresíliennes, dejá remarquables, les mulatres ont eu une grande representation. Le plus grand poéte nacional, Gonçalves Dias, était mulatre; le plus savant musicien, sorte de Palestrine, José Maurício, était mulatre; les grands noms actuels de la litterature — Olavo Bilac, Machado de Assis et Coelho Neto sont des mulatres. Le courant mulatre dure il y a un siécle et demi, depuis Caldas Barbosa (1740-1800) et Silva Alvarenga (1749-1814) jusqu'a Bilac, Neto e M. de

Assis. Nous avons eu grands journalistes mulatres: José do Patrocínio (romancier aussi), Ferreira de Meneses et Ferreira de Araújo, savants, ingeniers, médécins, avocats, érudits, juristes etc.

Si vous voulez des renseignements plus développés, je vous pourrai donner une autre lettre. Je vous demande pardon d'écrire mal dans votre belle langue, chose à que je me suis obligé pour designer des certains faux jugements que le monde civilisé entoure les hommes de couleur.

Je espére, Monsieur Bouglé, que vous saurez voir dans cette lettre une désir trés pur de vérité et justice, sortant d'une petite âme souffrante.

1906

Escrevo-lhe, Sr., cheio de ousadia, logo depois de ler o seu livro — La Démocratie devant la Science. *Crendo que o senhor desconsiderará meus erros de francês, o objetivo desta carta é lhe fornecer informações sobre a atividade dos mulatos no meu país.*

Sou mulato também, jovem, 25 anos, tendo estudado na Escola Politécnica do Rio, e deixado de continuar meu curso (engenharia civil) para me dedicar à literatura e ao estudo de questões sociais. Hoje sou redator de duas pequenas revistas do Rio, onde nasci, e trabalho na Secretaria da Guerra [ilegível].

Lendo seu belo livro, notei que você está a par das coisas na Índia e que pouco você sabe sobre os mulatos do Brasil. Na literatura brasileira, já notáveis, os mulatos tiveram uma grande representação. O maior poeta nacional, Gonçalves Dias, era mulato; o músico mais habilidoso, que vem da Palestrina, José Maurício, era mulato; os grandes nomes atuais da literatura — Olavo Bilac, Machado de Assis e Coelho Neto são mulatos. O mulato de hoje existe há um século e meio, desde Caldas Barbosa (1740-1800) e Silva Alvarenga (1749-1814) até Bilac, Neto e o sr. de Assis. Tivemos grandes jornalistas mulatos: José do Patrocínio (também romancista), Ferreira de Meneses e Ferreira de Araújo, estudiosos, engenheiros, médicos, advogados, acadêmicos, juristas etc.

Se você quiser informações mais detalhadas, posso dar outra carta. Peço perdão por escrever errado em sua bela língua, algo que eu me forcei a fazer para explicar alguns juízos falsos a que o mundo civilizado submete os homens negros.

Espero, Sr. Bouglé, que você conseguirá ver nesta carta um desejo muito puro de verdade e justiça, oriundo de uma pequena alma sofrida.

1906

Uma opinião de Catulo

Conheço há muitos anos o poeta Catulo da Paixão Cearense. Por esse tempo, ele ainda não era o nome nacional que é agora. Simplesmente trovador dos subúrbios e adjacências, a sua fama não passava do Campo de Santana. Onde acabam os trilhos da Central, acabava a fama de Catulo; se acontecia, porém, de um cidadão entrar num comboio de Cascadura, logo travava relações com a sua reputação. Eram os passageiros; era o pessoal do trem: todos por este ou aquele pretexto, na conversa, vinham a falar no estimado menestrel.

Vieram os anos, os espíritos mudaram, começamos todos nós a nos voltar para as coisas da nossa própria terra e a estima pela musa catulense tornou-se geral em todas as camadas da sociedade nacional. Passou a herói--poeta.

Catulo sempre foi cultor da modinha; mas unicamente isto não lhe daria a reputação que tem, nem faria dele o intelectual inteiramente à parte no nosso movimento artístico que ele é. Há outras razões.

A modinha nas suas mãos transformou-se, enriqueceu-se de todo o travo popular; sintaxe, paródia, métrica, nas suas produções, são inteiramente caipiras, babaquaras, sem nenhuma mescla de cultura e disciplina estrangeiras das altas classes e daquelas que imitam os gestos destas.

Além de tudo, músico e exímio executor do violão, Catulo estava fadado a levar avante uma reforma radical na nossa poética e na música nacional, pois, como Wagner, é, além de músico, poeta também, como já vimos. Se o Rio de Janeiro reintegrou-se ao Brasil, deve-se isso a Catulo.

Como todos têm notícia, os seus últimos trabalhos receberam a consagração da Liga da Defesa Nacional e de vários centros nacionalistas, para um dos quais até, o original poeta e singular músico que é Catulo, compôs um hino com a respectiva letra.

Esperei, como outros muitos que prezam a musa genuinamente brasileira do bravo Catulo, vê-lo cantado no Carnaval pelos nossos heroicos rapazes nacionalistas, que tão pressurosos se têm mostrado em atender aos editais do sorteio militar.

Entretanto, não me foi dado assistir tão lindo espetáculo e ouvir em coro de rapazes patrióticos e futebolescos entoando o hino do nosso legítimo Rouget de L'Isle.

Por isso, quando há dias encontrei o poeta do "sertanejo", perguntei-lhe logo:

— Mestre Catulo, então os rapazes não quiseram cantar o teu hino nacionalista?

— Eles, não; fui eu quem não quis.

— Por quê? O Carnaval é a nossa verdadeira festa nacional... O momento era de calhar, perfeitamente adequado...

— Não há dúvida, mas o estão estragando...

— Como?

— Cantam agora coisas que têm significação, que têm sentido. Vi logo pelos ensaios; aborreci-me e proibi aos rapazes que profanassem o meu hino.

— Então?

— É isto! Eu só quero metáforas, imagens... Você já viu poesia assim como um ofício burocrático, pretendendo dizer alguma coisa!

Ora, bolas! O Rio de Janeiro está voltando a ser de novo estrangeiro. Bem me disse o Múcio da Paixão, na última vez em que aqui esteve.

Careta, Rio, 20/4/1907

Apresentação
da revista *Floreal*

Não é sem temor que me vejo à frente desta publicação. Embora não se trate do *Jornal do Commercio* nem da *Gazeta de Pequim*, sei, graças a um tirocínio prolongado em revistas efêmeras e obscuras, que imenso esforço demanda a sua manutenção e que futuro lhe está reservado. Sei também o quanto lhe é desfavorável o público, o nosso público, sábio ou não, letrado ou ignorante. Faltam-lhe nomes, grandes nomes, desses que enchem o céu e a terra, vibram no éter imponderável, infelizmente não chegando a todos os cantos do Brasil; faltam-lhe desenhos, fotogravuras, retumbantes páginas a cores com "chapadas" de vermelho — matéria tão do gosto da inteligência econômica do leitor habitual; e, sobretudo, o que lhe há de faltar, será um diretor capaz, ultracapaz, maneiroso, dispondo da simpatia do jornal todo-poderoso, e sábio nas sete ciências da rua Benjamim Constant e em todas as artes estéticas e técnicas.

Desgraçadamente, não tenho essa sabedoria excepcional que superabunda por aí; e, se alguma cousa justifica a minha diretoria, não é com certeza o meu saber.

No núcleo que fundou e pretende manter esta publicação, não sou eu quem mais sabe isto ou aquilo; antes, um sou que menos sabe.

Não foi esse o motivo; talvez fosse por ser eu o mais aparentemente ativo e, para empregar uma palavra da moda, o mais ostensivamente lutador, que os meus companheiros me deram tão honrosa incumbência.

Não que eu o seja de fato. Examinando-me melhor, creio que há em mim um inquieto, a quem a mocidade dá longínquas parecenças de ativo e de combatente; e quiçá tais semelhanças tivessem enganado os meus amigos e companheiros, elevando-me à direção desta pequena revista.

O seu engano não foi total, penso eu; na época de vida que atravesso, o inquieto pode bem vir a ser o lutador e o combatente, tais sejam as circunstâncias que o solicitem. Eu as desejo favoráveis a essa útil mutação de energia, para poder levar adiante este tentâmen de escapar às injunções dos mandarinatos literários, aos esconjuros dos preconceitos, ao formulário das regras de toda a sorte, que nos comprimem de modo tão insólito no momento atual.

Não se trata de uma revista de escola, de uma publicação de "clã" ou maloca literária. Quando, como nos anos que correm, a crítica sacode e procura abalar ciências duas e mais vezes miliares, como a geometria, e os dogmas mais arraigados, como o da indestrutibilidade da matéria, seria paradoxalmente exótico que nós nos apresentássemos unidos por certos teoremas de arte, com seguras teorias de estilo, e marcando um determinado material para a nossa inspiração.

Não se destina pois a *Floreal* a trazer a público obras que revelem uma estética novíssima e apurada; ela não traz senão nomes dispostos a dizer abnegadamente as suas opiniões sobre tudo o que interessar à nossa sociedade, guardando as conveniências de quem quer ser respeitado.

É uma revista individualista, em que cada um poderá, pelas suas páginas, com a responsabilidade de sua assinatura, manifestar as suas preferências, comunicar as suas intuições, dizer os seus julgamentos, quaisquer que sejam.

Não estão (é preciso dizer) no seu programa as estúpidas hostilidades preconcebidas. No julgamento do pensamento que nos precedeu, levaremos em conta as dificuldades que o nosso tem encontrado para se exteriorizar e tomar corpo, e também que o antigo se encadeia no novo, o novo no novíssimo, e que, quando mesmo isso não se dê, ambos podem coexistir, por mais antagônicos que sejam, sem que um diminua a grandeza do outro. É lição da Natureza. Os monstruosos *Hipparions* do mioceno lentamente evolveram até à esbelteza do *pur sang* contemporâneo; ao lado deles, porém, pela superfície da Terra, quase sem modificações, os mastodontes terciários ficaram nos nossos elefantes atuais...

Mas, conquanto as nossas divergências sejam grandes, há entre nós uma razão de completo contato: é a nossa incapacidade de tentar os meios de publicidade habituais e o nosso dever de nos publicar.

Este caminho se nos impunha, pois nenhum de nós teve a rara felicidade de nascer de pai livreiro, e pouca gente sabe que, não sendo assim, só há um meio de se chegar ao editor — é o jornal. Pouca gente sabe também que o nosso jornal atual é a cousa mais ininteligente que se possa imaginar. É alguma cousa como um cinematógrafo, menos que isso, qualquer cousa semelhante a uma *féerie*, a uma espécie de mágica, com encantamentos, alçapões e fogos de bengala, destinada a alcançar, a tocar, a emover o maior número possível de pessoas, donde tudo o que for insuficiente para esse fim deve ser varrido completamente.

Cada um de nós está certo de que seria perfeitamente incapaz de levar emoções aos habitantes respeitáveis de Paracatu ou de atrair leitores da rua Presidente Barroso ou Marquês de Abrantes; mas, estamos certos também que essa média entre a sensibilidade obstruída de afastados compatriotas, o semianalfabetismo de uns e a futilidade de outros, atualmente representada pelo jornal diário, não tem direito a distribuir celebridade e a estabelecer uma escala de méritos intelectuais.

Demais, para se chegar a eles, são exigidas tão vis curvaturas, tantas iniciações humilhantes, que, ao se atingir às suas colunas, somos outros, perdemos a pouca novidade que trazíamos, para nos fazermos iguais a todo o mundo. Nós não queremos isso. Burros ou inteligentes, geniais ou medíocres, só nos convenceremos de que somos uma ou outra cousa, indo ao fim de nós mesmos, dizendo o que temos a dizer com a mais ampla liberdade de fazê-lo.

Temos grandes dúvidas, insisto, mas não tantas que façamos residir toda a grandeza da literatura, todo o seu alcance e destino superiores, em rutilantes crônicas duvidosamente impressionistas ou no desenvolvimento em conto das anedotas da folhinha Laemmert.

Tais cousas podem ser justas, como descanso de obra maior ou como meio de vida, mas não dando nunca direito aos pontificados literários que hoje, devido ao "tantã" dos jornais, dão aos que usam e abusam delas.

E de tal forma sentimos que o público (tão habituado anda ele aos processos jornalísticos!) nos era inacessível se não lhe déssemos aqui alguma cousa do jornal, que fomos buscar numa revista estrangeira um modelo que participasse das duas cousas. Assim é que, nesta, uma parte será toda consagrada à matéria habitual das revistas e a outra, dividida em seções, será como que um jornal de quinze em quinze dias, onde serão examinados, tratados, explanados, segundo as nossas forças e aptidões, os acontecimentos de toda a ordem que se houverem passado no nosso meio.

Se o favor público nos ajudar, o que não esperamos, ampliaremos uma e outra parte, buscando capacidades maiores que as nossas, outros talentos mais fortes, mas sempre evitando trazê-los dentre essas grandes celebridades, jovens ou anciãs, que tudo absorvem, que tudo empolgam, procurando-os nos pensamentos novos que não andem à cata de empregos proveitosos.

Floreal, Rio, n. 1, 25/10/1907

Literatura e arredores

> Estudos de uma moral. *Cravo vermelho*, romance por Domingos Ribeiro Filho. M. Piedade & Cia., Editores. — Rio de Janeiro.

Não convém repetir aqui que é um prazer travar conhecimento com um autor como o deste livro. Primeiro, porque, na verdade, não travo conhecimento algum; segundo, porque é repisar uma velha banalidade.

Nós nos conhecemos há muitos anos. Por esse tempo, o Domingos era secretário da *Avenida* — lembram-se? — um semanário ilustrado que alcançou uma voga merecida com as inigualáveis *blagues* do Cardoso Júnior, um curioso espírito cheio de *verve* e poesia que a Morte nos roubou tão cedo.

Encontramo-nos, eu e o Domingos, discutindo. Daí em diante temos discutido sempre. Vale a pena, portanto, ter em mãos obra sua, já por ser um livro de opiniões acentuadas e, em geral, de opiniões contrárias às minhas, já por ser meu amigo o seu autor e não haver nesse antagonismo de opiniões nenhum perigo de inimizade virulenta.

Domingos, por exemplo, acredita na Ciência, isto é, na Ciência com C grande, como diz o sr. G. Galante, essa milagrosa concepção dos nossos dias, capaz de nos dar a felicidade que as religiões não nos deram; acredita, *ipso facto*, que ela é a expressão exata de uma ordem externa imutável e constante. Eu não. Tenho as mais sagradas dúvidas a ambos os respeitos.

Seu livro está cheio dessa sua cândida crença. Na página 143, um dos seus personagens afirma categoricamente: "Há conquistas que não serão jamais excedidas, a mitologia grega, o *Dom Quixote de la Mancha*, o romantismo e o darwinismo. Tudo isso é um limite para todo o sempre imutável como a geometria de Euclides, a órbita terrestre e a lei da queda dos corpos".

A frase é eloquente e apaixonada. É uma moça a falar; e quando as moças falam nessas cousas, lembram sempre as normalistas, cuja inteligência aos vinte e cinco anos tem as confianças e as certezas de um rapazola de dezessete.

As conquistas a que ela se refere são seriadas cronologicamente. É caso, portanto, de lhe dar parabéns por ter nascido nos nossos dias e não no século de Péricles, porque se assim fosse só teria uma para lançar mão; e é caso também de desejar que viva muito ainda para ter outras a ajuntar à sua linda lista. É possível que elas sejam imutáveis, mas não como a geometria de Euclides, mas não como a lei da queda dos corpos e muito menos como a órbita da Terra. Sem falar nas geometrias não euclidianas, sem invocar os nomes de Lobatchévski, Riemann e a sutil *Science et Hypothèse* do eminente H. Poincaré, basta considerar que as modificações trazidas com o correr dos anos aos enunciados dos teoremas, nas demonstrações, são tais que a famosa imutabilidade fica reduzida a muito pouco. E quanto à lei da queda dos corpos, basta que um dado novo se apresente para que ela seja desfeita, assim como o foram as de Aristóteles e Galiani.

Os senhores não se assustem com esta minha sabedoria: eu levei quatro reprovações em mecânica racional. E, numa delas, examinou-me, tive essa honra, a sabedoria excepcional do dr. Oto de Alencar, que ficaria deveras surpreendido se alguém lhe fosse dizer que a órbita da Terra é imutável. Havia de olhar um pouco de lado e aconselhar ao crente que consultasse a "Movimento da Terra", *Astronomia* do Delaunay, páginas 299 a 338.

Vejam só como foi mau nos conhecermos discutindo! Até hoje, em presença de seu livro, vou perdendo um tempo enorme num debate sem lugar!

Deixemos de afetações sabichonas de estudante *manqué*, e examinemos o livro propriamente.

O romance é de enredo simples e de poucas personagens. Trata-se de um moço, bacharel e literato da vanguarda, que se casa com uma sua prima, Laura, moça fútil e de boas carnes apetitosas, por capricho sensual e mais nada.

Volta-lhe do Pará o antigo namorado, o tenente Nelson, oficial da flotilha que o pai de Laura chefiara. Reata o namoro e, como esteja agora casada, o episódio sentimental acaba de maneira diversa.

Leonel Barbosa, seu marido, que se agastava com as suas manias mundanas, ficando sempre nisso, tem notícia da traição da mulher. Uma noite, surpreendendo-a em confabulações com o amante no jardim de casa, expulsa-a e vai procurar no seio amigo de uma moça, Carolina, que conhecera antes de casado e camarada sua de sonhos e doces quimeras, conforto, alento, paz e amor.

Domingos desenvolve tudo isso com a eloquência e o brilho verbal, esfuziante de paradoxos e *saillies*, que lhe são peculiares.

O primeiro capítulo, aquele em que o dr. Leonel discute em casa de dona Olímpia, mãe de Carolina, as suas ideias sobre o amor, sobre o ciúme e o casamento, é de uma vivacidade encantadora. O perfil de Carolina é traçado com grande segurança, e, conquanto pareça um pouco "fantástico", na sua obra é tão coerentemente feito, são tão bem justapostas as partes componentes, que ela nos seduz pela sua própria artificialidade.

Não é assim o juiz Leonel Barbosa. Ninguém poderá achá-lo irreal. Juiz e anarquista ao mesmo tempo, sofrendo da insuficiência de seu pensamento, sensível e sensual, arrastado a um casamento infeliz, os seus atos vão se desdobrando no romance com a lógica de uma vida normal e comum. A explicação que tem com sua mulher, depois de descoberta a traição, no final do capítulo XI, é uma das melhores páginas do livro. Há uma força não comum de sarcasmo pungente e de ironia impiedosa.

É pena que frases de um mau gosto evidente — "a nuvem irônica da covardia empanou o sol da minha clarividência" — tirem-lhe às vezes o gume da frase acerada.

Sinto que Domingos não tenha posto o máximo cuidado no estudo do temperamento do tenente Nelson, do comandante Romeiro e sua filha Beatriz; sinto também que não haja mais poesia no seu livro. Ele todo, quando não é psicológico, é intelectual e doutrinário, destinado a nos dar opiniões e crenças, a rebater "certas infâmias que andam por aí"; falta-lhe a locação, a ambiência, e isso é tanto mais de lastimar quando quem escreveu aquele lindo final do capítulo VI seria perfeitamente capaz de mostrar essa transcendental comunicação do homem com as cousas.

Tal me pareceram ser as qualidades e defeitos, no meu ponto de vista, do *Cravo vermelho*, que me trouxe grande satisfação de ver condensadas em linhas de tipografia as ideias originais e inesperadas que o Domingos vinha gastando nos cafés.

E o público, se o ler, terá nele um motivo de grande alegria intelectual, por ir encontrar entre nós um autor tão próprio e tão diferencial.

Floreal, Rio, n. 3, 12/11/1907

Estética do "ferro"

Não há dúvida alguma que o Brasil é um país para ser embasbacado. Não há cidadão que aqui chegue com duas ou três bobagens nas malas que não nos cause pasmo.

Uma hora, é certo sujeito que se diz portador de um remédio eficaz para dores de dentes; outra é um tipo que se intitula Rafael em cinco minutos, pintando bambochatas que o gentio admira, porque nunca foi à mais modesta exposição de pinturas da cidade.

Agora, aparece um cidadão de ultramar que se diz inovador e criador de uma nova escola literária.

Leio-lhe os escritos e procuro a novidade. Onde está ela? Em parte alguma. O que há neles é berreiro e vociferações, manifestações de vaidade e impotência de criação; mas ele berra e diz lindezas como esta:

Na noite estrelada, a lua voga como num
rio de leite; mas não há leite. O que há então?
O sol que vem depois de amanhã.

Está aí a arte nova, a escola do "ferro" que vem nos ensinar literatura por "mares nunca dantes navegados".

Para nos ensinar semelhantes cousas, era melhor que semelhante homem não se abalançasse a tal proeza e ficasse em sua casa, sorvendo o seu caldo de unto e tomando o seu verdasco. Nós já sabíamos tudo isto, embora o Brasil seja um país de bugres e de negros.

Há, porém, uma instituição que nos faz conhecer estas coisas de novidades forçadas, e não falta em nenhum país.

É o hospício de malucos, onde há grande cópia de erotômanos e exibicionistas.

A Arte e Literatura são cousas sérias, pelas quais podemos enlouquecer — não há dúvida; mas, em primeiro lugar, precisamos fazê-la com todo o ardor e sinceridade. Não é o canto da araponga que parece malhar ferro, mas nem sabe o que é bigorna.

Careta, Rio

Carta de Lima ao redator de *A Estação Teatral*

[Sem data]

Sr. Redator,

Não sei bem dizer qual o teatro que prefiro. Nesse particular, como em outros vários assuntos, sou perfeitamente indeciso.

Logo ao ler a sua pergunta, meu caro sr. Redator, quis responder: o meu teatro é o teatro clássico francês; mas, em seguida, vi que a resposta não era inteiramente verdadeira.

É verdade que gosto muito de Molière e me comovo com a *Phèdre* e a *Athalie*, do doce Racine; mas, em compensação, não morro de amores por Corneille e muito pouco aprecio o Voltaire autor de tragédias.

De resto, fora desse teatro, há Shakespeare tão diferente dele, impetuoso, desordenado, difuso, mas cuja galeria de heroínas é das mais belas da arte escrita; há Beaumarchais, há Ibsen, o Ibsen do Brand e há os modérnissimos Maeterlinck, Dermay e Bataille.

Se ainda junta-se a isto que não sou de todo inacessível ao *vaudeville*, aos *couplets* da opereta, há de se ver que das minhas predileções não há regra geral a tirar.

Em todo o caso, para melhor esclarecer o meu pensamento, vou lançar mão de um exemplo pitoresco.

Suponha o sr. Redator que sou convidado para um *five o'clock* (às cinco horas), de uma dama qualquer binocular e essa dama é feia, cacete, pedante, cheia de prosápias. Vou, chego lá e vejo a criada, que é uma moça bonita, analfabeta e calada.

A quem devo cortejar, a dama pimenteliana ou a criada? Decerto, a criada. É assim o meu gosto.

Quanto ao que penso do teatro, a minha opinião já não é tão indecisa. Julgo-o completamente sem mais razão de ser. Não querendo tratar das origens religiosas do teatro, relembro unicamente que o motivo de ser do teatro literário dos primeiros séculos da nossa idade, era o alto preço do livro. Para que um autor chegasse a se entender com um público numeroso, era preciso apelar para a ribalta.

Hoje não é assim. Com 2 mil-réis, temos em casa uma bela peça, cuja leitura podemos fazer recostados numa cadeira de balanço, de chinelos, e sem o gravame da vizinhança de um chapéu incômodo e elegantíssimo. Demais, sabe-se perfeitamente que, quando reunidos em multidão, trabalhamos em "bateria", de forma a experimentarmos emoções subalternas e a perdermos muito do nosso próprio julgamento individual. Vê-se bem que, para as inteligências e sensibilidades conscienciosas e orgulhosas de seu valor, o teatro não é o lugar mais adequado para as satisfações estéticas.

Quero falar do alto teatro literário que ainda floresce na Europa, devido simplesmente à tradição, mas que, aqui, sem se basear em nenhuma e sem responder a uma necessidade de gosto popular, não pode existir. Contudo, eu não me despeço sem semear uma dúvida: o Circo Spinelli pode bem desmentir-me, pois é possível que o Benjamim esteja lançando as bases do nosso teatro nacional.

Sou, sr. Redator, admirador e amigo grato.

Lima Barreto

Uma coisa puxa a outra... I

A leitura do folhetim do sr. Eugênio de Lemos, na *Notícia*, de 30 do mês último, sugeriu-me escrever algumas considerações sobre o "Teatro Municipal" e o contrato do seu arrendamento ao sr. Rosa.

São considerações à margem, para anotações, porque, do contrato, eu nada sei, nem mesmo aquilo que os jornais têm publicado.

Sou avesso ao teatro, isto é, ao teatro-ribalta; julgo, contado, que, como gênero literário, se não vive sempre, pelo menos os seus grandes monumentos passados hão de sempre merecer o respeito e a admiração de todos. A música sacra pode ser grande, mesmo para quem não é mais católico e não as ouve nas igrejas.

Demais, visto-me mal, lamentavelmente mal, quase mendicante; nunca tenho roupas — de modo que jamais estou em estado sofrivelmente binocular, para acotovelar as elegâncias que se premem nos nossos teatrinhos.

Não julgo que amo a piedade; não sofro miséria, não, e vivo bem. É um feitio esse de ser; é a minha *pose...*

Houve momentos que quis penetrar nos teatros, quando descarnados, em horas de ensaio; mas — meu Deus! — as atrizes têm tanto medo de serem violadas que eu não levei a cousa avante.

Não que eu seja alguma cousa como um Golleiland, mas é que ninguém se livra de acusações geradas pelo medo.

Para mim eu tenho que, se fosse proibido às mulheres aparecer em cena, como nos áureos tempos do teatro, ele ganharia muito em nobreza, desinteresse, pureza artística e não assustaria aos tímidos e aos *gauches*.

Acontece também que, logo que me meti em cousas de letras, vim dar de cara com essa sabedoria transcendente e assustadora: "entender de teatro".

Eu acabava de abandonar uma escola de matemática e não queria mais enfronhar-me em cousas difíceis, amofinar-me com caceteações para minha duvidosa inteligência.

Via o Antônio, via o meu amigo Castro Lopes, via o estimável J. Brito, via o meu amigo e antigo colega Júlio Tapajós falarem misteriosamente sobre a tal cousa de entender de teatro que fugi dele, como tenho fugido à mecânica e como ainda hoje fujo às ciências ocultas.

Por fim, porém, tomei ânimo e comecei a examinar as cousas. Não só li autores, como também passei cerca de dez dias mergulhado e interessado pelo que se passava em um modesto "mambembe", onde, como maestro, figurava um parente meu, muito da minha estima e consideração.

Lá vi ensaiar, marcar, representar uma série de peças, peças que não vêm mais ao cartaz aqui, mas cujo preparo para serem levadas à cena mostrou-me o que a tal sabedoria teatral é e vale. Fui mesmo bilheteiro quando a companhia foi dar espetáculo numa pequena povoação dos arredores de Juiz de Fora. Voltei, se não empenhado no saber teatral, pelo menos com conhecimento bastante para julgá-lo em juízo.

No "mambembe" levou-me o método que tenho seguido nessas cousas de letras: ver eu fazer a cousa em pequenas proporções, tateando, para depois lançar-me de vez e com segurança nos tentames mais avultados.

Não se assustem. Continuo a ter medo das atrizes e nada tentarei no palco. Adiante...

Concluí então que aquilo que os meus amigos consideravam sabedoria teatral, quando não eram vagas teorias muito discutíveis, em preceitos cabíveis a todas as artes: conhecimento do público, ótica do gênero, intuição de efeitos etc.; era simplesmente técnica de cenógrafo, de contrarregra e de ator, propriamente destes, técnica que nada tinha a ver com a arte de escrever para teatro.

É ingênuo supor que um cidadão que se propõe a escrever um drama não pense logo nos efeitos, na extensão das cenas e seu incremento, e não saiba pela leitura dos grandes autores e dos mestres de que maneira mais ou menos deve tratar do assunto para pô-lo no quadro do gênero que vai tentar. De resto, ele tem os ensaios e por aí pode julgar.

E, entretanto, tudo isso pode ser vão, porque uma peça nunca é feita para o espectador, mas para espectadores, havendo reações múltiplas de um sobre outro, que não são passíveis de previsão e de medida. Mas, voltemos à sabedoria teatral...

Imaginem os senhores que o meu vizinho quer tentar a literatura, o romance, a novela, o conto, e vem pedir-me conselhos. A minha autoridade é pouca; o melhor seria ele dirigir-se a Coelho Neto, cuja glória repousa sobre a biblioteca de Alexandria; mas... o menino vem... Estou próximo e sou mais velho — circunstância que muitas vezes forma um conselheiro. Vem, e eu, em vez de dizer-lhe: escreve muito, a todo o momento, narre as suas emoções, os seus pensamentos, descubra a alma dos outros, tente ver as cousas, o ar, as árvores e o mar, de modo pessoal, procure o invisível no visível, aproxime tudo em um só pensamento; em vez de dizer-lhe tudo isso e mais, digo-lhe: aprenda tipografia, xilografia, zincografia etc.

Pois assim são as tais pessoas que se convenceram que há uma sabedoria teatral, à parte da arte geral de escrever.

Propondo-me a fazer peças, dramas, comédias, eu nada tenho com o *métier* de ator, ou mesmo de atriz, de cenógrafo etc.; eu nada tenho a ver com "comprimentos, esquerdas altas ou baixas"; o que tenho a fazer é desenhar caracteres, pintar as paixões, pôr uns e outros em conflitos, observar costumes, fazer rir, comover, isso tudo em língua literária e adequada ao gênero da peça que quero representar.

É isto; o mais, meus amigos, é com os outros, o ensaiador, o ponto, o marcador, o cenógrafo, o contrarregra, o carpinteiro, o gasista e os atores também, tendo cada um deles a sua glória e o seu mérito próprios.

Se assim não fosse, os atores e as atrizes, pois os há instruídos e que julgo capazes, aqui e além-mar, seriam os melhores autores deste mundo; entretanto, isso não se dá e de há muito que os Shakespeares e os Molières não se repetem.

Eu daria estas explicações, porque nunca me imiscuí em cousas teatrais e mesmo não entro em teatro há cousa de três anos, passando, às vezes, noites seguidas em claro; e as dou de bom coração porquanto julgo ter imigrado de algum modo um preconceito que domina por aí.

E o Municipal? Não se aprovou.

Chegará a vez de falar nele e de pesar o sr. João Luso. Tenho em casa uma balança resistente e de boa fábrica...

A Estação Teatral, Rio, 8/4/1911

Uma coisa puxa a outra... II

O Teatro Municipal! É inviável. A razão é simples: é muito grande e luxuoso. Supondo que uma peça do mais acatado dos nossos autores provoque uma enchente, repercuta sobre a opinião, haverá no Rio de Janeiro e arredores, inclusive o Méier e Petrópolis, gente suficientemente encasacada para enchê-lo dez, vinte ou trinta vezes? Decerto, não. Se ele não se encher pelo menos dez vezes, por peça, a receita dará para custear a montagem, pagar o pessoal etc.? Também não.

De antemão, portanto, pode-se afirmar, deixando de apelar para números exatos, que aquilo não é muito prático, é inviável. Bem: há adianto à educação artística da população em representações para plateias vazias? Isso estimula autores que não são nem pateados nem aplaudidos? Até os próprios atores, quando olham as plateias vazias e indiferentes, perderão o passo, o gesto, o entusiasmo, ao declamarem lindas tiradas e tiverem de jogar um diálogo vivo.

Hão de concordar, pois, que isso de representar para duas dúzias de cadeiras simplesmente ocupadas e três camarotes abarrotados não constitui cousa alguma e não merece sacrifício nenhum dos poderes públicos.

Armaram um teatro, cheio de mármores, de complicações luxuosas, um teatro que exige casaca, altas *toilettes*, decotes, penteados, diademas, adereços, e querem com ele levantar a arte dramática, apelando para o povo do Rio de Janeiro.

Não se tratava bem de povo que sempre entra nisso tudo como Pilatos no Credo. Eternamente ele vive longe desses tentamens e não é mesmo nele que os governantes pensam quando cogitam dessas cousas; mas vá lá; não foi bem para o povo; foi para o chefe de seção, o médico da higiene, o engenheiro da prefeitura, gente entre 600 mil-réis mensais e cento e pouco. Pelo amor de Deus! Os senhores veem logo que essa gente não tem casaca e não pode dar todo o mês uma *toilette* a cada filha, e também à mulher!

Para que o tal teatro se pudesse manter era preciso que tivéssemos 20 mil pessoas ricas, verdadeiramente ricas, e magníficas, interessadas por cousas do teatro em português, revezando-se anualmente em representações sucessivas de cinco ou seis peças nacionais.

Ora, isso não há. Não vejo que haja 20 mil pessoas ricas; mas há ricos e ricos.

Não me convém, entretanto, alongar tais considerações, porque entraria no campo do folhetim França Júnior, e isso está desde muito no patriotismo do João Foca.

Há 2 mil ou 3 mil pessoas abnegadas, que têm grande desejo de animar essas cousas, mas ou não são ricas ou não são suficientemente para virem todas as noites no Municipal, pagando altos preços pelos seus lugares, gastando *toilettes*, carros etc.

Como querem, então, que um teatro daqueles, cheio de mármore, sanefas, veludos, *vitraux* e dourados, tendo ainda por cima (vá lá) o tal Assírio, interesse a população pela literatura dramática, atraída às representações?

Se o governo municipal tivesse sinceramente o desejo de criar o teatro, a sua ação, para ser eficaz, devia seguir outro caminho.

Vamos ver como. Primeiro: criar na Saúde, na Cidade Nova, no Engenho de Dentro, em Botafogo, pequenos

teatros; entregava-os a pequenas empresas, que, mediante módica subvenção, se obrigassem a representar, para
a população local (em Botafogo era só para os criados,
empregados etc.), *Os sete degraus do crime*, *O remorso
vivo*, *Os dois garotos*, além de mágicas, pequenas revistas
e outras trapalhadas. Nesse primeiro ciclo teatral, devia
entrar o Circo Spinelli, o único atestado vivo do nosso
espontâneo gosto pelo teatro.

Bem: agora o segundo. Construía a edilidade um pequeno teatro cômodo, mas sem luxo, no centro da cidade
e entregava-o a uma companhia mais escolhida que to-
masse a peito representar d. Júlia Lopes, João Luso, Roberto Gomes, Oscar Lopes, isto é, a *troupe* de autores
verdadeiramente municipal, sem esquecer alguns autores
portugueses e traduções de outros de França e alhures.
Este teatro também receberia a sua subvenção, é claro.

Tenhamos desse modo o ensino primário e secundário teatral; então com o tempo, depois de ter assim este
mudado o gosto pelo palco, poderíamos criar o ensino
superior, porque não só as vocações iriam aparecendo,
como também o hábito de ir ao teatro espalharia o gosto
pela casaca. O superior consistiria no ensino da arte de
representar, de cenografar, e nas representações de Shakespeare, de Racine, de Ibsen, de Calderón, de Goldoni e os
Dumas nacionais que aparecessem.

Não acham justo o programa? Pode ser que tenha defeitos, mas uma qualidade tem: pretende esquecer o edifício pelos alicerces.

Por aqui fico, e proximamente falarei dos autores e da
melhor maneira de escrever as peças, tendo em vista o
último concurso.

A Estação Teatral, Rio, 22/4/1911

Uma coisa puxa a outra... III

Decididamente os tipógrafos são meus inimigos. Entenderam os senhores o meu último artigo? Certamente não; e nem eu tampouco. Vamos adiante. Falemos dos autores teatrais. Quais são os que estão em evidência? Coelho Neto, João Luso, d. J. Lopes, Goulart de Andrade, Gastão Tojeiro, Ataliba Reis, Oscar Lopes, Pinto da Rocha, Vitorino de Oliveira, Bastos Tigre, J. Brito e alguns outros. Pergunto: podem estes senhores manter sempre vivo o interesse pelo teatro, no imenso Municipal?

Procedamos por partes.

Daqueles que citei, alguns, pelo seu feitio intelectual, pelas suas predileções, estão naturalmente afastados do grande edifício.

Quero falar dos srs. Gastão Tojeiro, Ataliba Reis, Vitorino de Oliveira e J. Brito. Creio que eles não têm grande pendor para as grandes "máquinas" sentimentais ou irônicas que o ambiente do teatro da avenida exige. Há neles ironia leve, predileção pelas cousas ligeiras, revistas, *vaudevilles*, burletas, gêneros teatrais esses que não pedem os mármores e os ônix do edifício do prefeito Passos. Não estou aqui a condená-los, a excomungá-los. Entre eles, tenho amigos, Ataliba Reis e Tigre, e não seria minha tenção menoscabá-los. Constato aqui o seu feitio de inteligência, e nada mais. Com esses, senão totalmente, pelo menos em parte, o Municipal não conta senão com dois especialistas em teatro em versos: Pinto da Rocha e Goulart de Andrade. São os mais viáveis. No período de infância que nós atravessamos em arte, a poesia tem que dominar, principalmente no teatro. É mais doce de ouvir, parece música, embala, e, se não prende a atenção, pelo menos encanta o ouvido como *berceuses*. Ou muito me engano ou a esses dois estão reservadas todas as palmas.

Pinto da Rocha já representou uma peça, *Thalita*; e creio que, apesar do seu nome, o público não correspondeu ao seu esforço. E eu falava em palmas...

Goulart de Andrade, um magnífico poeta, fácil, brilhante e fecundo, já também fez representar uma pequena peça... E o público? Não foi lá.

Entretanto, não afirmo que ele não vá um dia; mas não é bastante ir um dia, é preciso ir dez, e isso é tão difícil...

Estão senhores a ver que, nem em verso, o Teatro Municipal é viável.

Continuemos. Temos agora Coelho Neto, João Luso, d. J. Lopes e Oscar Lopes.

O primeiro não pode, dado o seu temperamento e as suas qualidades literárias, fazer teatro. Há em Coelho Neto um poder verbal, um grito que o afasta do diálogo familiar, das frases naturais. Mesmo quando ele quer ser simples e natural, lá reponta um modismo já cadáver, exumado do dicionário, e a cousa soa mal. Nos seus romances, nos seus contos, a frase sai sempre trabalhada; e, à força de se convencer de que a riqueza vocabular é a primeira qualidade literária, o grande escritor pensa, como diz o Domingos, com 50 mil palavras, das quais pelo menos, 45 mil nós não conhecemos.

No livro, a gente tem recursos para o dicionário; mas, no teatro, não.

D. Júlia Lopes é uma senhora que tem tido uma vida feliz e igual. Não conhece da vida senão os aspectos róseos; o seu *stock* de emoções é pobre, de modo que o seu teatro sempre gira em torno de questões de família, dessa nossa família medíocre de paixões e de aspectos. Sem querer amesquinhá-la, pode-se dizer que o seu teatro não pode ter a força da paixão, dos grandes estos, nem um cômico forte. A ironia vem da dor.

Restam-nos João Luso e Oscar Lopes. O primeiro é quem tinha mais *chances* de ir; mas há nele um defeito insanável. João Luso vive aqui há muitos anos, tem-se feito aqui, mas a sua alma e o pensamento estão em Portugal. Não lhe quero mal por isso; mas a sua obra há de sempre ressentir-se desse seu estado d'alma. A vida do Brasil, já não direi a política, mas a social e sentimental, é-lhe indiferente; e isso faz com que as suas obras não se pareçam nada conosco, sejam coisas no ar, embora bem escritas, com um diálogo bem-feito, aliás pouco nervoso.

O seu teatro não pode absolutamente interessar a massa da nossa população.

Quem fica? Oscar Lopes. Tem as suas virtudes e tem os seus talentos. Há um sério defeito nele: é de Botafogo. A sua visão da sociedade nacional é de um palacete de Botafogo.

Ora, aquilo não passa de uma macaqueação; não tem feitio seu, não se parece com o resto do Brasil.

A sua obra fica assim sem caráter, não é mais o espelho da nossa vida, não exprime aquilo que os "simples fatos não dizem".

Há nele uma visão falseada da nossa vida, refratada pelas manias de Botafogo, de forma que o seu drama *Albatroz*, uma tentativa forte e magna, tinha por ideia matriz uma concepção desproporcionada para o nosso meio: uma invenção de aeroplano. Caro Oscar: entre nós, um inventor é cômico, não é dramático.

Corrigindo-se desse defeito puramente botafogano, que consiste em não querer ver o Brasil tal qual é preciso, não vamos perdê-lo.

Há ainda os novos. Há sim: um Hermes Fontes, um

Agripino Grieco, um Ornelas, um Oiticica, todos poetas e maravilhosos poetas; mas eles têm que tentar ainda e o teatro não pode esperar.

Tem o Costa Rego, o Patrocínio Filho, o Batista Júnior, o Belmiro Braga, que já conta muitas peças representadas com sucesso no interior; mas todos têm medo dos ônix e do tal Assírio do Municipal.

Acabo aqui este perfunctório exame e peço a cada um dos autores citados que não vejam nisso nada de mal, nem propósito de magoá-los.

Quer os amigos, quer os inimigos, quer os indiferentes, devem ver nestas linhas simples desejo de esclarecer uma momentosa questão. E é só.

Breve tratarei do "júri" das peças.

A Estação Teatral, Rio, 6/5/1911

Uma coisa puxa a outra... IV

Um dos defeitos que a nossa gente de teatro tem é não conhecer os nossos autores. Eles, como o povo, só conhecem os jornalistas, e destes só os críticos teatrais. Não estou aqui a falar dos jornalistas, pois já fiz as pazes com eles. Faço uma observação. A coisa também se dá com os pintores e músicos. Anda tudo isso, música, pintura, teatro, verso e prosa, tão ligado na finalidade da arte, que bem se pode encontrar nesse afastamento um dos defeitos de todos esses ramos dela entre nós. É inútil encarecer o que essa aproximação podia trazer de útil. O pintor mostraria ao escritor e ao poeta a cor, dar-lhe-ia esse sentimento tão precioso à vida e à perfeição da obra escrita; o ator a medida no diálogo, a vivacidade necessária, a naturalidade; o músico mostraria a beleza das obras clássicas; e o escritor, a todos, a força de imaginação, o amor à invenção, à criação.

Entre nós, não há disso; nós vivemos isolados. Podem-se citar os literatos que conhecem músicos, que se dão com pintores e outros profissionais de coisas de arte.

De resto, essa aproximação excita, provoca ideias, desenvolve as faculdades criadoras de cada um.

Que vantagem não viria para eles, as relações com o Pereira Barreto, por exemplo! Poucos mesmo, entre nós, maus e bons escribas, conhecem perfeitamente esse singular poeta, tão poeta e tão singular ele é, que a gente chega a vê-lo moldado a um outro figurino que não é o habitual nos nossos homens de letras.

Há no Pereira Barreto élan, força e estranheza. Quem o vê nas confeitarias, centralizando uma roda, sente logo que nele há o estofo de um herói, e um herói é sempre um poucochito teatral. Ele que não me leve a mal dizer isto. Estou aqui a lembrar-me (não sei por quê?) de uma frase de Renan em *L'Antéchrist*. É bem bonita. Trata-se de Tito, daquele famoso imperador romano — as delícias do gênero humano — que chorava no dia em que não fazia bem. Pois, Renan, o divino Renan, dizia do imperador: "O seu caráter não era isento de bondade, mas havia um pouco de *pose*".

É assim que acontece com os heróis. Eles são força que avança sempre na direção retilínea do ideal; mas, por isso mesmo, o seu desenvolvimento de força arromba, espanta, fere, irrita, daí a teatralidade, a *pose*, que nós, os mesquinhos, sentimos neles.

Da mesma forma que o grande Renan viu em Tito, *pose*, não é demais que eu, muito ínfimo, veja no J. Barreto um poucochito de teatralidade.

É porque ele é um herói, um herói-poeta; é daqueles de que o nosso amigo Carlyle diz que vê esse mistério divino que jaz por toda a parte em todos os seres. Não há como ele para interpretar, "abrir o segredo" da natureza e das coisas. Falando, poetando, é sempre assim.

Foge muito às aparências, quer ir até à substância. Eu podia citar versos seus, aquele magnífico "Anima Rerum", das *Selvas e céus*, o seu magnífico livro.

Mas basta vê-lo; basta conversar para se sentir que aquele homem marcha, caminha, bussola-se, pelo ideal da poesia, de masculinidade, de força, enfim, de energia que é a própria substância do mundo.

Daí a sua estranheza no nosso meio. Em geral nós somos plásticos, vemos a forma, a cor, a linha; João vê a energia latente em tudo e em tudo ele só vê manifestações de energia; e é o que ele vê nessas coisas todas.

O seu culto pela honra, e pela coragem, chega-lhe por esse caminho. O herói, o bravo, o valente, são para ele uma manifestação da energia universal sob a forma humana.

Pereira Barreto era para os tempos do *Ramáiana*, para cantar as manifestações da energia humana contra as da natureza; era para fazer uma tragédia antiga, um *Édipo-Rei*.

Falava eu mais alto em convivência, pois foi por falar nela que me lembrei dele. Não há como ele para nos excitar ideias, comunicar desejos, implantar em nossos corações coisas altas e sublimes. Nós sempre fugimos ao sublime; mas ele nos puxa para lá.

Se assim é para nós, por que uma convivência com este poeta de gestos e inclinações antigas, poeta da energia, ou também com um Emílio de Meneses, cujo cinzel cellinesco marca de perfeição até os seus epigramas; esse Emílio de Meneses que achou a fonte de Juventa no Riso e na Boêmia, mestre de nós todos no espírito, na facécia, no bom dito; — por que uma convivência com homens como esses dois e outros mais que não cito por brevidade, não poderia trazer aos outros artistas, o que eles trouxeram a nós; empréstimos nababescos de que somos agradecidos e gratos — por quê?

Porque havemos de viver afastados, longe uns dos outros, quando sabemos que a verdadeira força da nossa triste humanidade está na sociabilidade, na troca mútua de ideias.

Esse defeito do isolamento de nossos artistas já vem sendo notado de há muito; mas eu quis falar dele, porque... uma coisa puxa a outra.

Dou aqui, portanto, por terminada a minha missão teatral. Teria que falar ainda dos atores, mas não os conheço bem e fujo, pois, à obrigação. Vou tratar dos caricaturistas, dos desenhistas e dos pintores. Vão ver os leitores que, se a minha proficiência teatral é ínfima, a minha sabedoria nas artes do desenho é insignificante. Mas sou teimoso. Atrevo-me. Se os meus nervos me ajudarem, brevemente uso a minha sabedoria nas artes do desenho à maneira do Julião Machado.

A Estação Teatral, Rio, 20/5/1911

Qualquer coisa

Hoje não me sinto bem-disposto para escrever; e, desde que as ideias não me acodem em abarroto nem a pena escorrega célere, não é bom forçar a natureza, tanto mais que tenho que contar com todos os intermediários necessários entre o meu pensamento e os leitores, para desfigurarem o meu artigo. Sendo assim, o melhor é interromper a série de rápidos estudos que venho fazendo dos nossos homens de lápis e pincel, e escrever qualquer coisa.

Há pouco a escolher. A questão do Teatro Municipal está morta; matou-a a nomeação de Coelho Neto para diretor de sua diretoria-geral.

Não sei bem se Coelho mantém a questão de manter o teatro. Nesse particular, o meu pensamento oscila de uma coisa para outra; entretanto, calando ressentimentos muito justos, eu não quero destoar das louvaminhas com que tal nomeação foi recebida.

Se não fosse o desejo que tenho de me acomodar, diria que o poderoso literato vai levar para o teatro do Rio de Janeiro a fina flor da mocidade literária, na qual, meus caros senhores, eu só encontro um defeito: com raras exceções, essa fina flor é estranha à cidade pelo nascimento, pelos sentimentos e convicções. Então será o Rio de Janeiro que os deverá animar?

Se não fosse o desejo que tenho de me acomodar, diria que o festejado escritor, com a sua mobilidade de pensamento e acessibilidade à lisonja, vai influir para que a concorrência de autores ao teatro seja diminuta, já por não se poder contar com um seguro critério literário seu, já por se sentir excluído quem não for seu amigo e frequentar as suas salas.

Este Rio de Janeiro é bem desgraçado. Manda fazer um teatro que custou não sei quantos mil contos, com ônix, mármores, sanefas, assírios, no puro intuito de embasbacar os argentinos, e sai-lhe um edifício, segundo dizem, defeituoso. Não contente com isso, tenta criar uma corrente de autores e uma escola dramática; o que aconteceu? Desastres. Agora, vai tentar de novo e quem põe à testa da empreitada? Coelho Neto! Decididamente, o imortal romancista está ficando um ditador das nossas letras; e me parece, vai sair-nos um Porfírio Díaz da pena. Tem em cada jornal de importância um embaixador; possui na Academia um bando, o dos *cabots*; é conselheiro dos editores e, agora, toma conta do maior teatro oficial do Brasil.

Não há remédio! Qualquer que seja o caminho que tomemos, o encontro com ele é inevitável. Ai dos vencidos!

Tenho até certa admiração por Coelho Neto; mas essa ditadura dá-me medo, por isso simplesmente por isso, saio-lhe na frente, antes que me possa fuzilar.

Não posso compreender que a literatura consista no culto ao dicionário; não posso compreender que ela se resuma em elucidações mais ou menos felizes dos estados d'alma das meninas de Botafogo ou de Petrópolis; não posso compreender que, quando não for esta última coisa, sejam narrações de coisas de sertanejos; não posso compreender que ela não seja uma literatura de ação sobre as ideias e costumes; não posso compreender que ela me exclua dos seus personagens nobres ou não, e só trate de Coelho Neto; não posso compreender que seja caminho para se arranjar empregos rendosos ou lugares na representação nacional; não posso compreender que ela se desfaça em ternuras por Mme. Y, que brigou com o amante, e condene a criada que furtou uns alfinetes — são, pois, todas essas razões e motivos que me levam a temer que a ditadura de Coelho Neto me seja particularmente nociva.

Agora mesmo, quando comecei a escrever este artiguete, acabava de ler, num velho *Mercure de France*, um artigo do sr. R. Busy sobre os grandes sucessos de teatro, no século XVII, francês.

É o grande século de Racine, de Molière, de Corneille, de Rotrou etc.

O maior sucesso sabem quem obteve? Adivinhem! Foi Racine? Foi Molière? Não foram eles; foi um sr. Thomas Corneille, irmão do grande Pierre, com uma tragédia, *Timocrate*. Representada num inverno inteiro, só foi retirada da cena porque... os atores se cansaram. Como são as coisas! O *Cid* e o *Médecin malgré lui* tiveram em começo medíocre sucesso e só obtiveram mais tarde a reputação que hoje os aureola.

É isto uma velha história, mas convém repeti-la para ensinamento de todos nós, meu também e — quem sabe? — do grande, do extraordinário autor de *Pelo amor*.

A Estação Teatral, Rio, 24/6/1911

Alguns reparos

A Estação completou um ano e eu nada lhe pude dar. É que andei com os mais legítimos tenesmos intelectuais de um verdadeiro diretor de jornal.

De resto, o que eu poderia escrever? Anunciei uma série de estudos rápidos sobre os homens do lápis e do pincel; mas é tão difícil reunir elementos que creio vou desistir.

Julião Machado tinha a vantagem de desenhar todo o dia num cotidiano acessível; mas, os outros se manifestam em semanários, com parcimônia, porque os nossos jornais de caricaturas são hoje mais jornais de fotogravuras que outra qualquer cousa. Para se fazer deles um juízo seguro, seria necessário consultar muitos exemplares, naturalmente atrasados, escolher os desenhos mais típicos, tê-los sob os olhos horas e horas; ora, meus caros senhores, a cousa sairia um pouco "salgada" e os meus rendimentos como escritor não são avultados, para que me abalance a tais extras.

Dessa forma, não foi possível dar-lhes um medíocre artigo; entretanto, viram o meu retrato, não foi? Tirei-o de surpresa, senão teria cortado o cabelo e pedido emprestado uma outra pigmentação para que a cousa saísse mais decente.

Não acreditem que eu seja o que está na legenda, nem quanto aos elogios, nem quanto ao ser continuador do Domingos.

Domingos é teórico, por isso saneia a cidade, Domingos não tem ódio; fala em nome de uma estética dele e de ideias preconcebidas. Eu não saneio, porque não obedeço a teorias de higiene mental, social, moral, estética, de espécie alguma. O que tenho são implicâncias parvas; e é só isso. Implico com três ou quatro sujeitos das letras, com a Câmara, com os diplomatas, com Botafogo e Petrópolis; e não é em nome de teoria alguma, porque não sou republicano, não sou socialista, não sou anarquista, não sou nada: tenho implicâncias. É uma razão muito fraca e subalterna; mas como é a única, não fica bem à minha honestidade de escriba escondê-la.

Não posso, portanto, ser um continuador do Domingos. Vai nisso injustiça a mim e a ele: a ele, porque sempre fala em nome de belas e talvez seguras teorias; e a mim, porque é desfigurar-me a pessoa. Não quero, portanto, que confundam a minha aridez de coração com a exuberância do Domingos. Eu não amo nem à Pátria nem à Família e muito menos à Humanidade.

Esses reparos são feitos, tendo ao lado o número de aniversário da *Estação*, e, acabando de fazê-los, eu olho um pouco e fico assombrado.

Já alguém disse, creio que Rémy de Gourmont, que a teologia era a ciência mais interessante que havia, porque teve de inventar o seu próprio objeto: Deus.

A *Estação* tem um certo ar de familiar com a teologia, pois, como ela, inventou no Rio de Janeiro, no Brasil, o seu próprio objeto: o teatro.

Em toda a parte, há manifestações espontâneas de teatro. Sem falar nos povos clássicos, os chineses, os japoneses, os turcos, os *couanes*, os russos, os hindus, os anamitas, os persas, os *kalmucks*, os javaneses; mas os brasileiros não.

Algum dos senhores já viu, nas nossas festas do interior, qualquer cousa popular, inventada ali mesmo, que, de longe, lembrasse teatro? Nunca. Não há nas rudimentares necessidades estéticas e motivos da nossa população nada que se encaminhe para o teatro.

A música fica na toada da viola; a poesia nesse famoso e idiota "desafio"; a dança no sapatear e "muligudos" do fado; mas para o teatro não há manifestação alguma.

Todos sabemos que, em tempos de antanho, as aldeias europeias organizavam os seus "mistérios", os seus "milagres"; e, mesmo mais tarde, nas feiras, umas representações de farsas, "entremezes", cousas grosseiras, é verdade, mas afinal manifestações de pendência para o teatro.

O copioso sr. Melo Morais conta-nos que Anchieta fez representar em São Lourenço "mistérios" ou "milagres" (cito de memória), mas a cousa não pegou, não entrou no gosto da população.

Alguns vice-reis fizeram tentativas de teatro e Bougainville narra com maldade e incompreensão um espetáculo que um deles deu em sua honra.

Devem ter havido outras tentativas, mas que não se ligaram, não se soldaram, não determinaram uma evolução.

Sendo assim um teatro ruim, não pôde ter base; entretanto, podia ser obtido por importação e imitação.

Mas que vemos, quando se trata disso? O abandono, representações às moscas, a famosa vaia das cadeiras vazias.

A Estação inventou o seu objeto, não há dúvida! E, em sendo assim, quem sabe se a sua invenção não se alargará, não se ampliará, e um teatro em português, nacional ou imitado, venha aparecer afinal, à custa de outros esforços que os seus façam nascer?

Nada se pode afirmar, mas tudo se pode esperar. Esperemos.

A Estação Teatral, Rio, 15/7/1911

O Garnier morreu

A morte de H. Garnier, ocorrida em Paris, nos meados deste mês, provoca falar na questão da edição de obras entre nós, sem esquecer a do comércio de livros em geral.

Para quem quer ser autor e quer ter na sua obra a necessária e indispensável independência, essa questão está sempre presente e é absorvente.

Porque, a não ser que as haja fora daqui, nos estados, a Livraria Garnier era a única casa editora que havia entre nós.

Se mesmo aqui há algumas que editem, não há nenhuma que o faça com constância e regularidade para que possa ser assim considerada.

A Garnier era a única; e se, ainda há poucos anos, havia a Casa Laemmert, ultimamente, porém, só ficou em campo a velha livraria.

De modo que ela era o único desaguadouro da produção literária nacional e exercia sobre as edições um monopólio nem sempre favorável a nós.

Curiosa é a maneira por que essa casa, com matriz em Paris e filial aqui e não sei onde mais, se saía de tão árdua empreitada.

Dirigida por um velho mentecapto, que nem lia português e nunca tinha vivido no nosso meio, as suas edições eram feitas atendendo mais à representação oficial do autor do que mesmo ao valor da obra.

Foram-se os tempos do B. L. Garnier. Este viveu aqui, conhecia-nos, podia aquilatar o valor, não direi intelectual, mas, comercial de um livro; mas, nesses últimos anos, sem ter ninguém propriamente dito, da casa que julgasse os manuscritos, sucediam-se borracheiras aparecidas *chez* Garnier.

Dizem que ela animou as letras pátrias. Não nego que o fizesse, na sua primeira fase; mas de uns vinte anos para cá, só tem sabido aproveitar pecuniariamente reputações feitas alhures.

Senão vejamos; para o que precisarei citar tão somente os nomes consagrados e respeitados por toda a gente. Pergunto: o Bilac foi editado pela primeira vez por ela? Não. O Alberto de Oliveira foi? Não. O Raimundo, o Coelho Neto, o Euclides da Cunha, o Afonso Arinos, foram? Também não. Onde estão, portanto, os seus serviços às letras nacionais?

A não ser que eles consintam em aproveitar autores já comercialmente viáveis, para aumentar os lucros da casa.

A coisa não podia ser de outro modo. Sem uma pessoa interessada que conhecesse o meio nacional e julgasse o merecimento da obra, tanto monetário, como intelectual, pessoa que devia estar presa à casa por sólidos interesses, não podia a famosa casa publicar novos e desconhecidos. De resto, dispondo o seu único proprietário de uma fortuna imensa, não havia a mola interna do ganho ou lucro avultado, para levá-lo a caminhos novos.

Velho rico, ignorante das nossas coisas, certamente já mentecapto, o seu critério nas publicações era o dos pistolões recebidos e do nome que o autor tinha no mundo.

Com certeza, nem ele mesmo lia os manuscritos; deixava esta tarefa a um empregado qualquer, naturalmente tão ignorante da vida brasileira como ele, sem interesse forte na casa, mais disposto a agradar que a julgar.

E foi assim que, além de outros, a casa Garnier pôde nos brindar ultimamente com as saborosas coisas do marechal Leite de Castro e também com os futilíssimos períodos do sr. Ciro de Azevedo.

Para verificar que não exagero basta ver a quantidade de diplomatas que ela tem editado; e dos autores novos que o não sejam, não há nenhum obscuro de nascimento e baldo de relações ou prestígio nos jornais.

Ora, convenhamos que é aborrecido isso de estar a pedir empenhos para tudo. Se a gente quer ser guarda noturno precisa empenho, se quer ser professor de direito empenho. É de desesperar.

Um livreiro experimentado e conhecedor do meio deve até não aceitá-los. Não faltam meninos bonitos, cheios de relações, que colecionem mediocridades e queiram publicá-las sem despesa; e uma casa que se preza deve contar em cada edição um sucesso literário e monetário.

Mas a Garnier não queria saber disso. Era a casa rica, não tinha concorrentes de valor e editava por editar.

Não há aqui nenhum despeito. Eu nunca tentei editar-me nela, tanto mais que isso era demorado e me repugna usar os famosos pistolões.

Faço essas considerações, não só porque as julgo verdadeiras, como para estimular, na medida das minhas forças, a nossa mocidade a desprezar casa tão tirânica.

É necessário que surjam outras casas editoras; é necessário que os lucros imensos que a Garnier tem tido provoquem o aparecimento de energias e capitais, que nos libertem totalmente de tão abjeta tutela.

Não é possível que um país como o nosso só tenha um editor e esse editor seja estrangeiro, e viva fora do país, nada conheça da nossa atividade literária e mental, se deixe guiar por pistolões e recomendações.

Com meia dúzia de exceções, entre as quais os *Estudos*, de Veríssimo, nenhuma obra de valor apareceu ultimamente nas resenhas do famoso livreiro.

Hermes Fontes, Pereira Barreto, Ornelas, Lima Campos, Gonzaga Duque, surgiram alhures. Mesmo aqueles que agora são seus fregueses assíduos, como Fábio Luz, Coelho Neto, não tiveram o melhor de suas produções editada lá.

Então, depois que ela enveredou pela literatura de bocados do João do Rio, não dá nada que preste; e era de esperar que, em breve, o Cândido Campos também viesse a publicar no famoso editor dois volumes de suas críticas teatrais, entremeadas com anúncios da água de Cambuquira, das pílulas Ayer e outras coisas da quarta página dos jornais que ele tanto conhece e respeita.

A morte de Garnier e a dispersão de sua fortuna podem bem trazer uma melhoria para esse estado de coisas. Ficando livre o campo de tão poderoso concorrente, talvez outros se animem e tenhamos uma floração de obras e autores como aquela que determinou a audácia do Domingos Magalhães.

Essa pressão que a velha casa exercia sobre a nossa atividade literária precisava cessar, em bem nosso e das letras em geral; e a morte desse octogenário rico e egoísta talvez determine isso e eu me alegro com ela.

Não há de ser só o João do Rio, com a sua literatura cortada no Brandão, nem o marechal Leite de Castro, nem o lindo Ciro de Azevedo, nem talvez o Cândido Campos, especialista em anúncios, que terão as suas portentosas obras editadas e pagas. Outros, com menos roupas, sem bordados, sem pés formosos, sem capacidade de agenciar anúncios, hão de tê-las também; e então veremos quem são os nossos homens de talento e se são só os *auteurs de la maison* do mentecapto Hipólito Garnier. Veremos.

Estou na obrigação de falar de alguns poetas. Eu não entendo nada de verso; e talvez por isso, julgue que a nossa poesia vai descambando para um estado singular; todos os poetas se parecem.

Não garanto que a minha observação seja verdadeira; mas há de haver nela alguma coisa de certo, porque quando se espalham essas regras de métrica e há na crítica mais exigências para o aspecto externo que interno da poesia, isso há de se dar fatalmente. Versejar fica mecânico; todos os poetas o fazem mais ou menos certo e poucos cuidam do resto. Entre nós, não há nada mais parecido com um poeta parnasiano do que outro poeta parnasiano.

Tenho quatro poetas sobre a mesa. Dois têm semelhanças e dois são completamente estranhos. Amaral Ornelas e Oiticica se parecem; ambos têm uma cega obediência às regras, são parnasianos; mas se, no último, há mais pompa vocabular, no primeiro há um fio de sentimento que percorre toda a sua obra.

Belmiro Braga também estava à espera de uma referência, há bem dois meses. É Belmiro um poeta espontâneo, natural e a sua poesia tem um ar de confidência e intimidade de encantar. É assim o seu livro *Rosas*. O outro poeta que eu tenho é Filipe de Oliveira. Mandou-me ele a sua *plaquette*, *Vida extinta*. É bem raro o poeta e é bem nova a sua poesia. Não tem parentesco com o resto de nossa poética nem na inspiração nem na forma; e, suprimindo os exageros, queria vê-lo continuar esse caminho para que a nossa poesia tivesse novidade e não caísse, como parece que vai cair, num poetar oco de Arcádia.

Gazeta da Tarde, Rio, 7/8/1911

Semana artística I

Na obrigação indeclinável de nos ocupar, nestas colunas, do movimento artístico da semana finda, temos a grata satisfação de iniciar a presente crônica, comunicando ao público as impressões que nos causou a Exposição Etnográfica, realizada pelo dr. H. Jaramillo numa das dependências do Gabinete Português de Leitura, desta capital.

E, tanto maior é o nosso regozijo, tratando deste assunto, quanto mais nos lembramos de que o que vimos é a expressão genuína da arte selvagem dos primitivos povos do continente americano.

Nem há quem se não emocione ao contemplar os espécimes expostos, relembrando, numa sugestiva evocação histórica, os costumes, as guerras ou as religiões dos íncolas amazônicos.

Cada um dos números do catálogo da referida exposição nos traz à lembrança uma reminiscência lendária, nos canta o lirismo indiano dessas raças quase extintas.

Embora não nos julguemos autoridade no assunto, não deixamos contudo de reconhecer que o governo deve mandar examinar detidamente a coleção etnográfica do dr. Jaramillo, não só porque ela nos fala muito da nossa pré-história, como também, e principalmente, porque muitos dos objetos expostos não são encontrados no Museu Nacional.

Falando com franqueza, será bastante vergonhoso

para o nosso país se a coleção Jaramillo for adquirida aqui por preço ínfimo para ir figurar em algum museu da velha Europa.

Na impossibilidade de relacionarmos os principais artigos industriais ou artísticos, constantes da exposição, destacamos de entre todos: "as vestimentas-máscaras" usadas nas festas pelos índios ticunas e pelos uitotos do alto Içá; "os cestos de palha e ralos de madeira" dos índios uaupés, dos miranhas e dos crixanás, do rio Negro; "as armas de guerra" dos índios conibos, dos ararás do rio Madeira e dos jumas; duas impressionantes "cabeças mumificadas" de índios jivaros do Peru etc.

A esta relação, contudo, devemos acrescentar, num especial destaque, um "trocano" dos índios uaupés e dos índios do Apapóris. Este engenhosíssimo objeto, um dos de mais valor da exposição, desempenha para aqueles povos o papel de telégrafo sem fio, sendo um dos mais frisantes atestados do gênio inventivo dos selvagens.

E, sem mais nos deter neste assunto, deixamos aqui expresso o desejo que temos de ver o Museu Nacional enriquecido com a coleção etnográfica em exposição no Gabinete Português de Leitura.

Em matéria de teatro, fazendo abstração completa dos espetáculos por sessões, sempre despidos de interesse, apenas temos a mencionar as representações do Lírico, do Apolo e do Municipal.

No cartaz do Lírico, tivemos os anúncios das peças: *Petit Duc*, *Les Saltimbanques*, *Les Mousquetaires au couvent*, *Boccacio* e *Sinos de Corneville*.

No Apolo, levaram à cena a *Flor da rua* e a *Casta Susana*.

Da companhia lírica, que já se retirou desta capital, seria ocioso que nos ocupasse, fazendo reparos ou tecendo elogios: águas passadas...

Dos artistas que atualmente trabalham no Apolo, de cujos méritos já muito se tem dito, apenas podemos observar que constituem um conjunto bastante harmônico e que, talvez por isso mesmo, continuam agradando em toda a linha, merecendo os mais justos aplausos da crítica e do público.

Quanto ao nosso Municipal, em cujo palco representam atualmente os melhores artistas nacionais, fechado a semana inteira, apenas no sábado nos deu os *Cabotinos*, a nova peça de Oscar Lopes.

Do valor da peça e do trabalho dos artistas, em outra coluna e com mais autoridade, fala quem ouviu as merecidas ovações com que o seleto auditório manifestou, ao autor e aos artistas, a funda impressão causada pela representação dos *Cabotinos*.

***

Se a nota dominante nos programas de espetáculos da semana finda foi incontestavelmente a representação de *Cabotinos*, os campeonatos de luta "romana" e de *box* constituíram, contudo, a preocupação máxima do grande público frequentador de teatros.

A incultura do povo justifica exuberantemente essa predileção.

Quem alimentar dúvidas a respeito do que afirmamos vá ao Pavilhão Internacional que se convencerá de sobejo que não faltamos à verdade, quando constatamos a lamentável predileção que o nosso povo revela por essas exibições de força bruta, em que homens lutam como feras.

Acharemos nisso, contudo, um fundo de razão, se nos recordarmos do lugar ocupado pelo homem na série animal, e se tivermos presente que nem sempre nos é possível evitar que em nós acorde e se manifeste em atos exteriores alguns instintos que são como que reminiscências atávicas dos nossos ancestrais.

As "lutas romanas" e os "combates de *box*", aos nossos olhos, sendo uma manifestação de animalidade e revertendo o homem a um estádio inferior na escala evolutiva, são a expressão máxima da estupidez humana.

Falando em "luta romana", lembramo-nos logo de Darwin...

Correio da Noite, Rio, 15/4/1913

Semana artística II

Num local indubitavelmente impróprio, como seja o corredor de entrada da Associação dos Empregados no Comércio, está aberta ao público uma pequena exposição de pintura, pelo artista espanhol Telésforo Plans, que pela primeira vez visita o nosso país.

O jovem expositor apresenta-nos seus trabalhos, dos quais se destaca logo à primeira vista um magistral retrato do inolvidável dr. Pereira Passos.

Este juízo também nos leva a opinar que o pintor encontrou no retrato o gênero de pintura a que melhor se adapta o seu temperamento artístico.

Assim é que absolutamente não nos agradaram as duas paisagem sob os nᵒˢ 10 e 11 no catálogo, nem nos impressionaram bem as telas com flores.

No quadro nᵒ 2, "Lendo Dom Quixote", há unicamente uma cabeça bem-feita; na tela "Costumes catalães", há traços de muita precisão e as fisionomias são flagrantemente expressivas.

As qualidades do retratista se revelam em todos os trabalhos, dando-nos a impressão de que Telésforo Plans, ainda muito moço, será em breve tido como um grande figurista.

A tela nᵒ 4, intitulada "Toscano", uma cabeça de estudo, é um trabalho de incontentável mérito, lembrando em tudo a técnica velazquiana. No quadro "Acendendo o cigarro", magnífico estudo sobre efeitos de luz, o jovem artista dá-nos uma ideia precisa sobre os grandes recursos de que pode dispor como artista para a confecção de trabalhos de maior fôlego e merecimento.

Entretanto, cumpre-nos desde já observar ao moço expositor que se não dê ao ímprobo trabalho de organizar segunda exposição no mesmo sítio, porquanto não oferecendo o mesmo condições de espaço e luz, ninguém a visitará com satisfação.

***

Uma notícia de interesse nos domínios da arte foi, sem dúvida, a que nos deu a imprensa desta capital sobre o belo quadro com que o notável paisagista brasileiro Antônio Parreiras figura este ano no "Salon" de Paris.

A reprodução fotográfica da "Flor brasileira", título do referido trabalho, estampada num dos diários cariocas, embora imperfeitamente, inspira os mais favoráveis prognósticos sobre o sucesso do novo quadro de Parreiras.

O artista brasileiro, cujos recursos técnicos têm sido tantas vezes realçados pela crítica indígena, leva desta vez ao velho mundo, na "Flor brasileira", a expressão máxima da beleza nacional representada num lindo tipo de mulher patrícia.

Pelos traços mais vivos na fotografia publicada e pelo conhecimento direto que temos de outros trabalhos do autor, auspiciamos-lhe desde já um brilhante triunfo no "Salon" de Paris.

***

Além das espaçadas representações de *Cabotinos* no Municipal e da consoladora notícia da próxima chegada de Ermetto Zacconi, o insigne ator dramático italiano, nada mais ocorreu de notável, em assunto de teatro, nos últimos sete dias.

Felizmente já se anunciou para 15 de maio a abertura da temporada teatral deste ano e, segundo o programa publicado pela empresa, aplaudiremos no Municipal esse número de artistas de alto merecimento, como Tina de Lorenzo, Martha Régnier etc.

Que a esperança de melhores tempos nos sirva de consolo à miséria presente.

Correio da Noite, Rio, 24/4/1913

Semana artística III

Esta crônica é consagrada ao poeta mineiro Mendes de Oliveira, que acaba de dar mais um volume de versos à nossa literatura.

Mais um livro de versos...

Isso equivale a dizer-se: mais uma porção de ideal condensado em estrofes, para gáudio dos espíritos aptos a sentirem as emoções estésicas.

Dizer que somos um povo de poetas, como com desdém o repetem os deserdados das musas, é fazer-se o melhor elogio possível do espírito da nossa raça.

Aliás, a poesia nacional não se expressa apenas em versos; ela ora extravasa pela voz dos oradores, ora se ritmiza na sonoridade cantante dos períodos dessa prosa admirável que diariamente reponta nas colunas da nossa imprensa...

Contemplai a nossa natureza e lembrai-vos de que alguém disse: "As faculdades do homem dependem das condições mesológicas".

Nós somos naturalmente poetas.

E é justamente porque a nossa poesia é espontânea, é inata, que a maioria dos nossos poetas não procura nas galas do estilo, nas sutilidades da forma, essa falsa poesia que os filhos de outras raças vão procurar na combinação dos sons e no sentido das palavras...

A nossa arte é mais sincera, por isso que se aproxima mais da natureza.

IMPRESSÕES DE LEITURA E OUTROS TEXTOS CRÍTICOS

Olavo Bilac e Emílio de Meneses são os nossos dois poetas típicos. Neles, a disciplina da forma não constringe nunca o pensamento.

São elegantes no dizer, mas são sinceros.

Precisamos convir que a poesia não é uma combinação de sons...

Que nos perdoem estas heresias os simbolistas, os decadentes, os nefelibatas e catervas...

***

Como íamos dizendo, esta crônica se consagra aos *Prélios pagãos*, de Mendes de Oliveira, da Academia Mineira.

O poeta de que nos ocupamos não é certamente um apurado artista do verso, um refinado esteta. Entretanto, revelando conhecer os segredos da métrica e obedecendo sempre à técnica poética, ele se nos apresenta como um poeta que sente o que canta, que traduz emoções experimentadas.

É essa, aos nossos olhos, a grande virtude de Mendes de Oliveira.

Aliás, isso mesmo já dissemos quando nos referimos, nessas mesmas colunas, ao livro de Luís Franco.

Como o autor do *Ao sol dos trópicos*, o cantor do *Prélios pagãos* faz-se credor das simpatias da crítica, porque os seus versos, além da poesia que encerram, revelam também que o espírito nacional ainda não está totalmente obcecado pelos sentimentos e ideias importados do estrangeiro.

Lendo os *Prélios pagãos* temos a grata satisfação de sentir que ainda temos poetas que se não limitam a refletir os sentimentos e as ideias dos outros, como infelizmente o fazem aqueles que, violentando a própria natureza, vivem torturando o espírito na absorção do extravagantismo sentimental de Baudelaire, de Jean Moréas, Verlaine etc...

Vamos, agora, transcrever uns versos do poeta mineiro.

PREDESTINADO

Tombarão sobre ti a contumélia e o apodo
Das almas desleais, sem piedade nenhuma.
A sombra da calúnia e do ódio vil a espuma,
Revolvendo-te o nome, o cobrirão de lodo.

Jograis e fariseus, com estranho denodo,
Porque tanto ideal de amor não se consuma,
As muitas ilusões que tens, uma por uma,
Procurarão ferir e aniquilar de todo.

No entanto, passarás intangível à fúria,
Sem que aos teus lábios suba e dos teus lábios rouco
Desça um grito de raiva ou de fraqueza espúria.

Visionário sublime, iluminado louco,
Depois do último golpe e da suprema injúria,
Hás de sentir que és muito e que sofreste pouco!

CORDAS DE CABELO

Dessa cabeça um cacho mal seguro
É a preciosa relíquia que conservo
Do amor, de que me fiz humilde servo,
Entregando-lhe todo o meu futuro.

Nada mais, além disto... E nem procuro
Saber se tens um coração protervo,
Para aumentar assim o triste acervo
De um ideal que me sorri tão puro.

Vivo, apenas, um sonho acalentado:
Com estes fios, que são o meu tesouro,
Que me falam de ti, de quando em quando,

Encordoarei a minha lira de ouro,
Em que, mulher, sempre ouvirás cantando
A própria voz do teu cabelo louro...

Da geração dos novos, Mendes de Oliveira figura, com real destaque, ao lado de Luís Franco, na fileira da vanguarda.

Correio da Noite, Rio, 28/6/1913

A biblioteca

A diretoria da Biblioteca Nacional tem o cuidado de publicar mensalmente a estatística dos leitores que a procuram, das classes de obras que eles consultam e da língua em que as mesmas estão escritas.

Pouco frequento a Biblioteca Nacional, sobretudo depois que se mudou para a avenida e ocupou um palácio americano.

A minha alma é de bandido tímido, quando vejo desses monumentos, olho-os, talvez, um pouco, como um burro; mas, por cima de tudo, como uma pessoa que se estarrece de admiração diante de suntuosidades desnecessárias.

É ficar assim, como o meu amigo Juvenal, medroso de entrar na vila do patrício, de que era cliente, para pedir a meia dúzia de sestércios que lhe matasse a fome — a espórtula!

O Estado tem curiosas concepções, e esta, de abrigar uma casa de instrução, destinada aos pobres-diabos, em um palácio intimidador, é das mais curiosas.

Ninguém compreende que se subam as escadas de Versalhes senão de calção, espadim e meias de seda; não se pode compreender subindo os degraus da ópera, do Garnier, mulheres sem decote e colares de brilhantes, de mil francos; como é que o Estado quer que os malvestidos, os tristes, os que não têm livros caros, os maltrapilhos "fazedores de diamantes" avancem por escadarias suntuosas, para consultar uma obra rara, com cujo manuseio, num dizer aí das ruas, têm a sensação de estar pregando à mulher do seu amor?

A velha biblioteca era melhor, mais acessível, mais acolhedora, e não tinha a empáfia da atual.

Mas, assim mesmo, amo a biblioteca e, se não vou lá, leio-lhe sempre as notícias.

A estatística dos seus leitores é sempre provocadora de interrogações.

Por exemplo: hoje, diz a notícia que treze pessoas consultaram obras de ocultismo. Quem serão elas? Não creio que seja o Múcio.

O antigo poeta é por demais sabido, para consultar obras de sua profissão.

Quero crer que sejam tristes homens desempregados, que fossem procurar no invisível sinais certos de sua felicidade ou infelicidade, para liquidar a sua dolorosa vida.

Leio mais que houve quatro pessoas a consultar obras em holandês. Para mim, são doentes de manias, que foram um instante lembrar-se na língua amiga das amizades que deixaram lá longe.

O guarani foi procurado por duas pessoas. Será d. Deolinda Daltro? Será algum abnegado funcionário da inspetoria de caboclos?

É de causar aborrecimento aos velhos patriotas que só duas pessoas procurassem ler obras na língua que, no entender deles, é a dos verdadeiros brasileiros. Decididamente este país está perdido...

Em grego, as obras consultadas foram unicamente duas, tal e qual como no guarani; e certamente esses dois leitores não foram os nossos professores de grego, porque, desde muito, eles não leem mais grego...

Correio do Noite, 13/1/1915

Carta de Lima
a Gilka Machado

[Minuta]
[Sem data]

Minha Senhora.

Devido a preocupações de toda a ordem, não me foi possível senão agora dizer alguma cousa sobre seu lindo livro — *Cristais partidos*.

Leio poucos versos, especialmente os dos poetas mais ou menos da minha idade, pois, com raras exceções, vivem a esconder a falta de emoção, de élan artístico, num *fatras* de termos rebuscados, empregando [?] mezinhas poéticas (talvez legítimas em França), mesmo quando eu me converta aos mais perfeitamente *démodés* dos nossos dias. Fujo deles para não me embotar de todo no seu malabarismo vocabular e ausência de imaginação.

Li, minha senhora, o seu livro todo. Queria-a mais parecida com o meu Francis Jammes. O seu temperamento, porém, é inteiramente outro; e, foi por compreendê-lo bem, que admirei muito de sua inspiração, a sua completa independência de moldes, dos velhos "cânons", e a sua audácia verdadeiramente feminina.

Quero crer que há nos seus versos novidade, novidade de pensamentos, de emoção diante das cousas e dos angustiosos problemas do nosso destino. E se o meu fraco e desautorizado juízo é verdadeiro, não há como não lhe dar parabéns pela estreia, pois num autor novo o que se pede, sobretudo o que se pede, é novidade.

Acredite-me, minha senhora, confrade e admirador

Lima Barreto

Um romancista

O sr. Paulo Gardênia é um moço cheio de elegâncias, em digesto de coisas preciosas, de receitas de namoros, de coisas decentes, que apareceu aí nos jornais e sucedeu a Figueiredo Pimentel no "Binóculo".

Ontem, deparei um capítulo de um seu romance na *Gazeta de Notícias*; e, como gosto de romances e nunca fui dado a modernismos, não conheço grandes damas e preciso conhecê-las para exprimir certas ideias nas rimas que imagino, fui ler o sr. Paulo Gardênia, ou melhor, Bonifácio Costa.

Li e gostei.

Vejam só este pedacinho tão cheio de perfeição escultural, revelador de homem que conhece mármores, o Louvre, as galerias de Munique, o Vaticano:

O *peignoir*, fino e leve, cobria-lhe, indolentemente, em pregas moles, o corpo venusino que era esgalgo; os quadris largos; o busto flexível. Na corrente argentina, que lhe prendia os cabelos, louros como mel, luziam esmeraldas. E os seus dedos, maravilhosamente róseos e macios, eram rematados em unhas polidas, como pérolas. *Fausse maigre* autêntica arredondavam-se-lhe as linhas, numa surpresa de curvas opulentas, nos braços torneados, nas ancas calipígias.

Diga-me uma coisa, "Seu" Bonifácio: como é que essa senhora é esgalga e ao mesmo tempo tem os quadris largos?

Como é que essa senhora é *fausse maigre* e tem curvas opulentas e ancas calipígias?

O senhor sabe o que se chama Vênus calipígia?

O sr. Bonifácio fala muito em Hélade, em Grécia, em perfeição de formas, mas nunca leu os livros da Biblioteca do Ensino de Belas-Artes, que se vendem ali no Garnier.

Se os tivesse lido, não vivia a dizer tais barbaridades para extasiar, exaltar a cultura literária e estética das meninas de Botafogo.

A sua visualidade é tão perfeita, tão intensa, tão nova, acompanha e respeita tanto os conselhos que Flaubert deu a Guy de Maupassant, que acabou achando essa coisa magnífica, neste pedacinho de estilo de calouro de academia:

"E o dia louro, azul, voluptuoso e quente, entrou pelo quarto, poderoso e fecundo, na alegria iluminada do sol..."

Gardênia ficou tanto tempo diante do "dia" que acabou vendo-o ao mesmo tempo louro e azul. Coelho Neto gostou?

A roda da rua do Roso deve orgulhar-se de semelhante rebento.

Os salões do século XVIII não dariam coisa melhor...

Correio da Noite, Rio, 1/3/1915

Carta de Lima
a Murilo Araújo

Em 26 de outubro de 1916.

Meu caro sr. Murilo Araújo.

Peço-lhe mil perdões pela demora do seu livro nas minhas mãos.

Não foi tanto a falta de tempo que a motivou, mas a minha completa desorganização em matéria de método, desorganização que nunca me dá tempo para coisas proveitosas como foi a leitura dos seus originais.

Eu tenho o senhor, após a leitura que fiz, como um poeta muito original, muito comovido, poeta sem os artifícios habituais de palavras e acrobacias métricas ou riqueza de rimas de ouro falso.

Não digo que isso tudo seja vão, mas o que se pede em primeiro lugar a um poeta é a sua emoção diante do encanto do mundo, do seu transcendente mistério, a revelação deste por alguma forma.

O senhor tem ainda indecisa, vaga, essa sensação do mundo e das coisas, doente e triste, é verdade, mas tem — uma.

É o julgamento geral que posso fazer do seu livro, porquanto, do que toca à técnica do verso, do ofício propriamente, eu nada sei. Não lhe posso, portanto, dizer nada a respeito da combinação da estrofe clássica e da metrificação livre, nem tampouco sobre a deslocação das tônicas, simetricamente, de verso em verso, nos decassílabos.

Esta minha falha literária é devido à minha primeira educação, ou antes, às minhas primeiras ambições mentais.

Em menino, fugi sempre das coisas que tocassem em amor, em arte e emoção. Queria ser um homem enérgico, inacessível a tudo isto, engenheiro, talvez, a construir pontes, máquinas, cais ou coisas semelhantes.

Como o senhor sabe, entre nós, quando um menino se destina ao doutorado, o que todos que o cercam e ajudam fazem é tocá-lo, tangê-lo para fazer os preparatórios. Não me detive nessas coisas divinas do verso, de modo que, hoje, sobre tal, pouco ou nada sei. Agora, no meio do caminho da existência, é tarde para aprendê-las.

Não posso, repito, dizer nada sobre as suas inovações métricas, mas creia que li seu livro com grande encanto, sobretudo a terceira parte — "Alegria".

Finalizando, eu me permitia dar-lhe alguns conselhos de mais velho, só de mais velho, porque gosto o senhor tem de sobra.

Abandone as exterioridades de cor de papel, formatos e quejandos. Aquela "advertência" sobre a leitura, penso ser descabida, pois o ritmo e o sentido da poesia dizem, e pedem, a entonação requerida.

Há ainda alguma coisa que não é da minha seara, pois estudei rudimentos de música, aos nove ou dez anos, e pouco hoje sei deles; mas creio que aqueles compassos que o senhor interpolou na poesia "Mariúcha" não estão certos.

Consulte alguém autorizado na matéria, pois eu me sinto completamente estrangeiro no assunto.

Meu caro sr. Murilo Araújo: esta carta vai longa e insossa. Tenho muita e grande simpatia pelo senhor, pois me parece que trato com um moço honesto de inteligência e coração, tímido, mas animado de grandes e nobres ideais.

Faça uma coisa, eu lhe aconselho ainda como mais velho: publique seus versos, quanto antes, sem temor, sem padrinhos, sem cirineus de qualquer natureza. Vá para adiante, e só!

Do seu

Lima Barreto

Carta de Lima
a Albertina Berta

[Minuta]

Todos os Santos, 31-12-16.

Minha senhora.

De há muito tinha lido o seu formoso livro, mesmo antes de receber o exemplar, que tão bondosamente me ofereceu. Aqui fica registrado o meu alto reconhecimento.

A gentileza da oferta fez-me de novo lê-lo e com muito prazer reli-o vagarosamente. Se só agora lhe escrevo, dando-lhe rapidamente as minhas impressões de leitura, é porque certas vezes dá-me tal ódio da pena e do papel que nem mesmo um "aviso" sou capaz de copiar.

Creio que a senhora sabe o que é um "aviso": é um solene papel burocrático, que um ministro assina. "Aviso" é ofício de ministro, e "ofício" é correspondência de toda outra qualquer autoridade oficial.

Depois dessa pequena digressão pelas cousas de secretaria, eu tentarei dizer em síntese o que penso do seu romance. Ele é belo de linguagem, é mesmo sobrecarregado de beleza no que toca em efeitos verbais. Toda a vez que a senhora trata da natureza, no esplendor da natureza que nos cerca, mesmo na penteadinha dos jardins, eu encontro nas suas páginas uma grande correlação entre o objeto e a representação; mas (sem crítica) julgo que essa exuberância afoga a análise dos sentimentos quando se trata de explicá-los da mesma forma e dá não sei o que de artificial aos seus diálogos.

Lembro-me com muito encanto da descrição da festa de caridade, começo do VIII capítulo.

O seu livro é bem um poema em prosa, e um poema de mulher, de senhora, pouco conhecedora da vida total, dos altos e baixos dela, da variedade de suas dores e das suas injustiças. Vivendo à parte, em um mundo muito restrito, a senhora, muito naturalmente, não podia conhecer senão uma espécie de dor, a dor de amar; e, dessa mesma, a senhora faz dela uma Exaltação.

Nada tenho a condenar o limite do direito de amar que a senhora defende. Se há quem tenha a respeito teorias mais radicais sou eu; mas, minha senhora, a literatura é um perpétuo sacerdócio, diz Carlyle, e desde que li isso, eu não me sento na minha modesta mesa para escrever sem que pense não só em mim, mas também nos outros. O que há de pessoal nos meus pobres livros (vou adiante da objeção) interessa a muita gente e isso, penso eu, me desculpa.

Com tão belos dotes de estilo, com tanto vigor de imagens, com língua tão quente e tão firme, com tanta beleza verbal, eu espero ver desdobrar-se a vitoriosa autora de *Exaltação* em uma George Sand ou em uma George Eliot, nesta principalmente.

Com todo o respeito e acatamento, subscrevo-me da senhora confrade e admirador

Lima Barreto

Anita e Plomark, aventureiros

No ano passado, estando eu nos arredores de Ouro Fino, passando tempos em casa de um amigo, empregado na colônia federal Inconfidentes, que fica distante oito quilômetros daquela pequena cidade do sul de Minas, tive ocasião de ler pela primeira vez um livro de Teo Filho.

O meu bom amigo era o Emílio Alvim, que havia sido durante anos secretário de jornais de péssima fortuna e, como secretário, tinha organizado uma econômica biblioteca característica dos secretários de jornal.

Quem vive neles pode logo imaginar em que consistem elas. Constam de publicações oficiais, em geral do Ministério da Agricultura, de *plaquettes* de versos ou de discursos laudatórios, de obras de autores gabadas, mas que, em geral, ninguém as lê ou procura. Todas chegam aos jornais por oferecimento dos editores e autores.

Alvim tinha, além de exemplares das edições dos srs. Rodolfo de Miranda e Toledo, inclusive aquele famoso tratado de agricultura da sra. Júlia Lopes — *Correio da Roça* — tinha, dizia eu, obras de sr. Alberto Torres, do sr. Oliveira Lima e, também, um romance do nosso Teo Filho — *Mme. Bifteck-Paff.*

Dos três, só conhecia bem o sr. Oliveira Lima, a quem desde menino, desde a *Revista Brasileira,* do saudoso José Veríssimo, me habituei a ler com interesse e carinho; mas, dos dois outros, nada havia lido em livro. Li-os lá.

O sr. Alberto Torres me pareceu um fabricante de constituições, uma espécie de Sieyès, à espera de uma nova revolução francesa com os seus desdobramentos inevitáveis.

Teo, porém, de quem eu tinha lido um artigo de jornal ou outro, mal lhe conhecendo a feição literária, por uma crônica de Patrocínio, em que me surgiu como um aprendiz de Casanova — Teo me surpreendeu.

Achei o seu romance raro, vivo, muito natural, perfumado de graça, à Willy; enfim, uma pintura da vida pernambucana com todos os aspectos de fidelidade, tanto no que toca às almas, como no que se refere ao ambiente em que elas se moviam; e tudo isto sem pedantismo de frase ou exibições de uma sabedoria de empréstimo.

Agora, tenho em mãos, e acabo de ler, um novo livro seu, escrito de colaboração com o sr. Robert de Bédarieux, que deve ser um autor extraordinariamente novo. É o *Anita e Plomark, aventureiros.*

Confesso que a leitura deste não me deixou tão forte impressão quanto a do outro. O par de aventureiros agita-se em um meio de "rastas" parvos, de patifes de toda a sorte e origem, de gente que perdeu a alma ou nunca teve uma, formando uma corja que pode ser sui generis, mas que me é visceralmente antipática. Perdoo os criminosos declarados; são menos cínicos.

Não posso compreender nem perdoar semelhantes vagabundos de caso pensado, a vida desses inúteis sem desculpa alguma, desses estéreis de todos os modos, sem nada de sério na cabeça, sem uma paixão, sem uma mania, sem se intimidarem diante do mistério da vida e sem uma ingenuidade sequer. São espíritos perversos demais e o cansaço da vida não lhes vem do trabalho próprio, nem dos seus ancestrais, mas de uma inata maldade aliada a uma perfeita incompreensão das altas coisas da natureza e da humanidade.

Para os machos como tais, o "gato de nove caudas" ou

a roda das penitenciárias; para as fêmeas como essa Anita, que Teo parece querer exaltar, só lhes desejo a guilhotina. A "Nouvelle" seria menos gentil.

A prostituição na mulher é a expressão de sua maior desgraça, e a desgraça só merece compaixão quando é total, quando é fatal e nua. Não gosto dos disfarces, das intrujices, das falsificações e, sobretudo, do aproveitamento dessa sagrada marca do destino, para ludibriar os outros.

A prostituta só é digna da piedade e respeito dos homens de coração, quando ela o é em toda a força do seu deplorável estado, quando ela sabe com resignação e sofrimento arcar declaradamente com a sua tristíssima condição. Não é assim a heroína do romance de Teo Filho; não é mesmo o que os venezianos da Renascença chamavam, com tanto respeito, uma hetaira *onesta*, isto é, a cortesã eivada de arte, ensopada de poesia, com certo desinteresse natural e, talvez, uma tal e qual generosidade espontânea.

Ao contrário, Anita, como em geral, as mulheres públicas da nossa sociedade burguesa, é de uma estupidez assombrosa e sem nenhum traço superior de coração ou inteligência.

Os fisiologistas às vezes, para vencer certas dificuldades, estudam de preferência o órgão doente para lhe descobrir a função em estado normal; por Anitas e outras, nós poderíamos muito bem estabelecer o funcionamento normal da mentalidade feminina na nossa sociedade.

O assassínio que ela pratica tem tanto de útil quanto de estupidamente executado.

Há mesmo quem diga que, a não ser por defeito orgânico, a mulher só se prostitui por estupidez. Não será tanto assim, mas há muitos estados intermediários entre a senhora de família e a meretriz, estados que as mais atiladas aproveitam muitas vezes para sair da prostituição declarada.

É verdade que a riqueza e o luxo tentam, mas o luxo e a riqueza, quando verdadeiros e francos, são acidentes na carreira das hetairas.

Geralmente, o primeiro amante não é o velho rico da lenda. É da camada delas, dos seus recursos, mais ou menos; e as raparigas do prazer se recrutam, em geral, nas modestas classes.

Creio que foi Maxime du Camp quem demonstrou isto em um estudo sobre a prostituição em Paris.

E depois deste primeiro amante, seguem-se outros equivalentes, e é "sorte grande" o amásio rico e gastador constante.

Não é pois admirável que uma inteligência lúcida espere retirar de tão degradante estado as fortunas que, por exemplo, homens medíocres sabem sacar de oportunidades, "convênios, defesas, valorizações, auxílios às usinas de açúcar" e outros sutis expedientes honestos da gente progressista de São Paulo.

Os homens têm tais recursos, dirão; mas as mulheres?

Que procurem tais homens, pois, para elas, são eles muito fáceis. Anita faz isto, dir-me-á Teo. Não, meu caro; ela mata e rouba, sem necessidade de tal. Mas... vi que aí seria discutir o livro no meu ponto de vista — o que é coisa bastante impertinente, senão idiota. Tenho que aceitá-lo tal qual é, em bloco; e olha, nada perde com isto.

Há, no novo romance de Teo Filho, e talvez o próprio autor não tenha percebido, um aspecto que o torna notável e muito me interessou. É como ele mostra o mecanismo espiritual pelo qual se dá esse estranho fenômeno do caftinismo, essa abdicação da vontade da mulher, toda inteira, na de um homem, esse domínio de corpo e alma do rufião sobre a meretriz, esse ascendente, quase sempre unicamente determinado por laços psicológicos, em que não entra a mínima violência.

Teotônio analisa muito bem como uma mesquinha alma de mulher, abandonada no vício, perdida, já meio criminosa, sente o vazio ao redor dela e tem medo desse vácuo moral, espiritual e sentimental. Ah! Essa solidão...

Não terá mais afeições, e as que vai obtendo aqui e ali

só são mantidas graças à ignorância do seu verdadeiro estado, dos seus antecedentes; e, por mais que ela possua força de amor em uma delas, está certa que o resfriamento virá, desde que o afeiçoado saiba quem ela é. Só lhe resta o cáften. É ele o seu único apoio moral, a única alma que se interessa, sem indagação, por ela, e a aceita como ela é. No caso, é Plomark. Estranha cavalaria... Ela o ama? A bem dizer, não; mas precisa dele no mundo, na vida, onde uma mulher, ao que parece, não pode existir sem o apoio de um homem qualquer, seja ele marido, pai, irmão, filho, amante ou mesmo cáften.

Sob este aspecto, o livro é notável como análise de um dos mais curiosos fenômenos da psicologia mórbida dos nossos tempos. Não afirmo que seja peculiar à época atual, pois há quem diga que ele é tão geral entre judeus, pelo simples motivo de que o Velho Testamento está recheado de exemplos de alguma coisa análoga e são conhecidos de nós todos; mas, seja como for, com dados atuais, a análise é sagaz no livro de Teotônio.

Anita e Plomark, aventureiros é um livro singular e curioso por todos os aspectos que se o encare. Descrevendo esse meio de *parvenus* e *toquées* de todos os países e cores; desenrolando-se quase todo nas paisagens delambidas e ajeitadas, "ad usum Delphini", da Côte D'Azur; retratando a estupidez de recentes ricos, de damas *chics* e gatunos de alto coturno, que não atinamos para que roubam; evidenciando o sáfaro de todo eles — a novela nos prende pela estranheza do assunto, e sempre pela vivacidade dos matizes que o autor emprega nas breves e firmes descrições de que está cheio. É, de fato, um livro: e basta isto, creio eu, para torná-lo digno de atenção.

A.B.C., Rio, 16/2/1918

Histrião ou literato?

É doloroso a quem, como eu, sabe as grandes dificuldades que cercam um escritor no Brasil, vir publicamente tratar sem grande deferência um homem como o sr. Coelho Neto, cuja notoriedade tem sido feita através da arte escrita.

Entretanto, apesar de doloroso e das promessas que fiz de não mais me ocupar da personalidade do ex-deputado do sr. Urbano dos Santos, me vejo obrigado a voltar à carga e tratar da sua atividade literária no nosso meio.

O sr. Coelho Neto é o sujeito mais nefasto que tem aparecido no nosso meio intelectual.

Sem visão da nossa vida, sem simpatia por ela, sem vigor de estudos, sem um critério filosófico ou social seguro, o sr. Neto transformou toda a arte de escrever em pura *chinoiserie* de estilo e fraseado.

Ninguém lhe peça um pensamento, um julgamento sobre a nossa vida urbana ou rural; ninguém lhe peça um entendimento mais perfeito de qualquer dos tipos da nossa população: isso, ele não sabe dar.

Coelho Neto fossilizou-se na bodega do que ele chama estilo, música do período, imagens peregrinas e outras cousas que são o cortejo da arte de escrever, que são os seus meios de comunicação, de sedução, mas não são o fim próprio da literatura.

Os estudos do sr. Coelho Neto sempre foram insuficientes; ele não viu que um literato, um romancista não pode ficar adstrito a esse aspecto aparente de sua arte; ele nunca teve a intuição de que era preciso ir mais além das antíteses e das comparações brilhantes. Tomou a nuvem por Juno, daí o seu insucesso, a fraqueza dos seus livros, a insuficiência da sua comunicação afetuosa, de forma que os seus livros não vivem por si, mas pela *réclame* que lhes é feita.

Começando pelo fim do século passado em que tantas questões interessantes se agitaram; tendo aparecido quando o estudo das religiões tinha feito grandes avanços, o sr. Neto ficou na Bíblia de Jacolliot e na mitologia vulgar dos poetas da Arcádia.

Ele nunca viu o encadeamento das ideias e dos sentimentos pelo tempo afora; ele nunca pôde perceber que nós hoje não podemos sentir como a Grécia e que os seus Deuses nos são estranhos perfeitamente e quase incompreensíveis.

Não é meu intuito entrar em querelas. O que me move escrever estas linhas é, como escritor, como literato que tem fé na sua atividade, protestar contra a deturpação que o sr. Neto tem querido impor à consciência do Brasil a respeito do que seja literatura.

O sr. Neto quer fazer constar ao público brasileiro que literatura é escrever bonito, fazer brindes de sobremesa, para satisfação dos ricaços.

Ele não quer que o público brasileiro veja no movimento literário uma atividade tão forte que possa exigir o desprendimento total da pessoa humana que a ele se dedique. Devia preferir, entretanto, ensinar aos brasileiros que a literatura é um sacerdócio. Está no Carlyle; e não cito em inglês para não aborrecer o Azevedo Amaral.

A missão da literatura é fazer comunicar umas almas com as outras, é dar-lhes um mais perfeito entendimento entre elas, é ligá-las mais fortemente, reforçando desse modo a solidariedade humana, tornando os homens mais capazes para conquista do planeta e se entenderem melhor, no único intuito de sua felicidade.

Onde está isto na obra do sr. Neto? Onde está isto nos seus cinquenta e tantos volumes?

Viveu no interior e só sabe dar uma máscara do sertanejo. É homem da moda e não entende a alma de uma criada negra.

Nos seus livros, não há nenhum laivo de simpatia pelos humildes, a não ser quando se trata dos "caboclos" da nossa convenção literária.

Toda a sua literatura, copiosa, vasta, trabalhada, paciente, é falha porque ele não soube amar e compreender todos. Desde menino, o sr. Coelho Neto ficou deslumbrado por Botafogo e as suas relativas elegâncias. Longe de mim dizer que lá não há almas, sofrimentos, dores e angústias; mas aí mesmo, ele não as soube ver.

O seu Botafogo nada tem de Balzac; é puro Octave Feuillet.

Seria longo e, talvez, fastidioso, alongar-me nestas considerações.

Elas me foram provocadas pelo discurso que o sr. Neto, da Academia de Letras, pronunciou por ocasião da inauguração de uma dependência de um clube de regatas ou cousa que valha, nas Laranjeiras.

O sr. Neto esqueceu-se da dignidade do seu nome, da grandeza de sua missão de homem de letras, para ir discursar em semelhante futilidade.

Os literatos, os grandes, sempre souberam morrer de fome, mas não rebaixaram a sua arte para simples prazer dos ricos. Os que sabiam alguma cousa de letras e tal faziam eram os histriões; e estes nunca se sentaram nas sociedades sábias...

Revista Contemporânea, Rio, 15/2/1918

Volto ao Camões

Raramente vou ao teatro, embora, às vezes passe noites inteiras em claro a perambular pelas ruas e botequins; mas, de quando em quando, gosto de ler as notícias que os jornais dão das *premières*, sobretudo em se tratando de peças portuguesas.

Há dias li o *compte-rendu* de uma peça do sr. Júlio Dantas — *O reposteiro verde*.

Sei bem que é de bom alvitre não julgarmos uma obra literária pelo seu resumo; mas a regra não é tão absoluta como querem por aí certos doutores artísticos cujas asserções trazem o vício de origem do interesse próprio ou dos seus chegados.

Encontram-se trabalhos literários que, por serem valiosos pelo fulgor do seu desenvolvimento, pelo rigor das cenas, pela percuciente análise dos personagens, pela largueza de vistas do autor, não podem ser resumidos e o resumo nada diz deles, mas há outros em que diz muito.

Esse drama do sr. Júlio Dantas, pelos resumos por mim lidos nos jornais, não passa de um dramalhão de capa e espada, cheio de assassinatos e outros matadores da velha escola; entretanto, mantém-se ainda no cartaz.

É curioso observar o *engouement* que o nosso público vai tendo por certos autores portugueses de uma mediocridade evidente que a disfarçam com um palavreado luxuriante, um barulho de frase, mas que não aventam uma ideia, que não revelam uma alma, que não interpretam mais sagazmente um personagem histórico, que não põem em comunicação as várias partes da sociedade, provocando um mútuo entendimento entre elas.

No nosso tempo de literatura militante, ativa, em que o palco e o livro são tribunas para as discussões mais amplas de tudo o que interessa o destino da humanidade, Portugal manda para aqui, com grande sucesso, o sr. Júlio Dantas e o sr. Antero de Figueiredo, dous inócuos fazedores de frases bimbalhantes.

Que nós tivéssemos sofrido a ascendência e a influência de Garrett, de Alexandre Herculano, de Oliveira Martins, de Eça de Queirós e mesmo de Camilo Castelo Branco, admite-se.

Todos estes, para não falar em alguns outros mais, como Arnaldo Gama, Antero de Quental, Antônio Nobre, Pinheiro Chagas, Ramalho Ortigão; todos esses, dizia, são criadores, de algum modo originais, muitos deles concorreram para reformar a música do período português, deram-lhe mais número, mais plasticidade, inventaram muitas formas de dizer; mas, esses dous senhores a que aludi mais acima, sem concepção própria da vida, do mundo e da história do seu país, não vêm fazendo mais do que repetir o que já foi dito com tanta força de beleza pelos velhos mestres e glosar episódios de alcova da história anedótica portuguesa, para gáudio das professoras públicas aliteratadas.

O sr. Júlio Dantas não passa de um Rostanzinho de Lisboa que fez *A ceia dos cardeais* — obra que não é senão um superficial *lever de rideau*, sem um pensamento superior, sem uma emoção mais distinta, *verroterie* poética que fascinou toda a gente aqui e, creio, também em Portugal.

As suas peças históricas não têm um julgamento original de acordo com qualquer ideal estético ou filosófico; não traem um avaliador sagaz, ágil do passado; de rigor psicológico, nada têm os seus personagens.

São glosas dialogadas de tradições e crônicas suspeitas, sem uma vista original do autor, sem um comentário que denuncie o pensador.

Entretanto, num país como o Brasil, em que, por suas condições naturais, políticas, sociais e econômicas, se devem debater tantas questões interessantes e profundas, nós nos estamos deixando arrastar por esses maçantes carpidores do passado que bem me parece serem da raça desses velhos decrépitos que levam por aí a choramingar a toda a hora e a todo o tempo: "Isto está perdido! No meu tempo as cousas eram muito outras, muito melhores".

E, por fim, citam uma porção de patifarias e baixezas de toda a ordem.

Que Portugal faça isto, vá! Que lá ele se console em rever a grandeza passada dos lusíadas em um marquês que tem por amante uma fadista, ou que outro nome tenha, da Mouraria, concebe-se; mas que o Brasil o siga em semelhante choradeira não vejo por quê.

É chegada, no mundo, a hora de reformarmos a sociedade, a humanidade, não politicamente que nada adianta; mas socialmente que é tudo.

Temos que rever os fundamentos da pátria, da família, do Estado, da propriedade; temos que rever os fundamentos da arte e da ciência; e que campo vasto está aí para uma grande literatura, tal e qual nos deu a Rússia, a imortal literatura dos Tourguêneffs, dos Tolstóis, do gigantesco Dostoiévski, igual a Shakespeare, e, mesmo do Górki! E só falo nestes; ainda poderia falar em outros de outras nacionalidades como Ibsen, George Eliot, Johan Bojer e quantos mais?

É o caminho que devemos seguir, pois nada temos com essas alcovitices históricas que o sr. Júlio Dantas, o Rostanzinho de Lisboa, médico do Regimento de Cavalaria 7, discreteia pelos palcos com o chamariz da sua elegância e das suas lindas feições, tratadas cuidadosamente, além do anúncio das suas imagens sonoras de carrilhão com que atrai as devotas.

Compará-lo a Rostand é uma grande injustiça, pois a peça do autor francês que fascina o autor português é o *Cyrano de Bergerac*; mas esta obra é, ainda assim mesmo, uma bela e forte peça, no fundo e na ideia; não é um simples bródio de prelados cínicos que comem glutonicamente a fartar e falam de amor, como se não tivessem batina.

Se digo isto do sr. Júlio Dantas, que direi então desse sr. Antero de Figueiredo?

Este senhor me parece um marmorista canhestro que fizesse uma *fouille* na Grécia, de lá extraísse um tronco, uma perna ou um braço de um mármore antigo e dele fizesse um *bibelot*.

O campo de suas escavações é o grande Camões, onde vai retirar os episódios mais perfeitos e belos que as oitavas do poema esculpiram para fazer romances edulcorados que a transcendência estética do sr. Malheiros Dias talvez ache superiores aos decassílabos de Camões e um assombro literário.

Mas, em que pese ao sr. Carlos Dias eu volto ao Camões; e sempre que quero ter a emoção poética dos amores de d. Inês de Castro e d. Pedro, o cruel, abro o meu *Lusíadas*, edição pobre, e leio:

> *Estavas, linda Inês, posta em sossego,*
> *De teus anos colhendo doce fruito*
> *Naquele engano da alma ledo e cego,*
> *Que a fortuna não deixa durar muito,*
> *Nos saudosos campos do Mondego,*
> *De teus fermosos olhos nunca enxuito,*
> *Aos montes ensinando e às ervinhas,*
> *O nome que no peito escrito tinhas.*

Lido todo o episódio, fecho o livro, sentindo bem que li

um grande poeta e ninguém, depois dele, deveria tocar no assunto, sem o profanar, tal foi a força de beleza com que seu gênio animou a história e a lenda de tão funesto amor.

A.B.C., Rio, 27/4/1918

Literatura militante

Conheci o sr. Carlos Malheiro (eu queria pôr o "s") há dias, por apresentação de João Luso.

Tive a mais bela impressão e o sr. Carlos M. Dias pode ficar certo de que a ideia que eu fazia dele era muito diferente.

Acreditava-o um literato janota, desses das montras para uso das damas alambicadas; e o notável romancista que aprecio e admiro surgiu-me como a pessoa mais simples deste mundo.

Falou-se muito naturalmente e o homem que eu pensava ter todo o escrúpulo em trocar quatro palavras comigo, em plena via pública, pareceu-me querer que me demorasse com ele a conversar. Agradecido.

A vida tem dessas cousas; e, diz o povo, que não há como os homens conversarem, para se entenderem.

Espero, justamente, que ele não leve a mal uns reparos que vou fazer sobre um seu recente artigo no O País intitulado "À margem do último livro de Anatole France".

O que me feriu logo nele foi o primeiro período. Diz o autor da *Paixão de Maria do Céu*:

A aura gloriosa e nos nossos tempos incomparável de Anatole France servirá grandemente aos historiadores futuros para comporem uma opinião judiciosa sobre o bom gosto das *élites* sociais nossas contemporâneas; e digo "sociais", porque seria prova de inépcia imaginar que as centenas de milhares de volumes das suas obras foram exclusivamente adquiridas pelos literatos aprendizes, militantes e honorários.

Pelo que aí diz o sr. Malheiro Dias não sei por que despreza os aprendizes literatos, militantes e honorários.

Como eu sempre falei em literatura militante, se bem me julgando aprendiz, mas não honorário, pois já tenho publicado livros, tomei o pião na unha.

A começar por Anatole France, a grande literatura tem sido militante.

Não sei como o sr. Malheiro Dias poderá classificar a *Ilha dos pinguins*, os *Bergerets*, e mais alguns livros do grande mestre francês, senão dessa maneira.

Eles nada têm de contemplativos, de plásticos, de incolores. Todas, ou quase todas as suas obras, se não visam a propaganda de um credo social, têm por mira um escopo sociológico. Militam.

Isto em geral dentro daquele preceito de Guyau que achava na obra de arte o destino de revelar umas almas às outras, de restabelecer entre elas uma ligação necessária ao mútuo entendimento dos homens.

Eu chamo e tenho chamado de militantes às obras de arte que têm semelhante escopo.

Quando disse que o sr. Júlio Dantas ou o sr. Antero de Figueiredo não mereciam esse *engagement* que estamos tendo por eles, é que eles não mereciam, no Brasil, a influência que vão tendo.

O Brasil é mais complexo, na ordem social econômica, no seu próprio destino, do que Portugal.

A velha terra lusa tem um grande passado. Nós não temos nenhum; só temos futuro. E é dele que a nossa literatura deve tratar, da maneira literária. Nós nos precisamos ligar; precisamos nos compreender uns aos outros; precisamos dizer as qualidades que cada um de nós tem, para bem suportarmos o fardo da vida e dos nossos destinos. Em vez de estarmos aí a cantar cavalheiros de fidalguia suspeita e damas de uma aristocracia de armazém por atacado, porque moram em Botafogo ou Laranjeiras, devemos mostrar nas nossas obras que um negro, um índio, um português ou um italiano se podem entender e se podem amar, no interesse comum de todos nós.

A obra de arte, disse Taine, tem por fim dizer o que os simples fatos não dizem. Eles estão aí, à mão, para nós fazermos grandes obras de arte.

Eu me atrevo a lembrar ao sr. Malheiro Dias que a grande força da humanidade é a solidariedade.

Hoje, quando as religiões estão mortas ou por morrer, o estímulo para elas é a arte. Sendo assim, quem, como eu literato aprendiz que sou, cheio dessa concepção, venho para as letras disposto a reforçar esse sentimento com as minhas pobres e modestas obras.

O termo "militante", de que tenho usado e abusado, não foi pela primeira vez empregado por mim.

O Eça, por quem não cesso de proclamar a minha admiração, empregou-o, creio que nas *Prosas bárbaras*, quando comparou o espírito da literatura francesa com o da portuguesa.

Pode-se lê-lo e lá o encontrei. Ele mostrou que desde muito as letras francesas se ocuparam com o debate das questões da época, enquanto as portuguesas limitavam-se às preocupações da forma, dos casos sentimentais e amorosos e da idealização da natureza. Aquelas eram militantes; enquanto estas eram contemplativas e de paixão.

Creio que temo não amar, tendo por ideal de arte essa concepção. Brunetière diz em um seu estudo sobre a literatura que ela tem por fim interessar, pela virtude da forma, tudo o que pertence ao destino de todos nós; e a solidariedade humana, mais do que nenhuma outra cousa, interessa o destino da humanidade.

Um doido que andou na moda e cujo nome não cito

proclamou a sua grande admiração pelos leões, tigres e jaguares; mas, à proporção que essas feras desaparecem, os homens, os bois e os carneiros conquistam o mundo com a sua solidariedade entre eles.

É de Fouillée a segunda parte do período.

Ligeiramente, fazendo todas as citações de memória, é o que posso dizer sobre o que seja literatura militante.

A.B.C., Rio, 7/9/1918

O triunfo

O sr. Ranulfo Prata teve a bondade e a gentileza de me oferecer um exemplar de seu livro de estreia — *O triunfo*. Eu o li com o interesse e o cuidado de todos os livros de moços que me caem nas mãos, pois não quero que um só de talento me passe despercebido.

É um romance, antes, uma novela em que o autor revela grandes qualidades para o gênero.

Já possui a sobriedade de dizer, a naturalidade do diálogo e não limalha a frase estafadamente.

O personagem principal — o triunfador — é estudado com toda a minúcia e exatidão.

O seu caráter amoldável, fácil, e capaz de todas as dedicações é nitidamente examinado e explicado.

Compraz-se o sr. Ranulfo Prata no detalhar uma pequena cidade do interior da Bahia e, apesar desse gênero de estudo ser por demais comum, a sua pintura de Anápolis sai muito viva e original.

Teimam todos os romancistas que tratam de tais cenas em atribuir às moças dessas cidadezinhas beleza.

Algumas vezes que tenho visitado tais vilarejos, nunca encontrei uma moça que a tivesse.

A Angelina do sr. Prata é linda, é bela e, de meninota da roça, passa logo a *coquette* do Rio, cheia de amantes.

A minha experiência a esse respeito é infelizmente nula

e não posso apresentar objeção de preço, mas duvido que seja assim.

Contudo, tudo isso são nugas sobre as quais não quero insistir.

Tais são as qualidades do livro, tais são as promessas que ele encerra, que o meu dever de escritor e justiceiro é animar o confrade, pedindo que ele continue, que ele se esforce mais, a fim de tirar da nossa vida brasileira obras de arte dignas da imortalidade dos séculos.

O triunfo está cheio de cenas de costumes cativantes.

A rivalidade das bandas de música é uma delas e eu não posso deixar de transcrever aqui a descrição da representação de um drama, num teatrinho do interior. Ei-la:

> Entrava o terceiro ato, o último. O drama encerrava um poderoso exemplo de moral. Os protagonistas eram a mulher de um pintor, o pintor e um conde.
>
> O papel de pintor coube ao Paiva, que o encarnou muito bem, de carmim nos lábios, gravata preta e olhar romântico. O conde era um rapaz alto, de cabeleira, aprendiz de alfaiate. Ele queria à viva força possuir a fresca mulher do pintor, que resistia tenazmente, apesar do ouro oferecido. Uma noite, não podendo sufocar o seu desejo, penetrou audaciosamente no humilde lar do artista e quis forçá-la, recebendo uma grande bofetada. O pintor casualmente entra no momento, e raivoso, alucinado — o que o Paiva fez muito bem —, quer estrangular o fidalgo. A mulher fiel pede-lhe, de joelhos, que não o faça. O conde, humilhado, ali mesmo saca do revólver e suicida-se.
>
> Quando o pano caiu a plateia aplaudia delirantemente, vertendo lágrimas de emoção.

Com tantas e superiores qualidades, é de esperar que o sr. Ranulfo Prata venha a ser um grande romancista, a quem aconselho abandonar toda a preocupação de elegâncias para só atender o que é propriamente de sua arte: a alma humana e os costumes.

Tive com a leitura do seu livro o máximo prazer e espero que se repita em um segundo livro que, em breve, estou certo, ele nos dará.

Se ainda lhe falta, talvez, uma profunda e sagaz visão da vida, sobram-lhe outras qualidades de escritor que suprem aquela falta.

Com o tempo, o jovem escritor corrigirá os defeitos e nós teremos um grande romancista digno das nossas letras e dos destinos da nossa língua.

É desejo de quem escreve estas ligeiras notas e o faz ardente e sinceramente.

A.B.C., Rio, 28/9/1918

Literatura e política

Conforme resolveram os chefes políticos do Maranhão, o nome do sr. Coelho Neto não foi incluído na lista dos que, por conta e risco deles, devem ser aproximadamente sufragados nas urnas, deputados federais por aquele estado. A coisa tem levantado tanta celeuma nos arraiais literários, que me julgo obrigado a tratar do escandaloso acontecimento, pedindo que não vejam nestas considerações a mínima hostilidade ao conhecido escritor.

Por mais que não queiram, eu também sou literato e o que toca a coisas de letras não me é indiferente. Vamos ao que serve.

Não descubro razão para tanto barulho. O sr. Coelho Neto, como literato-político, fez *forfait*. Isto é explicável muito facilmente para quem conhece, mesmo ligeiramente, as suas obras, e nelas descobre as suas tendências literárias e espirituais.

O sr. Coelho Neto, que surgiu para as letras nas últimas décadas do século XIX, não se impressionou com as mais absorventes preocupações contemporâneas que lhe estavam tão próximas.

As cogitações políticas, religiosas, sociais, morais, do seu século ficaram-lhe inteiramente estranhas. Em tais anos, cujo máximo problema mental, problema que interessava todas as inteligências de quaisquer naturezas que fossem, era uma reforma social e moral, o sr. Neto não se deteve jamais em examinar esta trágica angústia do seu tempo, não deu para o estudo das soluções apresentadas um pouco do seu grande talento, nem mesmo tratou de conhecer o positivismo que lhe podia abrir grandes horizontes. Tenho para mim que o sr. Coelho Neto é daqueles a afirmar que Clotilde de Vaux foi uma rameira...

O grande romancista, em religião, ficou num corriqueiro deísmo ou, talvez, em um catolicismo singular e oportunista que, muito curiosamente, o faz orgulhar-se, quando é excomungado por um arcebispo do Chile (*vide Magda*) e exultar, quando uma outra sua obra recebe gabos da mais alta autoridade eclesiástica do Rio de Janeiro.

Em um século de crítica social, de renovação latente, das bases das nossas instituições; em um século que levou a sua análise até os fundamentos da geometria, que viu pouco a pouco desmontar-se o mecanismo do Estado, da Legislação, da Pátria, para chegar aos seus elementos primordiais de superstições grosseiras e coações sem justificações nos dias de hoje; em um século deste, o sr. Coelho Neto ficou sendo unicamente um plástico, um contemplativo, magnetizado pelo Flaubert da *Mme. Bovary*, com as suas chinesices de estilo, querendo como os Goncourt pintar com a palavra escrita, e sempre fascinado por uma Grécia que talvez não seja a que existiu mas, mesmo que fosse, só nos deve interessar arqueologicamente.

O mundo é hoje mais rico e mais complexo...

Glorioso, e muito justamente pelo seu poder verbal; tendo conseguido, por fás e por nefas, a simpatia ativa e incansável de gregos e troianos, os políticos seus conterrâneos deram-lhe, durante duas legislaturas, uma cadeira de deputado pelo seu estado natal. Se ele estivesse ao par dos males do seu tempo, com o talento que tem, e o prestígio do seu nome, poderia ter apresentado muita medida útil e original, embora os seus projetos morressem nas pastas das comissões. Mas, nada fez; manteve-se mudo, só dando um ar de sua graça para justificar votos de congratulações a Portugal, por isto ou por aquilo, empregando nos discursos vocábulos senis ou caducos. O deputado ficou sendo o romancista que só se preocupou com o estilo, com o vocabulário, com a paisagem, mas que não fez do seu instrumento artístico um veículo de difusão das grandes ideias do tempo, em quem não repercutiram as ânsias de infinita justiça dos seus dias; em quem não encontrou eco nem revolta o clamor das vítimas da nossa brutalidade burguesa, feita de avidez de ganho, com a mais sinistra amoralidade para também edificar, por sua vez, uma utopia ou ajudar a solapar a construção social que já encontrou balançando.

Em anos como os que estão correndo, de uma literatura militante, cheia de preocupações políticas, morais e sociais, a literatura do sr. Coelho Neto ficou sendo puramente contemplativa, estilizante, sem cogitações outras que não as da arte poética, consagrada no círculo dos grandes burgueses embotados pelo dinheiro. Indo para a Câmara, onde não podia ser poético ao jeito do sr. Fausto Ferraz, porque o sr. Neto tem senso comum; onde também não podia ser político à guisa do sr. Urbano Santos, porque o sr. Neto tem talento, vergonha e orgulho de si mesmo, do seu honesto trabalho e da grandeza da sua glória; indo para a Câmara, dizia, o grande romancista, sem estar saturado dos ideais da época, não pôde ser o que um literato deve ser quando logra pisar em tais lugares: um semeador de ideias, um batedor do futuro.

Para os literatos, isto foi uma decepção; para os políticos, ele ficou sendo um qualquer Fulgêncio ou Marcelino. Não é de admirar, portanto, que um Fulgêncio ou um Marcelino tenham eles escolhido para substituí-lo. Quem não quer ser lobo não lhe veste a pele...

A Lanterna, Rio, 18/I/1918

O secular problema
do Nordeste

O sr. deputado Ildefonso Albano mandou-nos a segunda edição, como já mandara a primeira, do seu excelente discurso sobre o secular problema do Nordeste. Não é bem o que nós, merecidamente, com os nossos costumes de assembleias e câmaras legislativas, chamamos discurso. É aquilo que os antigos chamavam por esse nome, isto é, uma dissertação, menos do que um "tratado", mas que toca em todos os pontos do tema presente.

E eu me atrevo a lembrar, para elucidar o que afirmo, o *Discours sur l'histoire universelle*, de Bossuet; e o *Discours sur la méthode*, de Descartes. Ambas essas obras são clássicas e conhecidas de todos; e creio não haver a mínima exibição de sabença, ao citá-las aqui.

A obra do sr. Ildefonso Albano é, pois, um quadro muito vasto desse atroz problema das secas chamadas do Ceará, que de há muito deviam ter preocupado todos nós brasileiros, de norte a sul, de leste a oeste, em todos os pontos do nosso território.

Nós não podemos estar limitados a, quando elas aparecem, organizarmos bandos precatórios, festivais de caridade, mais ou menos mundanos, oferecer terra e trabalho aos "retirantes", despovoando uma grande região do Brasil, para povoar ou encher de necessitados outras.

Todas as que têm aparecido já deviam ter nos ensinado que o caminho era outro e os trabalhos que lá se têm feito e não têm resultado palpável já nos deviam também ter ensinado que tais trabalhos, por serem mofinos e mesquinhos, deviam ter seguido outra orientação mais ampla e audaciosa.

Os trabalhos dos ingleses no Egito; dos franceses na Argélia; dos americanos no Colorado, creio, mostram que nós podíamos seguir no Ceará e proximidades esse mesmo rumo de audácia eficaz que tem dado tão bons resultados àqueles.

Se nós temos tido não sei quantas centenas de mil contos para valorizar, de quando em quando, quase anualmente, o café, por que não temos outro tanto para tornar fecunda uma grande região do país que é das mais férteis, exigindo só uma correção, relativamente mínima, na sua distribuição de águas ou na correção da declividade de seus rios, para que venha a sê-lo de fato?

Devido à inclinação do seu solo, como explica o sr. dr. Ildefonso Albano, conjuntamente com a fraca espessura do seu solo permeável, o Ceará vê o seu subsolo pouco infiltrado e os seus rios correrem somente três ou quatro meses no ano.

De forma que, quando a chuva é escassa, a terra fica ressequida e os rios tão secos, e é então que se desenrola toda aquela lancinante tragédia do Ceará e proximidades.

Como em geral nos fenômenos meteorológicos não se pode determinar o seu período de sucessão, de modo que nunca se pode prever quando é o ano de chuvas escassas e o ano de chuvas abundantes.

Sendo assim, os habitantes daquelas flageladas regiões são tomados de surpresa, hoje, apesar das nossas pretensões de termos decifrado a natureza, por meio da ciência, como já no começo do século XVII foram também os primeiros conquistadores do Ceará. Tomo a citação do sr. Ildefonso Albano.

Rezam as crônicas antigas que em 1603, Pêro Coelho de Sousa, homem nobre, morador na Praiva (?) do Estado do Brasil, com Diogo Campos Moreno, 80 brancos e 800 índios, marchou até o Jaguaribe, onde no Siará ajuntou a si todos aqueles índios moradores, foi até a serra de Buapava e teve grandes recontros com os tabajaras de Mel Redondo, e deu-lhe Deus grandes vitórias. Por falta de provimento e socorro, voltou ao Jaguaribe, onde fundou uma povoação com o nome de Nova Lisboa. De volta para Pernambuco, se veio deixando tudo miseramente a pé com sua mulher e filhos pequenos, parte dos quais pereceram de fome.

Daí para cá se têm sucedido com cruel periodicidade os tétricos fenômenos, que expulsaram do Ceará o primeiro civilizado, depois de lhe arrebatar os inocentes filhinhos, cujos nomes encimam a lista fúnebre das vítimas da seca, lista longa e interminável, que ainda está por encerrar.

Desde essa primeira notícia, que esse vale do Jaguaribe, sem que o seja em prazo de tempo regular, tem sido assolado pelas secas e mal convalesce de uma, cai-lhe outra em cima. Teimoso que é de continuar a mostrar nos seus constantes renascimentos que é capaz das maiores possibilidades, ele continua a pedir sábios trabalhos hidráulicos, para produzir o melhor algodão do mundo.

É preciso que eles se façam, não só aí, mas em todas as partes que eles forem precisos, não timidamente, como é dos nossos costumes, tanto de engenheiros, como de outra qualquer profissão, mas com largueza e audácia.

É preciso que façamos cessar, todos nós brasileiros, esse horrível espetáculo, que o sr. Ildefonso Albano ilustra com os mais dolorosos documentos tanto iconográficos, como literais.

Como isto aqui é uma simples notícia de vulgarização de um trabalho que precisa ser divulgado e não uma crítica que não tenho competência nem estudos especiais para fazer, não me furto ao dever, na impossibilidade de também reproduzir as gravuras que um amigo do dr. Albano queria fossem reproduzidas, de transcrever algumas cartas e outros documentos particulares, para comover o coração dos mais duros.

Em data de 16 de fevereiro de 1916 o padre Raimundo Bezerra, vigário de Jaguaribe-Mirim, acusa a recepção de 400 mil-réis e diz:

"Como é grande a necessidade do povo, encontrando- -se pessoas caídas de fome, resolvi socorrê-las e empregar o resto do dinheiro em sementes. O povo não pode mais resistir e nesses dias morrerão muitos de fome."

Mais outro: o vigário de Ipueiras, padre J. de Lima Ferreira, em data de 26 de agosto de 1915, agradecendo a remessa de 300 mil-réis escrevia:

"Os famintos aqui se acham em extrema miséria. Muitos estão quase completamente nus. Ipueiras sempre foi um município pobre; demais acha-se alojada aqui uma grande porção de emigrantes de outras freguesias."

Eu poderia tirar do livro do dr. Ildefonso Albano mais outros depoimentos simples e tocantes do que é uma seca; mas os que aí vão já bastam para que todos procurem na sua obra uma imagem bem viva do que ela é.

Registro, ainda uma vez, que este pequeno escrito tem unicamente por escopo chamar para ela toda a atenção dos brasileiros.

Todos nós nos devemos interessar por esse problema e ele interessa todos nós. Se se pode compreender — Pátria — é como um laço moral e esse laço não nos pode permitir que deixemos à míngua, de épocas em épocas, milhares de patrícios a morrer miseravelmente...

Nada de paliativos; grandes obras para que elas cessem ou sejam atenuadas antes que aquilo lá fique um Saara, sem oásis.

Para isso toda a propaganda é pouca. Eu fiz aqui o que pude.

A.B.C., Rio, 21/9/1918

Carta de Lima
a Monteiro Lobato

26/12/1918.

Meu caro Lobato.

Saúde e boas festas.

Acabo de receber o seu *Urupês*. Ontem tinha lido um magnífico artigo do sr. Oliveira Viana, no *O País*, a respeito da obra de você. Vi, por ele, que você sustenta muita coisa sobre o nosso sestro nacional de caboclismo, muita coisa que é da minha opinião. Se você tivesse lido o meu *Numa e a ninfa* que *A Noite* publicou e editou em quase desprezível folheto, encontraria lá uma descabelada troça às coisas de d. Deolinda (conhece?) e, de ricochete, a Rondon *et caterva*. Vou ler o livro de você e falarei de qualquer modo sobre ele, em uma qualquer revisteca daqui, onde possa escrever com desembaraço e liberdade o que penso dele e o que ele me sugerir pensar dos nossos homens e das nossas coisas. Fico muito agradecido.

Tenciono assim que puser em bom caminho a minha aposentadoria, pois eu com 37 anos de idade me aposento, contando mais ou menos dezesseis de serviço; tenciono, dizia, ir a São Paulo e aí nos encontraremos.

Não se assuste você com essa minha precoce aposentadoria. Eu ando sempre depressa nessas coisas oficiais e depressa elas me aborrecem.

Matriculei-me com menos de dezesseis anos na Escola

Politécnica e não sou doutor em coisa alguma — graças a Deus!

Mando a você os últimos originais datilografados e emendados e também o retalho do *O País* com o artigo do O. V.

No mais, amigo sempre agradecido

Lima Barreto

N. B. — Não se esqueça nunca de pôr no meu endereço Todos os Santos. Se não fizer, a entrega é demorada ou não será feita.

L. B.

Carta de Lima
a Monteiro Lobato

Rio, 4/1/1919.

Meu caro Lobato.

Recebi as primeiras provas impressas. Fi-las ler por um amigo, aquele a quem o livro é dedicado. Julgo não ser necessário mais revisão da minha parte, podendo ela ser feita aí por você mesmo. O indispensável é atender bem as emendas que fiz nas provas, digo, na cópia datilografada, o que só pode ser feito por quem se disponha de paciência e carinho. Você está nos casos. Muito obrigado pelas referências aos meus broquéis; e, embora o João do Rio se diga literato, eu me honro muito com o título e dediquei toda a minha vida para merecê-lo.

Por falar em semelhante paquiderme... Eu tenho notícias de que ele já não se tem na conta de homem de letras, senão para arranjar propinas com os ministros e presidentes de estado ou senão para receber sorrisos das moças brancas botafoganas daqui — muitas das quais, como ele, escondem a mãe ou o pai. É por causa dessa covardia idiota que "essa coisa" não acaba...

Digo as daqui, porque são as que eu conheço, na montra da rua do Ouvidor, e nos cochichos dos cafés, chopes e confeitarias.

Lendo unicamente jornais, como a gente inteligente do Rio, elas só conhecem a literatura do seu tempo por aquilo que, como tal, neles é publicado: João do Rio etc. etc.

Com a formidável venda que o livro de você tem tido aí, parece que lá a coisa é diferente. Nunca supus assim São Paulo. Penitencio-me!

O meu *Policarpo* do qual tirei 2 mil, há dois anos, está longe de esgotar-se, apesar de tê-lo vendido (a edição) quase pelo preço da impressão.

A d. Albertina Berta foi mais feliz e a d. Gilka Machado, com os seus livros de versos, a 5 mil-réis a plaquete, ainda mais.

Isto dá a medida da inteligência do leitor do Rio. Há uma coisa que ele pede ao autor: posição. Austregésilo pode escrever a maior tolice, seja sobre Mecânica Celeste, ou sobre a cura da bouba nas galinhas, que se venderá fatalmente. Haja visto o sucesso do Nilo com as suas *Impressões*. Além disso, uma outra coisa influi poderosamente no sucesso do livro: a tendência erótica, com uma falta total de pensamento próprio sobre as coisas e homens do meio. O leitor carioca não quer julgamento...

O leitor comum do Rio, ou a leitora, não sabe ver Amor senão no livro em que ele aparece em fraldas de camisa.

Incapaz disso, pois respeito e tenho muito medo de semelhante Deus, procurei empregar a violência, a análise cruel e corajosa, para ser veículo de minhas emoções e pensamentos, despertando a curiosidade, de forma a não morrerem meus livros nas livrarias. É defeito que neles eu reconheço, mas era preciso. Estou falando muito de mim. Adeus.

Lima Barreto

N. B. — Nasci no Rio de Janeiro e meus pais também.

Problema vital

Poucas vezes se há visto nos meios literários do Brasil uma estreia como a do sr. Monteiro Lobato. As águias provincianas se queixam de que o Rio de Janeiro não lhes dá importância e que os homens do Rio só se preocupam com as coisas do Rio e da gente dele. É um engano. O Rio de Janeiro é muito fino para não dar importância a uns sabichões de aldeia que, por terem lido alguns autores, julgam que ele não os lê também; mas, quando um estudioso, um artista, um escritor, surja onde ele surgir no Brasil, aparece no Rio, sem esses espinhos de ouriço, todo o carioca independente e autônomo de espírito está disposto a aplaudi-lo e dar-lhe o apoio da sua admiração. Não se trata aqui da barulheira da imprensa, pois essa não o faz, senão para aqueles que lhe convêm, tanto assim que sistematicamente esquece autores e nomes que, com os homens dela, todo o dia e hora lidam.

O sr. Monteiro Lobato com o seu livro *Urupês* veio demonstrar isso. Não há quem não o tenha lido aqui e não há quem o não admire. Não foi preciso barulho de jornais para o seu livro ser lido. Há um contágio para as boas obras que se impõem por simpatia.

O que é de admirar em tal autor e em tal obra é que ambos tenham surgido em São Paulo, tão formalista, tão regrado que parecia não admitir nem um nem a outra.

Não digo que, aqui, não haja uma escola delambida

de literatura, com uma retórica trapalhona de descrições de luares com palavras em "ll" e de tardes de trovoadas com vocábulos com "rr" dobrados: mas São Paulo, com as suas elegâncias ultraeuropeias, parecia-me ter pela literatura, senão o critério da delambida que acabo de citar, mas um outro mais exagerado.

O sucesso de Monteiro Lobato, lá, retumbante e justo, fez-me mudar de opinião.

A sua roça, as suas paisagens não são cousas de moça prendada, de menina de boa família, de pintura de discípulo ou discípula da Academia Julien; é da grande arte dos nervosos, dos criadores, daquelas cujas emoções e pensamentos saltam logo do cérebro para o papel ou para a tela. Ele começa com o pincel, pensando em todas as regras do desenho e da pintura, mas bem depressa deixa uma e outra cousa, pega a espátula, os dedos e tudo o que ele viu e sentiu sai de um só jato, repentinamente, rapidamente.

O seu livro é uma maravilha nesse sentido, mas o é também em outro, quando nos mostra o pensador dos nossos problemas sociais, quando nos revela, ao pintar a desgraça das nossas gentes roceiras, a sua grande simpatia por elas. Ele não as embeleza, ele não as falsifica; fá-las tal e qual.

Eu queria muito me alongar sobre este seu livro de contos, *Urupês*, mas não posso agora. Dar-me-ia ele motivo para discorrer sobre o que penso dos problemas sociais que ele agita; mas são tantos que me emaranho no meu próprio pensamento e tenho medo de fazer uma cousa confusa, a menos que não faça com pausa e tempo. Vale a pena esperar.

Entretanto, eu não poderia deixar de referir-me ao seu estranho livro, quando me vejo obrigado a dar notícia de um opúsculo seu que me enviou. Trata-se do *Problema vital*, uma coleção de artigos, publicados por ele, no *Estado de S. Paulo*, referentes à questão do saneamento do interior do Brasil.

Trabalhos de jovens médicos, como os drs. Artur Neiva, Carlos Chagas, Belisário Pena e outros, vieram demonstrar que a população roceira do nosso país era vítima desde muito de várias moléstias que a alquebravam fisicamente. Todas elas têm uns nomes rebarbativos que me custam muito a escrever; mas Monteiro Lobato os sabe de cor e salteado e, como ele, hoje muita gente. Conheci-as, as moléstias, pelos seus nomes vulgares: papeira, opilação, febres e o mais difícil que tinha na memória era bócio. Isto, porém, não vem ao caso e não é o importante da questão.

Os identificadores de tais endemias julgam ser necessário um trabalho sistemático para o saneamento dessas regiões afastadas e não são só estas. Aqui, mesmo, nos arredores do Rio de Janeiro, o dr. Belisário Pena achou 250 mil habitantes atacados de maleitas etc. Residi, durante a minha meninice e adolescência, na ilha do Governador, onde meu pai era administrador das Colônias de Alienados. Pelo meu testemunho, julgo que o dr. Pena tem razão. Lá todos sofriam de febres e logo que fomos para lá, creio que em 1890 ou 1891, não havia dia em que não houvesse, na nossa casa, um de cama, tremendo com a sezão e delirando de febre. A mim, foram precisas até injeções de quinino.

Por esse lado, julgo que ele e os seus auxiliares não falsificam o estado de saúde de nossas populações campestres. Têm toda a razão. O que não concordo com eles é com o remédio que oferecem. Pelo que leio em seus trabalhos, pelo que a minha experiência pessoal pode me ensinar, me parece que há mais nisso uma questão de higiene domiciliar e de regímen alimentar.

A nossa tradicional cabana de sapé e paredes de taipa é condenada e a alimentação dos roceiros é insuficiente, além do mau vestuário e do abandono do calçado.

A cabana de sapé tem origem muito profundamente no nosso tipo de propriedade agrícola — a fazenda. Nascida sob o influxo do regímen do trabalho escravo, ela se vai eternizando, sem se modificar, nas suas linhas gerais. Mesmo, em terras ultimamente desbravadas e servidas por estradas de ferro, como nessa zona da Noroeste, que Monteiro Lobato deve conhecer melhor do que eu, a fazenda é a forma com que surge a propriedade territorial no Brasil. Ela passa de pais a filhos; é vendida integralmente e quase nunca, ou nunca, se divide. O interesse do seu proprietário é tê-la intacta, para não desvalorizar as suas terras. Deve ter uma parte de matas virgens, outra parte de capoeira, outra de pastagens, tantos alqueires de pé de café, casa de moradia, de colonos, currais etc.

Para isso, todos aqueles agregados ou cousa que valha, que são admitidos a habitar no latifúndio, têm uma posse precária das terras que usufruem; e, não sei se está isto nas leis, mas nos costumes está, não podem construir casa de telha, para não adquirirem nenhum direito de locação mais estável.

Onde está o remédio, Monteiro Lobato? Creio que procurar meios e modos de fazer desaparecer a "fazenda".

Não acha? Pelo que li no *Problema vital*, há câmaras municipais paulistas que obrigam os fazendeiros a construir casas de telhas, para os seus colonos e agregados. Será bom? Examinemos. Os proprietários de latifúndios, tendo mais despesas com os seus miseráveis trabalhadores, esfolarão mais os seus clientes, tirando-lhes ainda mais dos seus míseros salários do que tiravam antigamente. Onde tal cousa irá repercutir? Na alimentação, no vestuário. Estamos, portanto, na mesma.

Em suma, para não me alongar. O problema, conquanto não se possa desprezar a parte médica propriamente dita, é de natureza econômica e social. Precisamos combater o regímen capitalista na agricultura, dividir a propriedade agrícola, dar a propriedade da terra ao que efetivamente cava a terra e planta e não ao doutor vagabundo e parasita, que vive na "Casa Grande" ou no Rio ou em São Paulo. Já é tempo de fazermos isto e é isto que eu chamaria o "Problema Vital".

Revista Contemporânea, 22/2/1919

[A data que consta em *Bagatelas* — 22/2/1918 — é certamente um erro tipográfico, já que em 26/12/1918 Lima Barreto, em carta, acusa o recebimento de *Urupês*.]

Carta de Lima a Jaime Adour da Câmara

Rio, 30 de março de 1919.

Caro confrade Adour da Câmara.

Recebi ontem a sua amável carta e, se não segue com esta, o exemplar do *Caminha*, é pelo simples fato de já estar o livreiro que os tem, fechado, no momento em que recebia sua missiva, e ser eu obrigado a fazê-lo amanhã, segunda-feira.

Eu lhe agradeço muito a espontaneidade afetuosa do seu gesto e creia que ele me é obrigado por toda a vida.

Já me haviam dito que aí, em Natal, pessoas de gosto e saber apreciavam benevolentemente as minhas tentativas literárias. Falaram-me até muito no sr. Henrique Castriciano, como uma delas. Apesar de me dar grande prazer, quis duvidar um pouco, para não me envaidecer. Vejo, agora, pela sua carta, que os meus amigos não me queriam lisonjear e tornar-me ridículo de pretensão. É verdade.

Li o seu folhetim. Está muito bom e, pela maneira, adivinhei que o senhor muito moço. Continue e estude, como parece fazer com afinco, pois foi essa a impressão que me deu o seu trabalho.

Aqui, no Rio, já não há mais a preocupação boba de "escolas" e a tal tolice de estilo, no ponto de vista do falecido Artur Dias, que só julga isto o escrever à moda de Rui; será enterrada com o Coelho Neto.

Ainda há o óleo de rícino da colocação dos pronomes, mas desta questão só se preocupam os *ratés* e despeitados.

Se o senhor me permitisse, eu lhe aconselharia a leitura e a meditação de um livro, *L'Art au point de vue sociologique*. Experimente.

Escreva-me sempre, sobretudo quando receber o *Caminha* que porei no correio amanhã.

Renovo os meus agradecimentos e sou sempre seu amigo e admirador

Lima Barreto
Major Mascarenhas 26
Todos os Santos
Rio de Janeiro
N. B. — Nada deve omitir no endereço.

L. B.

Um poeta e uma poetisa

No número de 27 do mês findo, do *Boletim Mundial*, encontrei duas poesias que, por se terem aproximado fortuitamente numa mesma folha volante, me provocaram certas reflexões e vontade de registá-las no papel.

Trata-se de uma produção poética — "Elogio do ocaso" — de Hermes Fontes e de uma outra — "Dentro da noite" — da poetisa d. Leonete de Oliveira que li na publicação de Mário Bulcão, pela primeira vez.

Sou muito avesso a versos e, sem negar-lhes mérito, tenho a opinião que os atuais poetas nacionais são muito semelhantes, para interessar um volúvel e vagabundo de espírito e corpo como sou.

Falam-me muito de amor, mas sem grandeza, nem drama, nem tragédia. O amor deles é um amor honesto ou semi-honesto de Petrópolis ou Botafogo, ou das calçadas da avenida. Evadido desse sentimento, eu só o acho digno da poesia quando ele sopra com fúria nas almas para cumprimento do Destino. Nas suas outras feiçõezinhas de fabricante de casamentos burgueses, de influência para melhorar situações particulares de rapazes necessitados, de fornecedor de espórtulas aos padres e pretores, absolutamente não me interessa; e, quando os meus poetas nacionais me enfadam com esses seus descantes venusinos muito familiares, leio o Canto v do "Inferno" e ponho-me a sonhar com Francesca da Rimini.

Entretanto, um dos jovens poetas que sempre li, mesmo com amor, com interesse e cuidado, foi Hermes Fontes. Ele apareceu, há bem dez anos, muito moço, quase menino ainda, com as *Apoteoses* que eram verdadeiramente um livro de grande estreia segura. Dava o seu livro a medida do que o autor já era e poderia ser. Havia muita preocupação juvenil de mostrar leitura, saber e aquilo a que certos dos nossos novos e velhos poetas chamam pomposamente filosofia.

Porque os nossos poetas, em particular, e outros, em geral, não deixam aos cuidados dos seus críticos o trabalho de descobrir-lhes uma concepção geral do mundo e do homem. Vão adiante deles: põem logo a tabuleta. Hermes Fontes, muito moço, era destes, mas isso, que constituía pura meninice, não obstava que houvesse no seu livro muita emoção, muito pensamento original, seu e próprio, o que impressionou todos que o leram, e espalhou o seu nome pelo Brasil inteiro.

Ninguém se importou com as suas filosofias como não se importou com o ortógrafo ou cousa que o valha, a aparecer na obra. Viram todos, só e unicamente, o poeta que era grande, original, podendo dispensar inovações métricas e as vitórias nos combates com as regras de Castilho.

Em trabalhos posteriores que eu não li, Hermes Fontes não fez senão afirmar suas qualidades, segundo me dizem e, como, também, segundo me dizem, os seus defeitos.

Forçou as metáforas, abusou das antíteses etc., mas não tanto que deixasse de ser o prodígio das *Apoteoses*.

Como disse, não li as mais recentes obras de Hermes Fontes, mas, sem concordar totalmente com os críticos severos do poeta, estou disposto a imaginar que eles têm, de algum modo, razão.

O sucesso do poeta não fez que se alargasse o seu campo de visão intelectual e humana, não lhe provocou ver muitos e muitos outros aspectos da vida comum. Hermes Fontes, saído da adolescência, não quis ver o mundo tal qual é; deixou-se estagnar como poeta de salas e salões do nosso mundinho, muito estreito e limitado, tendo a perturbar-lhe o corriqueiro espetáculo dos bailes honestos, dos dançarinos *up-to-date*, das meninas vulgarmente bonitas e, por fim, essa cousa atrozmente burguesa, que são o namoro, os namorados e as namoradas.

O seu grande estro lírico e, por vezes, de amplitude épica não encontrou material para construir o grande edifício que se esperava dele, e a sua ingenuidade e infantilidade de homem de talento cresceram. Não ampliou a velha visão das cousas mortas e vivas.

Ultimamente, há poucos dias até, Hermes Fontes, que já não é nenhum menino, revelou-se tão cheio ainda de simplicidade e inocência, que, apresentando-se como candidato à Academia de Letras, se julgou no dever de deitar um manifesto.

Na sua peça de feições políticas, além de enumerar os seus livros, ele se impôs o dever de dar os seus outros títulos literários, isto é, que era bacharel em direito e praticante da Repartição dos Correios.

É incrível que um homem de sua inteligência e do seu saber tenha feito tal cousa, se não soubéssemos que a sua vida decorre na placidez burguesa e é guiada pela timidez dos vulgares ideais das reuniões burguesas: ser doutor e ter um emprego. O seu talento pedia outras perspectivas de que fugiu pouco heroicamente.

Enfim, pode ser que tais ideais não sejam unicamente próprios às nossas salas, mas ao Brasil todo. Hermes Fontes, porém, não devia ter confessado com tanta convicção que já os tinha realizado. Senão façamos algumas considerações. Suponhamos que um Hélio Lobo qualquer fosse seu concorrente: era-lhe ou não superior? O Hélio enquanto o Hermes conseguiu ser simplesmente amanuense, ascendeu a cônsul de primeira classe, passando por secretário de legação e papando respeitáveis ajudas de custo, para ir de uma rua de Botafogo ao Itamaraty.

Suponhamos ainda que o célebre dr. Camará fosse também candidato: em que lençóis estaria metido o poeta das *Apoteoses*? Em maus. Camará é doutor em medicina, cirurgião-dentista, bacharel em direito e... agrimensor.

O grande poeta não devia ter apelado para o seu título burocrático nem para o seu "canudo" universitário. As suas recomendações literárias são, na sua idade, sem rivais em qualquer outro; mas as burocráticas e bacharelescas nada valem. Não há quem não lhe vença nestas, no nosso país de doutores e amanuenses mais ou menos graduados.

Não vem ao caso, entretanto, tratar dessas cousas.

O que eu queria dizer é que, lendo o *Boletim Mundial*, não me causou estranheza alguma encontrar uma bela poesia de Hermes Fontes, do antigo e do bom Hermes Fontes. Eu a transcrevo toda. Ei-la.

ELOGIO DO OCASO

O meio-dia é alegre, o ocaso é triste.
Mas a nossa atração,
quando um de nós assiste
ao cair de uma tarde de verão,
é pelo ocaso doloroso e triste
que, inda depois de extinta a luz, existe
mergulhado no nosso coração.

Só os que vivem da fatalidade,
partícipes de um mundo superior
e exilados do seu melhor destino,
sabem, no desenlace vespertino,
medir sua alma com a Imensidade
e a ânsia do seu olhar, com a ânsia do sol-pôr.

E compreendem a dramaticidade
dessa cena final, e a alegoria
do último sonho, quando o espírito se evade

e a matéria em si mesma silencia...
E, quando crepuscula a universidade
ao clarão zoodiacal — luz póstuma do Dia,
na alma há também crepúsculo: é a saudade.

Mas saudade de quê? Por quê? (Melhor, de certo
é não descer, a fundo, aos mundos interiores
do nosso Pensamento mal desperto.)
— Saudade da confiança
com que viemos e fomos vencedores...
— Saudade da esperança
que ardeu em nossos olhos de criança
e na alma adulta pôs, em cima, os dissabores...

O meio-dia é alegre, o acaso é grave...
O esplendor meridiano é lúbrico e pagão.
O poente é amargo, da amargura suave
que erige templos na alma, cuja chave
abre os mistérios da Arte, ou os da Religião.
O Céu criou a Altura;
e refletindo-o, o mar fez a Profundidade.

E nessa profundez e nessa altura,
nessas revelações de imensidade
com que a miséria do homem se tortura,
a alma se refletiu — fez a saudade:
E por isso, a saudade é toda a Imensidão
refletida num simples coração.

Um simples coração — simples e ileso,
um coração — crepúsculo constante,
vale num seu instante de bondade,
tua usura, Harpagão! tua opulência, Creso!
Pois, no cofre das mágoas esse instante
bem pode resgatar toda uma eternidade.

Não há felicidade, neste mundo,
não há, mas houve. Deve ter havido.
É o que à dor do crepúsculo aprofundo,
é de todas as dores — o sentido.
E a saudade é o prazer do meu pequeno mundo:
ter saudade é encontrar, de novo, o bem perdido.

O meio-dia é alegre. O ocaso é triste.
Ocaso é hora de recordação:
Hora em que o instinto bom, que ainda existe,
acha acolhida em nosso coração.
Tenho íntima alegria de ser triste,
de compreender a angústia do sol-pôr,
de reviver o que já não existe —
de sentir para mim coisa que não externo:
— saudade, ocaso eterno
de um efêmero amor.

Hermes Fontes

É, sem favor, uma bela poesia, mesmo com aquela "imensidão". Há nesses versos tanto de vago e de melancolia, tanto de uma ampla e profunda emoção superior diante das cousas e da vida que eu, habitualmente pouco ledor de versos, li-os mais de uma vez. Hermes Fontes, pensei, não se tinha transfigurado, ele se tinha encontrado com ele mesmo, com a sua alma triste e sequiosa de infinito.

Saindo dessa leitura, pouco adiante, no mesmo *Boletim Mundial*, topei com um artigo de Nogueira da Silva sobre os últimos versos de uma poetisa maranhense. São de d. Leonete Oliveira que, pelo casamento, é também Rocha.

O articulista dá-nos informações a respeito da poetisa. Publicou já dous livros de versos, *Flocos*, o primeiro; fez uma conferência literária, cousa que muita gente, como eu, não faz.

A seguir, diz-nos o bom Nogueirinha, "a poetisa estudou, leu, viajou, tendo feito uma proveitosa estadia em

São Paulo e nesta capital, continuando a produzir cada vez melhor, cada vez mais perfeito. Espírito voltado para o belo, temperamento vibrátil, imaginação sequiosa de perfeição, a poetisa Leonete Oliveira pôde bem orientar a sua evolução mental, de maneira a lançar, anos depois, à grande publicidade um novo livro, mais harmônico, mais forte, mais largamente inspirado, onde a forma recebeu um acabamento melhor, mais meticuloso, com tendências a um bem compreendido parnasianismo. Esse livro, a poetisa maranhense intitulou *Cambiantes*. Repetiu-se mais sensível o triunfo da estreia. *Cambiantes*, cujos exemplares foram até Portugal, receberam a dupla consagração da crítica brasileira e da crítica portuguesa".

Tenho, portanto, diante de mim mais uma autora por todos os títulos respeitável, que até mereceu o aplauso da nossa ex-metrópole que, manhosamente, o sr. Filinto quer restabelecer no seu papel que julgávamos acabado em 1822.

Li-lhe os versos "Dentro da noite", que são, no dizer de Nogueira da Silva, "a sua fantasia de amor, por entre êxtases de gozo e moles coleios de serpentes de arminho":

Quando em teus braços molentada,
à tepidez do teu carinho
toda me entrego, abandonada,
cuido que estou dentro de um ninho,
fofo e macio como o arminho,
agasalhada...

Toda a minh'alma se extasia,
num gozo íntimo, profundo,
perturbador
e, delirante, a fantasia
faz-me sonhar um novo mundo,
visto através do nosso amor.

Minha nudez se patenteia
  aos teus desejos,
ao teu olhar quente e voraz;
vestes-me então, toda, de beijos,
é uma serpente, que coleia
nos rubros beijos que me dás...

Noite fechada. Há, lá por fora,
  sons indistintos...
um cão que uiva... alguém que chora...
  mal ouço agora
estes rumores quase extintos.

De corpo langue, alma insaciada,
num torpor leve mergulhada,
ao teu contato estremecendo,
chega-me o sono... é madrugada,
e eu nos teus braços molentada,
vou pouco a pouco adormecendo!...

"Estes versos denunciam frisantes uma nova modalidade na poética da poetisa Leonete de Oliveira", continua o meu confrade Nogueira da Silva, que espera até um livro inteiro no tom desses versos.

Não partilho o encantamento que a poesia acima deixou no seu espírito. Não sei como ela me parece de uma inspiração elementar e, mesmo, apesar de toda a provável excelência da técnica, falsa na pena de uma mulher e não sei por que a julgo, se o fito é de escandalizar, como prova de uma insuficiência de meios para obter o fim visado, denunciando uma fácil audácia.

Não há, na poesia, popular, anônima, que devia ser só instinto e natureza, nada de parecido e muito poucas ousadias semelhantes nos poetas masculinos, que não cultivam com tanto carinho um tão imediato apelo ou a representação mental do ato da geração.

Por sua natureza mesmo, pelo seu fim algo sagrado, ele deve ficar misterioso: e, se toda a emoção e criação artística tem por fundamento último ele, deve por isso mesmo perpassar oculto na produção literária e deixar que os seus desdobramentos outros se manifestem e o vistam.

Não sou nem moralista, nem irmã de caridade, nem crítico de arte; mas a "flama" da poesia e de outras manifestações escritas por parte das nossas mulheres está descambando com grande sucesso para essas elementares e reduzidas formas de poetar que me ponho a pensar que, em breve, seremos nós os homens, mais ou menos dissolutos e viciosos, os autores aconselhados para as meninas honestas.

Absolutamente não me apavoram nem me enrubescem semelhantes produções femininas, mas as julgo tão vazias de um grande ideal humano qualquer que procuro as causas disso em toda a parte e não as acho. Hei de encontrá-las, tanto mais que a comparação das duas manifestações estéticas que o *Boletim* traz dá-me motivos de sobra para fazê-lo, na superioridade que logo dimana da castidade, do sonho suave e transcendente que há na poesia de Hermes Fontes. E ele fala de Amor...

31/3/1919

Um romance sociológico

A fazenda "Boa Esperança" está situada no vale do rio Grande, daquele rio Grande que, recebendo o Paranaíba, forma o grande Paraná. Colocada nesse vale e nas divisas de Minas e São Paulo, próxima à serra da Canastra, em que nasce tanto aquele rio, como, na vertente oposta, o São Francisco, a grande propriedade agrícola sofre o influxo e a influência de gentes do sul do Brasil, pelo vale do Paraná; do norte, pelo de São Francisco, assim como, pelos afluentes e confluentes destes dous grandes rios, das de Goiás e Mato Grosso.

Carreiros, boiadeiros, tropeiros e vagabundos, já não contando com ciganos e índios mansos, dos quatro pontos cardeais do sertão do Brasil passam pelas proximidades e por ela mesmo, no romance do sr. Veiga Miranda, *Mau olhado*, que a todos descreve e analisa soberbamente. Seguro Guyau e pelas suas intenções, classificarei de sociológica a sua interessante novela.

Esse tipo curioso da nossa antiga propriedade agrícola, que é a fazenda, pinta-o e descreve-o o autor com minúcia e carinho.

Isolada na sua vastidão, a fazenda era como um feudo em que o seu dono governava, distribuía justiça, ditava leis, a seu talante, só não cunhava moeda para vir a ser um verdadeiro príncipe soberano. Falta-lhe também o aspecto militar do feudo antigo, para ter uma completa semelhança com o senhorio medieval.

A "casa grande" não o possui como o tinha o castelo antigo. Não há barbacãs, ameias, fossos, pontes levadiças, homens d'armas; e mesmo a nossa capangada só aparece no latifúndio quando as rixas entre senhores de fazenda, vizinhos, chegam ao auge. Essa espécie de *bravi* está sempre à mão, ao alcance do primeiro chamado, mediante boa paga. Não se fixa, ou raramente.

A "Boa Esperança" é um perfeito tipo de fazenda; e ela fornece aos proprietários, agregados e escravos todo o necessário à vida, exceto o sal.

É mais completa que muitas outras que não fornecem o pano, mas que a do alferes Malaquias, dá, por intermédio da lã, cardada e tecida, dos seus grandes rebanhos de ovinos. Lá, só se compra o sal...

É a fazenda, a descrição de sua vida total, o objeto do livro. A impressão que se tem é magnífica; mas, acabada a leitura da excelente obra do sr. Veiga Miranda, cujas vistas sociais, sociológicas, seria melhor dizer, se traem no propósito e no desenvolvimento de sua novela, o leitor menos comum procura alguma cousa que lhe falta. É o escravo. O jovem e talentoso autor paulista só se ocupa dele na cena do batuque e, no mais, deixa-o como simples nome ou alcunhas interessantes. A justificativa que não havia nela, na fazenda, castigos, não me parece valiosa. A antiga propriedade agrícola de um tipo geral, e por sê-lo, que o sr. Veiga Miranda tratou, não podia existir sem o escravo que ela supõe. O eito, o banzo, a vida da senzala etc., fazem-lhe falta e como deixam o estudo desse elemento da fixação da nossa população rural, inacabado.

Darwin, que visitou uma, algumas décadas antes da ereção daquela que é o cenário do *Mau olhado*, não deixou de vê-lo e senti-los, nos arredores do Rio de Janeiro.

No seu livro em que narra a viagem que fez, a bordo da corveta, creio eu, em torno do mundo, *Beagle*, ele, se bem que ligeiramente, alude a eles.

A fazenda do "Sossego", ali pelas bandas de Maricá,

propriedade do sr. Manuel Figueiredo, diz Darwin, tinha, pondo de parte a ideia de escravatura, alguma cousa deliciosa na sua vida patriarcal, tão profundamente nela, se está separado e independente do resto do mundo.

Mais adiante, conta o autor da *Origem das espécies*:

"Uma madrugada fui passear uma hora antes de sair o sol para admirar, à minha vontade, o solene silêncio da paisagem, mas, bem depressa ouvi elevar-se nos ares o hino que cantam em coro os negros no momento de começar o trabalho."

Ao grande naturalista inglês, nesta passagem e em algumas outras, não escapou o fenômeno social da nossa escravatura e o sr. Veiga Miranda, que é inegavelmente um escritor moderno, sagaz e ilustrado, não devia ter esquecido esse ponto que o tema do seu romance como que torna primordial e requeria ser estudado à luz das modernas correntes de pensamento superior.

A boa compreensão, ao jeito artístico, da alma do escravo explicaria melhor aquela atmosfera de crendice e abusão que desde o começo cerca os personagens do drama, ergue o feiticeiro Lelé às culminâncias de guia de multidão e aniquila o padre Olívio, atmosfera essa em que morre de amor por este a interessante Maria Isolina, protestando tragicamente contra a sua infecundidade imposta e criada pelas regrinhas da sociedade.

Nada temos, porém, de dizer quanto ao que não foi feito no seu livro, pelo sr. Veiga Miranda; compete-nos falar do que o foi.

Nessa parte a obra é de uma rara virtuosidade de execução que às vezes peca pela exuberância do detalhe. À grande tela em que o autor trabalhou com ciência e vigor, não faltou nenhuma pincelada para o seu bom acabamento. Não só os personagens principais e secundários; mas as cenas domésticas, as das indústrias agrícolas próprias à fazenda, o sr. Veiga Miranda não se limita a esboçá-las rapidamente. Ele as acaba e as arredonda suavemente.

Não me lembro de autor moderno nosso que seja tão cuidadoso nesse ponto como o autor do *Mau olhado*. Vejam só este trecho que trata do empalhamento de rapaduras:

Ao longo da mesa, à sua frente (do padre Olívio, filho de fazendeiro), à sua direita e à esquerda, os antebraços das mulheres agitavam-se, de mangas arregaçadas, envolvendo as rapaduras, enlaçando as embiras, dando os nós fortes. O padre ficou entre a madrasta (Maria Isolina) e a Placidina, filha do Laurindo Bravo, a destemida virgem selvagem que se entregara por um ímpeto carnal ao mais valente tropeiro do sertão, matando-o pouco depois, como as abelhas-rainhas, e trazendo para a casa, dentro do seio, as duas orelhas ainda sangrentas. E, à sua frente, ficavam as duas primas mais velhas, Leonor e Gabriela, ladeando como sempre, a figura alegre de Ismênia, com o seu rosto comprido, sardento, e o nariz acarneirado, um todo de traços meio masculinos, puxando muito aos do pai.

Iaiá, (a filha mais velha do fazendeiro) não tomava parte na tarefa noturna. Continuava a caber-lhe a mordomia da casa, desempenhada ainda com grande exibição de atividade e meticulosos zelos. Mandava logo ao começo uma bandeja de café, servido primeiro aos dous compadres e a Lelé (que andava agora nas boas graças de ambos, cercado cada vez de maior consideração, depois que os convencera de que salvara Maria Isolina) e depois transitado ao longo da mesa pelas empalhadeiras. E daí a pouco mandava colocar sobre a mesa, em vários pontos, travessas e peneiras cheias de pipocas.

Olívio adestrou-se em pouco tempo no mister que lhe designaram. Escolhia para a madrasta as palhas mais macias, receando que o contato das outras a arrepiasse, desembaraçava as embiras, uma a uma, com cuidado, ajudando-a até a enlaçar com elas os molhos já formados. Maria Isolina repreendia-o de quando em quando, brincalhona, por uma demora, pelo defeito de uma palha, falando-lhe com vivacidade infantil, os olhos brilhantes, parecendo mais largos sob a luz forte do lampião belga.

Olívio, de fato, se deixava apoderar, com intermitências, por uns alheamentos esquisitos etc. etc.

Maria Isolina, a madrasta, que casara muito moça com o fazendeiro, o alferes Malaquias, depois do primeiro contato matrimonial, violento e animal, num pouso de caminho, se tomara de uma invencível repugnância pelo marido e viera a adoecer duradoura e inexplicavelmente depois do primeiro e único parto malsucedido.

Após a chegada do enteado, Olívio, que saíra padre, do seminário de Mariana, feio e cheio de espinhas, tímido e triste, a moça alquebrantada se apaixonara secretamente por ele. Uma quadrinha que há no romance tenta dizer o indefinido mal dessa parada de sentimento:

Sina do meu coração,
Fui aprender a amar bem cedo,
E guardar a vida inteira
Esse amor como um segredo.

O autor, com muito relevo e habilidade, gradua esse sentimento da sinhá dona da "Boa Esperança" e o marca por gestos e palavras muito expressivos.

Nessa mesma passagem do empacotamento de rapaduras, ao descobrir que o padre estava fornecendo embiras à Placidina, apossa-se de Isolina uma raiva súbita que a leva a expulsar, sem motivo nem causa, do serão, a pobre agregada.

A figura central e mais original do romance é o Lelé. Feiticeiro e sacristão, letrado a seu modo, rábula de câmaras eclesiásticas, onde vai frequentemente para arranjar o desimpedimento de matrimônios entre parentes próximos, esse Lelé confunde, mistura e combina as crenças superiores da Igreja Católica, com as primitivas do animismo fetichista dos negros e índios. Alia a isso uma medicina de pajé, com a sua terapêutica de ervas silvestres, cozimentos, rezas e exorcismos. É médico e sacerdote.

Um tanto crente e um tanto impostor, aproveitando-se de epidemias e desgraças climatéricas, emprega o seu ascendente sobre o povo e também sobre os senhores de fazenda em cujo espírito o seu prestígio se tinha infiltrado, transforma a todos em fanáticos obedientes ao seu mando, para vingar-se do padre e realizar a sua estulta e bronca ambição de pontificar como um bispo autêntico na capela branca da fazenda "Boa Esperança".

O sr. Veiga Miranda põe todo o seu talento de observação e de psicólogo dos indivíduos e das multidões para o estudo e a ação desse personagem.

Ele percorre o livro todo e é como que a alma da obra.

Os personagens secundários, sobretudo a Borginha, a filha mais moça do fazendeiro, traquinas e desenvolta, são todos bem característicos e as concepções familiares e domésticas do Zamundo Bravo, lugar-tenente de Malaquias, e de seus filhos, filhas e noras, são documentos preciosos para o estudo dos nossos costumes do interior, onde todos, a começar pelos de lá, põem a máxima pureza e moralidade.

Analisar o livro, detalhe por detalhe, seria, para mim e para os leitores, fastidioso e fatigante. Lê-lo será melhor, para travar conhecimento com um autor nacional que, às qualidades exigidas a um simples romancista, alia as de um psicólogo da nossa curiosa "multidão" roceira e as de um sociólogo que veio a sê-lo passando pela geometria.

E, por falar nisto, não nos despedimos do sr. Veiga Miranda e do seu belo livro, sem lhe fazer uma crítica de mestre-escola. Diz o autor, p. 241:

"Pairavam (os corvos) primeiro no alto, quase imperceptíveis, milhares e milhares, e iam baixando numa espiral invertida, até o ponto do banquete."

Será mesmo espiral?... Riamo-nos um pouco como bons camaradas que somos... Até logo!

Revista Contemporânea, Rio, 26/4/1919

A crítica de ontem

Sobre o livro do sr. Nestor Vítor, que tem o título acima, e os editores Leite Ribeiro & Maurillo deram à publicidade ultimamente, há muito que dizer e há muito que epilogar.

Trata de tantos autores e tantas obras, estuda todos, tanto os primeiros como as outras, sob uma larga e vasta crítica em que, felizmente, não trai um sistema ou uma escola, que o noticiarista de sua obra teria de acompanhá-lo *pari passu*, e fazer outra que não lhe caberia nas margens, se quisesse analisá-la conscienciosamente.

Há, porém, pontos de vista gerais que, podendo ser discutidos, merecem, por parecerem ser do próprio autor, especial menção.

Falando dos "Os novos", os novos de há vinte anos, o sr. Vítor fala com vistas seguras de que foi um deles ou era ainda. Eis o que ele diz:

I

Há não sei quantos meses que frequentemente recebo ou vejo livros novos, publicados aqui ou em outros centros do Brasil, e quase todos de estreia. Livros de versos na maior parte, ou pelo menos de fantasias, literatura de ficção, ou "amena", como classificam o sr. José Veríssimo e o sr. Velho da Silva.

Na maior parte, estes neófitos vêm nefelibatas, o

que quer dizer (salvo etimologias) desorganizados indivíduos, sacos de disparates e incongruências, falsificadores de sensações, caricaturistas da Dor, ápteros que o sopro da insânia faz doudejar momentaneamente nos ares e que atribuem nesciamente o fenômeno à possança aquilina de asas.

É uma desgraça. Em vez de produzir elementos lisonjeiros ao futuro de uma civilização, essa fertilidade, sendo assim mórbida e langue, parece servir apenas para impor-nos diagnósticos desesperadores, falando-nos, não da formação de um núcleo intelectual, embora que fosse ainda em estado muito de início, mas de um funesto desagregamento por franca degenerescência orgânica.

Quem procure, no entanto, um alto ponto de vista para verificar o que há de irredutível nessa desoladora observação inicial, acabará por sorrir, vendo desfazer-se, pelo menos, em parte, essa negra perspectiva agoureira.

Antes de tudo, é preciso ver o momento que atravessa a literatura universal.

II

Não há hoje em parte alguma do mundo um indivíduo que se possa chamar, em Arte, o chefe do pensamento geral.

Os maiores tipos, Zola, Tolstói, Ibsen, Bjørnson, dentre todos os contemporâneos, tornam-se justamente notáveis por serem os grandes isolados do fim do século. Todos eles são tidos como singulares, como extravagantes, como degenerescentes. Todos eles conspiram contra o interesse geral, ou pelo menos contra aquilo que a grande maioria entende que o é. Com o povo as academias, toda a gente que anda em concílios, que representa coletividades, notáveis, os escorraça e condena.

"O mais forte é quem fica só", disse Ibsen. Singular maneira essa de compreender a superioridade entre os homens! Não é maior o que consegue dirigir, o que consegue agremiar, o que consegue fazer atmosfera em redor, mas aquele que diverge, que escandaliza, que logra ser perseguido, que acaba na isolação.

E é curioso. Comparai-os: todos eles divergem entre si.

Mais adiante, depois de explicar a sua afirmação, acima, o sr. Vítor continua com muito acerto, verdade e franqueza:

Ela sente que estes loucos, "nefelibatas, simbolistas, satanistas", de hoje preparam alguma cousa grandemente estranha, que há de abalar, quem sabe até onde, tudo quanto está garantido sob a ordem atual. Daí a sua repulsa por eles; ao menos quer ver se consegue adiar.

III

Ora, é dessa gente que os nefelibatas do Brasil descendem. Como não podem, em geral, participar das grandes torturas do sentimento e da ideia, empregam-se em angustiar mecanicamente a frase, em produzir traumatismos e aleijões nos vocábulos; como não podem fazer nebulosas à Ibsen em que há nevoeiro, mas, no meio deste, relâmpagos, clarões maravilhosos, resolvem-se friamente a fabricar indiscutíveis disparates boçais.

Digamos: não são simplesmente os daqui, são os de Portugal, que estes copiam, são os franceses, copiados pelos do Portugal, são os de todo o mundo, que tem hoje uma literatura em evolução. Em todo caso, vê-se que eles são o produto lógico da época, toda ela oferecendo aos observadores superficiais o aspecto das degenerescências e desorganizações.

Além disso, vindo assim, incompreendidos e ridicularizados, fazendo, portanto, de seus livros inevitáveis refugos no mercado literário, e tornando-se inviáveis no caminho da contemporânea e passageira glória barata (que só obtêm facilmente os hábeis acomodatícios), elegendo-se a si mesmos os Dom Quixote da Pura Arte, esses moços ao menos mostram-se adversos ao triste culto da Musa Venal, trazem consigo a nobreza do desinteresse e trazem a coragem, duplas qualidades sem as quais é impossível ser magnífico e grande.

Eles, afinal de contas, representam nas letras a reação contra esse acaturrar sistemático da alma humana, esta corrente bastarda de sofismas que vem nascendo colateralmente com eles e que traz a veleidade de erigir-se em sistema de ideias vencedor, fazendo a disfarçada apologia da Força, lisonjeando-a e justificando-a em todas as suas manifestações odiosas, inferiores, com a bajulação ancestral dos velhos palacianos nas decadências das antigas civilizações.

Destes, pois, não há na realidade por que desesperar ainda. Ao menos vão para onde os levam os seus mais nobres instintos, voltados como estão para os que se lhes afigura o legítimo Sonho. São os heliotropos do mundo do espírito, cheios de um ansioso impulso para o Nascente, à procura do Sol.

Eu sei, na maior parte, quase na totalidade, estes neófitos desaparecerão amanhã, serão raríssimos os que dentre eles verdadeiramente predestinados a resistir até o fim. É a história de todos os tempos neste aprendizado cruel para o exercício de funções excelsas, principalmente em países como este, que atravessam períodos rudimentares, onde tais funções são tão irremediavelmente indistintas, tão desoladoramente incaracterísticas ainda.

O que é possível, em todo caso, é que entre eles venha "alguém", alguma alma diamantina — límpida, maravilhosa e forte —, que esteja ainda dormitando sob a opacidade de uma adolescência imprecisa, mas que em todo caso nos atritos de uma estreia singular, escandalosa, extravagante, já ande indistintamente procurando, como os seixos dos rios, as gloriosas agruras propícias a toda a lapidação.

Se assim for, esse aprenderá depressa a distinguir o artístico do artificioso, o que é ideal do que é esotérico, cabalístico, irrisório, mentecapto. Porque não trará as arcadas do peito tão estreitas, o sangue tão pobre, o ânimo tão deprimido que deseje egoisticamente sufocar a natureza na cálida, mas miserável atmosfera envidraçada das estufas de jardim de aclimação.

O autor dos *Signos*, com toda a razão, preferia estes doidos aos "regradinhos", aos "amantinhos", "opacos e mesentéricos", no dizer do crítico, "trabalhando versos ainda, como Gonçalves de Magalhães, nos *Suspiros poéticos*. Diz por que os prefere em palavras cheias de independência que ainda uma vez tomo de empréstimo ao autor:

O quanto têm os "nefelibatas" de azoinados têm estes de comedidos e sensatos. O misoneísmo é o sentimento que principalmente os domina. Seus adjetivos prediletos são o "mimoso", o "fagueiro", o "ameno", tudo muito castiço, muito autorizado, muito tal sim senhor, mas especialmente muito desfrutável e rococó.

É de dar às pedras vontade de rir. Que vem fazer esta gente a esta hora?

Logo que chegam, puxam pela tal questão da forma e do fundo, questão idiota, de quem nada traz a dizer, reprodução disfarçada de retóricas ancestrais, dos megatérios que os inspiram e de que eles vêm a ser ainda agora os aparvalhados asseclas.

Os Paranapiacabas, os Bonsucessos, os Deirós, que até a Academia refugou, são os deuses por que eles juram beijando os dedos em cruz. Não sabem que os bonzos se acabaram, que até o Dalai Lama está desmoralizado no Japão.

Eu acho detestáveis essas camadas de moços. Antes

de tudo, falta-lhes propriamente mocidade; é de moço empreender, é lançar-se, não é vir esgueirando-se pelos beirais, e receber o santo e a senha com uma sorna obediência senil. Atua-lhes no ânimo principalmente o medo de um batismo de fogo. Não sabem que já mesmo na imprensa há por seus fetiches certa falta de fé. Daí vem que, apesar de todas as precauções tomadas, parte-lhes às vezes no encalço, a estes, daqui ou dali, um diabólico buscapé imprevisto.

Continua ainda:

Entre uns e outros, finalmente, vêm uns poucos jovens Fagerolles do termo médio, um pouco peixe, um pouco carne, tragicômicos, místicos-sensuais, que batem no peito ao falar em Nossa Senhora, mas piscando o olho aos cronistas dos jornais para lhes significarem que é por capadoçagem.

São os que logo hão de ganhar por toda a parte o adjetivo de "adoráveis", os que hão de substituir Olavo Bilac e Coelho Neto, quando a estes lhes vier o tédio de serem brilhantes cronistas de jornal. Eles hão de achar meio de empulhar o sr. Deiró e o sr. Veríssimo, abrindo-lhes assinatura à boca pequena, mas impondo-se-lhes ao mesmo tempo, por tal modo que os homens os hão de aceitar, hão de proclamá-los, a ponto deste último instar com eles, finalmente, para que sejam candidatos à Academia — 1899.

Este estudo, que tem toda a atualidade, dá bem a medida da capacidade de crítica do sr. Nestor Vítor, da sua aguda visão intelectual, da sua independência de julgar; e o seu paralelo entre Machado de Assis e José de Alencar é profundo, exato, verdadeiro, embora executado em ligeiras proposições.

Pela primeira vez, li alguma cousa sobre Machado de As-

sis, em que não se falasse profundamente, transcendental-
mente sobre o humorismo, sobre os autores ingleses etc. etc.

Nós todos temos a mania de procurar sempre a verdade muito longe. O caso de Machado de Assis é um deles.
Ele e a sua vida, o seu nascimento humilde, a sua falta de
títulos, a sua situação de homem de cor, o seu acanhamento, a sua timidez, o conflito e a justaposição de todas
essas determinantes condições de meio e de indivíduo, na
sua grande inteligência, geraram os disfarces, estranhezas
e singularidades do Brás Cubas, sob a atenta vigilância do
autor sobre ele mesmo e a sua obra.

Penso que um estudo nessa direção explicaria melhor
Machado de Assis, do que todos os Lambs, Swifts, Thack-
erays e outros autores da Grã-Bretanha, Escócia, Irlanda e
ilhas adjacentes. Para fazê-lo, preciso é franqueza, além de
não esquecer os seus primeiros livros; e o sr. Nestor Vítor
tem aquela qualidade de sobra e é de boa memória.

Revista Contemporânea, Rio, 10/5/1919

Levanta-te e caminha

> *Pois bem, para que saibais que o Filho do Homem tem poder na terra de perdoar pecados... disse então ao paralítico: Levanta-te, toma tua cama e vai para casa.*
>
> Mateus 9,6

O sr. Valfrido Souto Maior, sob esse título, que lembra todo o poder divino de Jesus e a suave e ingênua poesia dos Evangelhos, acaba de publicar um poema, impresso na conhecida tipografia "Revista dos Tribunais", hoje uma das mais procuradas pelos nossos intelectuais de todos os matizes.

A leitura do poema do sr. Valfrido logo demonstra que este não é o seu primeiro. Versifica com muita facilidade e abundância, até ao ponto dessa facilidade traí-lo, deixando perpetrar pequenos desleixos.

Sou de todo incompetente em matéria de versificação; mas não é preciso ser muito forte nela, para sentir no sr. Souto Maior a luz e a sombra de seu talento poético.

O tema do poema é todo espiritual. O autor, depois de mostrar os fatores de nossa queda moral, mostra os outros da nossa elevação, que, vencendo aqueles, farão que se realize esse milagre, a célebre ordem de Jesus a um paralítico: "surge et ambula"; levanta-te e caminha.

Para que o milagre se opere, diz muito bem o autor:

Trazemos dentro em nós sentinelas perdidas
Que devem gritar sempre e muito forte: alerta!
Porém, que vão passando a vida adormecidas,
Deixando a porta da alma inteiramente aberta!

Devemos despertar depressa esses soldados,
E dar-lhes disciplina, enchê-los de valor;
Pospontar-lhes na farda alguns galões dourados,
Fazendo-os da razão ouvir sempre o tambor!

Precisamos trazer de pé as energias
Que vivem dentro da alma inertes, sem ação;
Debelar num sorriso os golpes de agonias
Que trazem sempre o luto ao nosso coração!

Uma dessas sentinelas perdidas que é preciso despertar é o pensamento que, numa formosa poesia, talvez a mais bela parte do seu poema, ele aconselha como agir.

Não posso deixar de ceder à tentação de transcrever o final desse trecho do poema, cujos alexandrinos têm uma grande ressonância e maravilhosa amplitude sonora.

Ei-lo:

Deve ser como a planta o pensamento humano:
Livre deve nascer, desafogadamente
Florir; porque, se a planta enxertam, nem um ano
Conserva o seu vigor, e muito lentamente
Perdendo a vida vai, e morre, e se aniquila.
É que a fonte da vida, a verdadeira mola

(A sua essência enfim, essência que se asila
Na própria Natureza) arrefece e se estiola.
Porém, se a mesma planta ou tronco, se a mesma hera,
Apenas puro sol aquece onde ela esteja,
Rebenta, alegre, e vai saudando a primavera,
Sem nunca precisar das bênçãos de uma igreja!

Percebe-se bem, por aí e por outras partes do seu poema, que o sr. Souto Maior está familiarizado com a técnica do verso, mas ama sobretudo o alexandrino, à Junqueiro; e o heptassílabo, à moda de Castro Alves.

Na primeira parte, logo na segunda poesia — "Anatomia ideal" — que, como todas do livro, demonstra estudo e uma visão particular do autor, há décimas de fino gosto do grande poeta baiano. Passo para aqui esta que é típica:

Vi Lamarck nesse pego
Da camada subterrânea,
Procurando como um cego
"A geração espontânea"!
Estava lá Goethe — o sábio —!
Herschel sustinha o astrolábio,
Querendo falar ao Sol;
Vi, com Laplace, Lineu,
Discutindo o valor teu,
Com muitos sábios de escol!

Isto não diminui em nada o valor da obra, pois esse aspecto, por assim dizer, extremo, encobre uma originalidade sempre latente do autor, cuja visão do mundo e da vida, baseada sobre fortes leituras que se tocam aqui e ali, é transfigurada de um materialismo genuíno, que parece ter sido a primeira crença do autor, por um espiritualismo fluídico que perpassa por toda a obra.

O trabalho do sr. Souto Maior não só dá a capacidade de pensador, como também mostra todas as feições íntimas do seu estro e do seu temperamento literário.

"Coração-Alma", com que abre a segunda parte do poema, é uma poesia lírica de raro valor e apreço. Daria toda ela aqui, se não temesse parecer que queria assinar trabalho alheio; mas não posso deixar de citar esta estrofe, tão sentida e tão profunda, que os leitores ficarão

IMPRESSÕES DE LEITURA E OUTROS TEXTOS CRÍTICOS

admirados de não ter eu tido ânimo de pôr também nesta
notícia as outras. Vejamo-la:

Não te maldigas nunca, e nunca te exasperes
Contra a dor que te oprime; o espinho em que te feres
Criaste-o mesmo tu:
Quem a túnica rasga, embora a mais singela,
Não pode maldizer o frio que o regela,
Se quis mesmo andar nu!

Pelo pouco que citei, poderão avaliar os leitores do raro
valor do livro do sr. Valfrido Souto Maior. Era meu desejo
alongar-me mais na análise do poema: mas para tanto não
me sobra tempo, assoberbado como ando com pequenos
trabalhos que me forneçam o necessário para as despesas
imediatas da vida. Contudo, vai aqui o preito da minha
admiração por tão raro poeta, no qual, apesar de conhecer eu homem há tantos anos, me surpreendeu encontrar,
não só um bom poeta, mas também um singular poeta.

Argos, Rio, n°s 9-10, outubro e novembro de 1919

Canais e lagoas

Com este título, pela Livraria Jacinto Ribeiro dos Santos, acaba de ser editado um curioso volume da autoria do sr. Otávio Brandão.

O objeto do livro, primeiro volume de uma série de três, é o estudo, sob o aspecto orográfico, potamográfico, mineralógico, geológico etc., de uma curiosa região de Alagoas, crivada de canais e lagoas, que, segundo o prefaciador, vai da lagoa Manguaba até a do Norte.

É uma curiosidade corográfica que só pode ser bem conhecida por especialistas ou pelos naturais da região.

Quando estudei corografia do Brasil, aí pelos meus doze ou treze anos, ela me passou completamente despercebida, e isto deve ter acontecido a muitos outros.

O sr. Otávio Brandão, que tão entusiasmado se mostra pelas belezas, singularidades e possibilidades daquela parte do seu estado natal, publicando o seu interessante livro, devia fazê-lo acompanhar da carta respectiva.

O seu estudo, que é de uma minúcia extraordinária e feito com uma exaltação místico-lírica, ressente-se da falta de um mapa, uma planta, um *croquis* topográfico, que ao menos marcasse, não direi todos os acidentes topográficos, os termos geológicos, mas as linhas gerais da potamografia, da orografia etc., e também a situação dos povoados, cidades, vilas, aldeias, para uma mais perfeita compreensão de seu trabalho, por parte dos estranhos à região que fossem ler a sua original obra.

O autor, que percorreu esse pedaço de terra brasileira, diz mesmo que muito lhe custou compreender tanta complicação de lagoas e canais. Que diremos nós, os seus leitores, então?

Concebida com uma largueza de vistas muito notável na sua idade, a execução do seu trabalho ressente-se entretanto, aqui e ali, perdendo a diretriz científica que sempre devia obedecer, de certas efusões pessoais inoportunas e de uma exagerada avaliação do merecimento e valor dos lugares, mundos, como diz o autor estudado.

Ele os compara; irá, à Holanda, com os seus canais; irá à Caldeia; irá à Amazônia; e o próprio Oiticica, no prefácio, dragando, aprofundando canais e construindo muros protetores, numa obscura lagoa, até agora somente sulcada por canoas, transforma-a no papel, em instantes, num dos primeiros portos do mundo!

Há evidentemente exagero de bairrista nessa hidráulica papeleira e rápida, e eu não queria ver a alta capacidade do observador, a força de estudioso do sr. Otávio Brandão perturbada por tão infantil sentimento de um patriotismo, por assim dizer, comarquense ou distrital.

O sr. Brandão, que, com tão poucos recursos, se mostrou capaz de profundos estudos de geologia, de mineralogia, de climatologia e, aqui e ali, denuncia um etnógrafo de valor, um analista de usanças, costumes e folclore, devia abandonar a visão literária de altas regiões clímicas, como o Egito e o Nilo, para unicamente ver o seu Cádiz e o seu humilíssimo Paraíba, tal qual são.

A Natureza apresenta poucos aspectos semelhantes e muitos menos iguais; e o sr. Brandão diz uma cousa parecida no seu livro.

É ondeante e diversa. No Brasil se encontra o diamante de uma forma; na África do Sul, de outra.

O Nilo é ele e só ele, porque tem entre ele mesmo e

suas nascentes uma planície de imersão, o Bahr El-Chazal, onde durante meses apodrecem ao sol inclemente toda a sorte de matérias orgânicas, as quais, quando vem a força das águas dos lagos, donde ele se origina, são compelidas, em forma de lodo em suspensão nas águas para o verdadeiro Nilo, inundando e adubando o velho país dos faraós.

Uma tal disposição geográfica, ao que me consta, não se encontra em nenhum rio da terra; nenhum deles tem um reservatório de adubo, de húmus que se reserva anualmente, e as enchentes arrastam em certas épocas do ano.

Com o avanço da idade o sr. Otávio Brandão, que tantas qualidades de escritor apresenta neste livro, que tantas qualidades de observador demonstra, que uma rara capacidade de estudo revela, há de abandonar os processos de um otimismo livresco sobre a nossa Natureza que lhe inoculou Euclides da Cunha, para examinar a terra diretamente com o maçarico e o bico de Bunsen, com a balança de Jolly, pesquisar rochas com o microscópio próprio e fazer, enfim, o que aconselha aos letrados, no art. 19, no capítulo que intitula "Uma síntese".

Não me quero despedir do sr. Otávio Brandão sem lamentar e lavrar o meu protesto pelos tormentos e perseguições que sofreu, por parte do governo de Alagoas.

É incrível o que ele narra, mas não tenho dúvida nenhuma em aceitar como verdade.

O governante do Brasil, não se trata desse ou daquele, mas de todos, resvala pelo caminho perigoso da coação ao pensamento alheio, para o despotismo espiritual.

Ninguém sabe até que ponto pode pensar desta ou daquela maneira; até que ponto não pode pensar. Daí vem que bacharéis ou não, investidos de funções policiais, sem instrução nenhuma e muito menos cultura, encontram na mais leve crítica às teorias governamentais vigentes manifestações de doutrinas perversas, tendentes a matar, roubar, violar e estuprar. Na sua imbecilidade nativa e na sua ignorância total de doutores que fizeram os seus estudos em cadernos, pontos, apostilas etc., arrastam para enxovias nauseabundas, doces sonhadores, como este bom Otávio Brandão, que nem ao menos tem um vício.

Com a violência dos antigos processos de governo dos reis absolutos, eles ressuscitaram o crime da lesa-majestade e a razão de Estado.

Um tal estado de coisas não pode continuar; e não há lei que permita essa indigna opressão ao pensamento nacional, tanto mais que a Constituição dá a cada um a mais ampla liberdade de pensar e exprimir as suas ideias, por todos os meios adequados.

Argos, Rio, nº 11, dezembro de 1919

Uma ideia

Na curiosa e notável novela do sr. Leo Vaz, *O professor Jeremias*, que a *Revista do Brasil* acaba de editar, há um interessante episódio que sugere múltiplas reflexões.

Um menino Luisinho, precocemente filantropo, sabendo que um mísero ladrão de galinhas, preso e condenado, atribuía a sua desdita aos pais dele, ladrão, por não o terem mandado aprender a ler e a escrever, resolve ensinar--lhe o abecedário, sabenças adjacentes e complementares.

Aprendeu o pilha-galinhas tudo isso na prisão, aos cuidados de Luisinho; e, saindo de tão famosa e tradicional universidade, aplicou muito sabiamente os seus notáveis conhecimentos nas falsificações de cheques de bancos, enriquecendo, enquanto o seu mestre crescia em idade e saber, para acabar amanuense de terceira ordem.

É verdade que o discípulo não foi de todo ingrato. O pilha-galinhas, logo que se viu chefe da firma Policarpo & Cia, mandou a Luisinho, agora papai Luisão, um legítimo Pateque (comprado?) de ouro, com uma dedicatória reconhecida, gravada nas costas.

Estou a ver muita gente por aí a epilogar sobre o caso. Alguns hão de dizer que a instrução é um mal; outros que as exceções não destroem as regras, nada se podendo concluir do caso do ladrão de galinheiros Policarpo, que o professor Jeremias, entre outros muitos, conta, para guia na vida de seu filho, com quem não pôde conviver,

devido à teimosia de sua cara-metade. Chama-se esta d. Antoninha e uma de suas birras com o marido, o mestre-
-escola Jeremias, era atirar-lhe à cara, a toda hora e todo o instante, a vergonha de não ter ela, como a irmã casada rica, uma dama de companhia. Foi talvez esse o motivo mais poderoso do divórcio em que, *par droit de conquête* de mulher ranzinza, lhe coube o pequeno.

Não quero me alongar sobre o livro, pois o assunto é o caso da prosperidade financeira do pilha-galinhas Policarpo.

Os que afirmam que a instrução é um mal, dirão: se ele não tivesse aprendido a ler, não passaria de um reles freguês noturno e furtivo dos galinheiros alheios e o prejuízo dado à propriedade alheia não passaria daí.

Os partidários da instrução a todo o transe, sobretudo aqueles que não têm um bom lugar como o dr. Leitão da Cunha, observarão: apesar de tudo a instrução recebida pelo gatuno de galináceos Policarpo foi um benefício para a sociedade, porquanto se ele continuasse a operar sobre os galinheiros do próximo, sacrificaria naturalmente as famílias pobres e de poucos haveres, enquanto, falsificando cheques de bancos, só podia fazer mal aos ricos, muito ricos, que pouco se sentiriam, sendo preciso não esquecer que os estabelecimentos bancários têm uma rubrica nas respectivas escritas — "Lucros e perdas" — coisa que não existe em casas de famílias de poucos ou nenhum haveres.

Uma questão dessas não pode ser aprofundada por mim. Vai aos poucos deixando de ser uma questão moral, para baralhar-se nas economias políticas, nas finanças, no alto comércio e na misteriosa ciência bancária, disciplinas essas em que só raros podem penetrar com segurança, assim mesmo é preciso que venham armados de instrumentos próprios e se cerquem de prudentes precauções. Deixo a coisa para os entendidos que deviam ser ouvidos. Não procuraria encontrar uma solução para a questão de saber se foi um benefício para Policarpo e a sociedade, aprender ele a ler e a escrever, nem com o histologista Leitão da Cunha, nem com o incansável sr. Carneiro Leão. Se me fosse dado procurar opiniões a respeito, havia de inquirir os srs. Pereira Lima e Zé Bezerra, autoridades em negócios de alta do açúcar; o sr. Matarazzo e Souto Maior, especialistas na filosofia da Grande Guerra; os srs. Prado Chaves & Cia, patriotas desinteressados e paladinos esforçados da civilização e da humanidade contra a selvageria e barbaridade teutônicas; e outros.

A esses, sim! poderíamos pedir alvitres sobre o caso, pois são homens práticos, que veem a vida nos seus aspectos exatos e verdadeiros e não a teoristas nebulosos e faladores.

Não podendo fazer esse curioso inquérito, lanço a ideia para que o faça quem quiser.

Careta, Rio, 28/2/1920

O professor Jeremias

A *Revista do Brasil*, de São Paulo, é hoje sem dúvida nenhuma publicação verdadeiramente revista, que existe no Brasil. Muitas outras há dignas de nota, como a *América Latina*, que um grupo de moços de iniciativa e talento vem aqui mantendo. A primeira, porém, é algo distante, para o paladar comum, tem certas reservas diplomáticas e discretas atitudes que não de gosto do leitor comum. Não vai nisso nenhuma censura da minha parte, tanto mais que já tive a honra de ocupar suas páginas com coisa minha, como também porque tudo o que cheira a cópia me aborrece.

A publicação de Araújo Jorge é, ela mesma, muito original pelo seu programa, mesmo quando publica as proezas do almirante Caperton, que aqui esteve a exercer atos de soberania na nossa baía — coisa a que se habituara em São Domingos e a *Americana* nos informou.

A *América Latina*, de Tasso da Silveira e Andrade Murici, representa um esforço de moços, quase meninos, e os senões que se lhe podem notar advêm disso e de mais nada, afirmando, porém, vontades e energias que merecem todo o nosso aplauso.

A *Revista do Brasil*, entretanto, é a mais equilibrada e pode e deve ser a mais popular. Têm os seus números assuntos para os paladares de todos os leitores. Como muitas de suas congêneres estrangeiras, é fartamente ilustrada, procurando os seus editores reproduzir pela gravura quadros nacionais notáveis ou desenhos de antigas usanças e costumes do nosso país. Publicada em São Paulo, ela não se inspirou pelo espírito e pela colaboração no estado em que surge. Nela são tratados assuntos que interessam a todo este vasto país, como diz a canção patriótica, assim como nos seus sumários se encontram nomes de autores que nasceram ou residem nos quatro cantos dessa terra brasileira.

Com a sua atual futilidade e recente ligeireza que veio, infelizmente, a adquirir com as mágicas avenidas frontinas, o Rio de Janeiro mal a conhece — o que é uma injustiça, porquanto, pelo que acabo de dizer, e é fácil de verificar, a *Revista do Brasil*, entre nós é uma publicação sui generis e digna de todo o apreço.

Não me cabe dizer mais a respeito dela, pois lá escrevi e ela me imprimiu um despretensioso calhamaço.

Embora possa parecer parcialidade de minha parte, não me era possível tratar de uma bela obra, por ela editada, sem me referir aos préstimos da publicação de Monteiro Lobato.

Muitos dos meus leitores, se é que os tenho, têm visto aplicar, com ou sem propósito, o apelido de Jeca-Tatu a este ou àquele; entretanto estou certo de que poucos saberão que se trata do personagem de um conto desse mesmo Monteiro Lobato, no seu magnífico livro *Urupês*.

Os mais conscientes hão de se lembrar que foi o sr. Rui Barbosa, num seu discurso, no Lírico, quem lançou à popularidade a inimitável criação de Monteiro Lobato; mas a massa nem do nome deste terá notícia, embora seu livro tenha tido excepcional tiragem, em sucessivas edições de 10 mil exemplares, talvez mais. Acontecimento sem par no Brasil de que a obra é perfeitamente merecedora.

Editada pela *Revista do Brasil*, chega-me às mãos uma novela de grande mérito do sr. Leo Vaz que sinceramente me deslumbrou. Chama-se *O professor Jeremias*. É uma obra toda ela escrita com uma candura aparente, animada de um meio sorriso, constante e permanente, mas da qual se extrai uma filosofia amarga da vida e da sociedade.

Um modesto mestre-escola, a quem fizeram sonhar ou sonhou grandes posições, mas que o desenvolvimento ulterior de sua vida foi, aos poucos, levando o seu espírito para a resignação e para a indiferença por tudo o que lhe acontece e arrasta os outros, pois todos nós somos como aquele cão que aparece no fim do livro com uma lata no rabo atada, certamente por uma criança traquinas, a aconselhar o professor, como o faz, dizendo:

— Olha: começa pelas opiniões. Não tenha opiniões. Não há vida mais doce do que a de quem não tem opiniões. Quando bambeio o cordel da minha lata, é como se não tivesse: não me vexa. Restringe-se o círculo dos meus movimentos, é certo, mas fico livre, dentro de um círculo menor. Ao passo que a primeira opinião adotada, é um passo fora do círculo: é a lata a chiar atrás de mim, monótona, enervante...

— Aconselha-me, pois?...

— A bambear o cordel, justamente. Livra-te das opiniões, e ficarás imediatamente livre de uma série de coisas aborrecidas: política, filosofia, sistemas, impostos, calos, caixeiros-viajantes...

A esse quietismo singular chegou o novo Lao-Tsé do professorado paulista, depois de muita observação e transtornos de vida, inclusive o seu casamento. A mulher era birrenta, ranzinza e mais birrenta ficou quando a irmã veio a casar rica e fixar-se em Petrópolis com a sua sogra, a marquesa de Sapopemba. D. Antoninha, assim se chamava a esposa de Jeremias, era o contrário do marido, não se conformava com o seu destino de professora pública, pois também o era de um lugarejo de São Paulo. Rixas, implicâncias, interpretações, de acordo com o seu gênio birrento, de tudo o que acontecia, levaram os dois esposos a pedir o desquite, por consentimento mútuo. Jeremias escreve o livro para seu filho, o Joãozinho, que a mulher, por ocasião da separação, impôs fosse com ela.

O professor não sabe onde ela anda, a sua meia mulher, nem seu filho. Espera que o acaso ponha sob os olhos do Joãozinho as reflexões que lhe ocorreram, interpretando os fatos triviais da vida de uma vila obscura do interior de São Paulo, e que por elas o filho governe o seu futuro.

Parece nada, mas nesse gênero há tanta coisa, tanta observação fina que é singular gozo ler a obra do sr. Leo Vaz.

Não conheço absolutamente o autor, mas se o conhecesse e privasse com ele, deixá-lo-ia falar à vontade, certo de que havia de regalar-me com alguns conceitos melhores do que aqueles que o professor Jeremias emitiu no livro do sr. Vaz.

O que não aprenderia eu com o risinho irônico do autor do *Professor Jeremias*, para julgar com acerto esta nossa vida tormentosa? Não sei dizer... Mas... tenho medo de ir a São Paulo.

O Estado, Niterói, 13/2/1920

Um romance pernambucano

É um grande prazer para quem, como eu, nasceu e vive no Rio, travar conhecimento com a vida da província, por meio de obras de ficção. Mais do que nenhuma outra manifestação do pensamento humano, a literatura é própria para nos dar essa impressão de vida e, mais do que nenhuma outra arte, ela consegue dar movimento, senão cor, a essa vida.

Infelizmente, os autores dos estados ainda não viram isto e julgam que a vida que os cerca não se presta ao romance, ao conto ou à novela.

De quando em quando, porém, surge um mais audacioso e nos dá pinturas flagrantes dessa vida, por vezes muito diferente desta nossa do Rio de Janeiro.

É um meio de nos ligar, de nos fazer compreender uns aos outros, nesta vastidão de país que é o Brasil.

Se a função normal da literatura é, dizendo o que os simples fatos não dizem, revelar, para ligar umas almas às outras, nunca ela foi tão útil como é agora no Brasil.

Poucos autores, por isso, surgem, fora do Rio, cultivando desassombradamente a ficção, em certo quilate de arte superior, que não se atenham às minúcias do estilo, às originalidades barrocas.

Ultimamente, São Paulo dá belos exemplos; e a timidez dos ensaios dos últimos anos, graças à iniciativa de Monteiro Lobato, foi substituída pela audácia e força dos autores do *Professor Jeremias* e de *Mme. Pommery*.

Minas tinha-nos dado aquele excelente João Lúcio, que no seu *Pontes & Cia* revelou fortes qualidades de romancista, com todos os recursos da arte e com raros dotes de paisagista.

Outros há que não me acodem agora; e não será por menosprezo que não lhes ponho o nome aqui; mas, e tão somente por esquecimento.

Do Recife acabo de receber um interessante romance, que o seu autor me manda com lisonjeiro oferecimento. Chama-se ele: *O destino da escolástica* e é assinado pelo sr. Lucilo Varejão.

Li-o de um hausto e com imenso prazer. Escrito com simplicidade, sem se preocupar com o que os médicos da nossa Academia chamam estilo, ele o tem, embora aqui e ali se notem incorreções. Sou completamente suspeito para falar a esse respeito, pois toda a duvidosa e brigona gramática nacional me tem por incorreto.

O que nele há de excelente é o sentimento de vida, de realidade, a análise dos caracteres e a impressão que deixa da consciência em que eles se movam. O que ele tem de excelente é o clima: é o romance.

Há, de fato, nele, romance, entrecho, drama, que empolga e sacode o leitor.

Um bacharel burocrata, bem parecido, bem-comportado, toma-se de absorvente paixão pela cunhada, que ele vê crescer ao seu lado. Ela também o acha bonito e, à proporção que cresce e se faz mulher, não acha entre os homens do seu conhecimento senão ele que lhe agrade. Ela é capitosamente sexual e inspira paixão a mais de um sujeito.

O autor, por intermédio do seu principal personagem, diz-nos como o requeime da rapariga é a força da sua atração sexual:

O perfume de que a cunhada usava — uma doce mistura de jasmins e rosas — perturbava-o como se fora odor dela própria. E ele sentia-se atravessar por uma acuidade de tato, um afusamento de sensibilidade, fabulosamente incríveis. Os objetos em que ela tocava adquiririam sob os seus dedos incandescências de brasa viva. Dir-se-ia que ela deixava nas mínimas coisas que manuseava um pouco de sua fascinação venenosa.

Essa fascinação leva um dos seus apaixonados, o beato Bartolomeu, ao suicídio, sob as rodas de um bonde elétrico.

É um dos bons tipos do livro, esse do Bartolomeu; como que resume aquela atmosfera de beatice e carolice de Olinda, onde o livro se passa.

Não é das menores originalidades do livro, a de dar impressão da vida eclesiástica da eclesiástica Olinda. Não fazia ideia que houvesse, no Brasil, outra cidade essencialmente clerical, a não ser Mariana, em Minas. O sr. Lucilo Varejão, porém, deu-nos a entender que Olinda é uma outra.

Nós aqui, no Rio, onde já não há nem um seminário, não podemos fazer ideia do que seja uma dessas Romazinhas de chantres, coadjuvantes, deões etc. O livro do sr. Lucilo fornece-nos essa ideia e nós ficamos embasbacados que a Igreja, no Brasil, ainda tenha bastante força para mantê-la.

As suas intrigas, as suas ambições, a mentalidade especial dos eclesiásticos, tudo isso e o mais que me escapa, referente ao poderoso aparelho da Igreja Católica, não deixa o autor de O destino de escolástica de pintar com certa malícia, mas nunca com um propósito combativo. É uma das suas raras qualidades.

A descrição da procissão dos Passos, por ocasião das cerimônias da Semana Santa, embora leve, não deixa de ser artística e viva. Ei-la:

E aos risos a procissão foi surdindo — branca, vermelha, amarela, negra, doirada.... Caminhavam à frente as devoções particulares e as irmandades; eram as capas do Rosário da Boa Vista e do Rosário da Madre de Deus, alvas como neve; as Almas do Corpo Santo, dum verde vivo de rencros; as do Sacramento, de todas as matrizes, rúbidas como granadas surpreendentes; as dos Passos, muito roxas, lembrando as túnicas do senhor do Bonfim; as do Livramento, semelhando turquesas; as dos Mártires, cor de mesto novo; as da senhora do Bom Parto, loiras e brancas; as de Guadalupe, azuis e encarnadas; as de santo Antônio, das Graças do Espírito Santo, vermelhas, cor de mugre, alaranjadas [...].

Enquanto isso d. Encarnação, uma das velhas protetoras de escolástica, beata da velha guarda, do alto da janela do sobrado, ia classificando e catalogando as influências e potências eclesiásticas, que desfilavam na teoria clerical, lá embaixo, à luz dos círios.

É o livro assim todo cheio de cor e movimento. Valeria a pena falar dele com mais detalhes; mas as proporções de um artigo de jornal não o permitem. É preciso ser breve e vou sê-lo. Qual é o destino da escolástica? É inspirar amor. Um dos seus amorosos suicidou-se, o beato Bartolomeu; o outro, o cunhado, a possuiu, apesar de todas as leis profanas e canônicas; e o terceiro, o Felizardo, um médico gordo e rico, casou-se com ela, apesar de tudo.

No meu julgamento, é a parte mais fraca do livro, esta em que Felizardo oferece casamento, mesmo sabendo de tudo.

A luta íntima devia ser mais intensa e longa; e o autor estava no dever de não evitar analisá-la.

Seja como for, é um livro por todos os aspectos notável, que desejava fosse o primeiro de outros muitos iguais, que tão primoroso escritor deve escrever, para a sua glória e a da nossa terra.

9/8/1920

Limites e protocolo

O sr. Noronha Santos, diretor do Arquivo Municipal desta cidade, acaba de imprimir e publicar, por ordem e conta da respectiva prefeitura, uma excelente memória sobre os limites desta leal e heroica *urbs* com o estado do Rio.

À vontade para falar dessas questões de limites estaduais, a propósito de sua curiosa obra, porquanto sou carioca, aproveito a ocasião para o fazer de um modo geral.

O seu trabalho, que é exaustivo e minucioso, sofre do mesmo erro de visão que os demais referentes a tais questões.

Todos eles querem ir buscar, como argumento decisivo da validade de tal ou qual linha divisória entre as antigas províncias, os documentos oficiais, decretos, portarias, avisos e outros atos administrativos.

Um trabalho desses, que revela esforço e paciência, senão inteligência e capacidade, tem, entretanto, o pequeno defeito de esquecer que nem o império e, muito menos, o governo colonial tinham em mira, quando dividiram e subdividiram o Brasil, criar nele nacionalidades. O seu fito era outro: era obter províncias, comarcas, capitanias, termos, que, por meio de delegados seus, neles prepostos, permitissem ser mais bem dirigidas estas terras. O Amazonas e o Paraná nasceram ontem...

Não se trata de linhas rígidas e imobilizadas no tempo. A precisão era-lhes então absolutamente indiferente, por muitas razões. Uma delas é que eles, ambos os governos, podiam alterá-las quando quisessem; uma outra é que a topografia do interior brasileiro devia ser mal conhecida, baralhada de denominações e corruptelas de denominações tupaicas, que cada um pronunciava a seu modo; e há outras causas que agora me escapam, para dar a tais documentos um valor muito relativo e sem valor para nós outros, agora que queremos organizar pequenas pátrias.

Podem objetar que, quanto aqui, o Distrito Federal, segundo a terminologia republicana, não militam tais causas. Não há tal. Nós podemos bem imaginar o que era tudo isto, há cerca de cem anos, quando a regência criou, em 1833, o Município Neutro. Era o indistinto. A barafunda devia ter sido a mesma, como nas outras partes do Brasil, tanto assim que um ministro de Estado, o conselheiro Chichorro da Gama, aludindo a obras do canal da Pavuna relatou-as à Assembleia Geral do Império, como estando sendo efetuadas na província do Rio de Janeiro e no município do Iguaçu.

Os limites do atual Distrito Federal, entretanto, já haviam sido fixados no ano anterior. Aprendi tudo isto na obra do amigo Noronha Santos (o da prefeitura), e não quero com isso de forma alguma diminuir-lhe o trabalho e o mérito.

O que me parece, entretanto, é que semelhantes trabalhos, que demandam tantas qualidades de inteligência e caráter, podiam ser mais bem empregados para um mais perfeito conhecimento da fisionomia do nosso povoamento, dos seus caminhos, das razões de fixação da população aqui e ali, onde e por que influíram os índios e as suas denominações locais, onde e por que aconteceu tal coisa com os negros e onde e por que se deu tal com os portugueses, não esquecendo as pequenas localidades onde todos estes três elementos se misturaram.

Considerações ligeiras sobre trabalho de tanta monta,

elas só têm por fim justificar ao meu ilustre amigo, dr. Noronha Santos, as palavras que lhe disse, no Arquivo Municipal, há dias: "Estas questões não têm, para mim, senão uma importância mínima. Deviam ser resolvidas por amigável acordo".

***

Temo muito transformar esta minha colaboração no *A.B.C.*, em crônica literária; mas recebo tantas obras e a minha vida é de tal irregularidade, a ponto de atingir as minhas próprias algibeiras, que, na impossibilidade de acusar logo o recebimento das obras, me vejo na contingência de fazê-lo por este modo, a fim de não parecer inteiramente grosseiro.

Está neste caso o trabalho do sr. Orris Soares, a quem aqui muito conheci, mas que me chega da atualmente benfazeja Paraíba. Chama-se *Rogério* e é um drama em três atos.

O sr. Soares é autor de mais quatro outras peças, das quais três consideráveis, sendo que uma destas — *A cisma* — foi aqui muito elogiada, quando publicada, porque o dramaturgo não tem tido a felicidade de obter a representação das suas produções teatrais. E é pena, porquanto, pela leitura — estou julgando por esta do *Rogério* — elas deviam ser merecedoras dessa experiência.

Na atual o autor intenta o estudo do drama íntimo que se deve passar no peito de um revolucionário, generoso e sincero, originado pelo choque e luta entre a violência e a brandura, com os respectivos cortejos de sentimentos derivados.

Ele, o autor, simbolizava uma em Débora — espécie de Thervigne —, a outra, em Malvina.

Admirei muito a peça, o estudo dos personagens, da protagonista, embora me parecesse ela não possuir uma certa fluidez. Isto nada quer dizer, porque é qualidade que se adquire. As que não se adquirem são as que ele tem: poder de imaginar, de criar situações e combiná-las.

A cena final da loucura do terrível revolucionário — Rogério —, julgando-se rei e coroando-se com uma caixa de papelão, é maravilhosa e intensa.

É uma peça revolucionária, inspirada nos acontecimentos da atual revolução russa — o que se denuncia por alusões veladas e claras no decorrer dela.

O autor não esconde a sua antipatia pelos revolucionários não só russos, como os de todo o jaez. Isto ele o faz com o pensamento geral da peça, como também nos detalhes, principalmente no cerimonial, nas atitudes governamentais e imperiais que eles tomam quando assumem o mando.

Não é só com os de hoje que tal se dá, mas com os de sempre. Esses homens podem ser para nós ridículos, mas o motivo é porque os julgamos fora do seu tempo ou longe dele.

Quando nos transportamos à efervescência das ideias do meio que os criou, eles não se parecem assim. São talvez plantas de estufa, mas são plantas imponentes e grandiosas, mesmo aquecidas artificialmente.

Eu não aconselharia a Orris Soares a leitura das *Origines* de Taine nem o recentíssimo *Les Dieux ont soif,* para sentir como me julgo com razão e para encontrar o motivo por que, depois de passada a borrasca, eles nos aparecem medíocres.

E assim é sempre quando se trata de grandes movimentos de sentimentos e de ideias que apaixonam as multidões. Compreendo muito mal as "Cruzadas" e seus barões e ainda menos as guerras de religião de luteranos, católicos, calvinistas etc.

Quanto ao cerimonial e ao protocolo de que se fazem cercar os recém-chegados ao poder, os há de muitas espécies, e os mais grotescos.

Não tenho à mão nenhum exemplar de livro que me

informe dos que os reis do Haiti se fizessem cercar; mas dois casos curiosos conheço fora dos revolucionários.

Um é o do ditador do Paraguai, Carlos Antonio López, que, para inaugurar um teatro feito por ele e construído por um literato espanhol, se apresentou na sala de espetáculo, no dia da inauguração, disforme de gordura, mamútico. A cabeça completamente unida ao rosto prosseguia numa imensa papada, sem linhas nem contornos e como que tinha a forma de uma pera. Cobria-a colossal chapéu de palha, com quase um metro de alto, verdadeiramente carnavalesco na sua feição de quiosque.

Quem conta isto é um escritor argentino, Heitor Varela, que esteve em Assunção, no tempo; e a citação eu a tiro de artigos que o ilustrado sr. Afonso de Taunay publicou, com o título "Álbum de Elisa Lynch", na *Revista do Brasil*.

Há, porém, outros, os de certos magnatas sul-americanos vaidosos que se fazem escoltar por navios de guerra quando dão passeios pelos lagos azuis e plácidos do país.

Portanto, ainda se pode repetir: cá e lá más fadas há.

A.B.C., Rio, 2/5/1920

Carta de Lima
a Monteiro Lobato

Rio, 18/5/1920.

Meu caro Lobato.

Andei todo o começo do mês em pândegas vulgares até ao meu aniversário, que foi a 13. Descansei e li os livros que me mandaste e outros que havia recebido. Custa-me a dizer o que sinto sobre o teu, porque tenho vexame de parecer lisonjear-te.

O que acho é que rescendes muito a patriotismo e pretendes criar de assentada muitas coisas nestes Brasis. Pode ser... Uma coisa, porém, eu te observo: é que uma terra tão antiga como a nossa (sabes bem a que parte me refiro), onde não há vestígios de civilizações passadas, por mais rudimentares que sejam; onde o achado de um fóssil é mais precioso do que o de um diamante, parece estar fadada a não criar nada de seu. Sei que não pensas assim; mas é meu dever dizer-te o meu pensamento. Preparo um artigo sobre a *Mme. Pommery* que muito me impressionou. Vou publicá-lo na *Gazeta*. Até lá, tu e o autor não perdem por esperar, tanto mais que — *apud* Couto de Magalhães — *Viagem ao Araguaia* — vou relembrar, à vista das elegâncias de *Mme. Pommery*, o tempo em que vocês comiam "içá".

Não te zangues e sou o teu de sempre

Lima Barreto

Dois meninos

De há muito queria eu dizer publicamente todo o bem que me merecem o esforço e o ardor intelectual desses dois meninos que se assinam Tasso da Silveira e Andrade Murici.

Motivos de toda ordem me têm impedido; mas hoje, felizmente, posso fazê-lo, se não completa, ao menos com a máxima boa vontade.

Muito moços, tanto assim que eu, não me considerando de todo velho, os posso tratar assim familiarmente, paternalmente, de meninos, estrearam, como toda a gente, com *plaquettes* de versos, nas quais, se não havia remígios, não denunciavam, contudo, quedas irremediáveis.

Eram, como se costuma dizer, os seus cartões de visita, apresentando-os ao complicado mundo das letras.

Daí por diante, cedendo a uma incoercível vocação íntima, lançaram-se à crítica literária, à boa crítica do estudo profundo, simpático, sereno, de autores e de obras. Mostraram essa aptidão aqui e ali, fundaram uma excelente revista — *América Latina* — que vai prosperando com o vagar com que prosperam essas nobres tentativas entre nós.

Não contentes com isso, publicam, de quando em quando, ensaios sobre autores notáveis, em que se acham, a par de pequenos defeitos próprios à pouca idade dos signatários, qualidades de penetração e discernimento artístico, difíceis de encontrar em inteligências tão moças.

Nossas letras, apesar de não serem ricas em amadores de qualquer ordem, já têm, entretanto, produção suficiente para exigir o estudo isolado, monografias dos seus melhores representantes; e esses estudos devem tentar as jovens inteligências operosas, pois é campo pouco explorado, mas que parece fecundo.

Poucos deles têm merecido esse estudo, José de Alencar, ensaio de Araripe Júnior; Gonçalves Dias, uma biografia do sr. Mendes Leal; Castro Alves, ensaios dos srs. Xavier Marques e Afrânio Peixoto; Machado de Assis, este, por ser assim como herói epônimo da Academia, mereceu diversos, entre os quais avultam o de Alcides Maia e o do sr. A. Pujol.

Assim, de pronto, não me recordo de outros autores nacionais que tenham sido tomados como objeto de trabalhos especiais sobre as suas vidas e suas obras. Entretanto, isto se me afigura de uma indeclinável necessidade, para bem se aquilatar afinal do valor e do alcance do nosso pensamento total.

Desautorizadamente, julgo eu que nenhuma história da nossa literatura poderá se aproximar da perfeição, enquanto não houver de sobra esses estudos parciais dos seus autores. Se não estou de todo esquecido, penso que isto já foi dito não sei por quem.

Pesquisas sobre as suas vidas, os desgostos, suas amizades, seus amores, seus começos, seus estudos, sua correspondência, tudo isso que pode esclarecer o pensamento e a tenção de suas obras, não se concebe possa ser feito por um só autor; e, tendo de julgá-los numa única obra geral, um único erudito, por mais ativo e diligente que seja, há de por força falhar e ser incompleto, se não tiver à mão esses estudos e outras achegas.

Ultimamente, porém, a atividade da nossa crítica literária parece ter compreendido isto, pois surgem, de onde em onde, monografias especiais sobre autores de monta e sobre outros assuntos relativos às letras nacionais.

Farias Brito tem merecido diversas, e excelentes, de Jackson de Figueiredo, de Nestor Vítor, de Almeida Magalhães, de Veiga Lima e outros. Creio também que Nestor Vítor escreveu uma sobre Cruz e Sousa — autor que está exigindo justiça dos seus envergonhados admiradores e imitadores.

Agora, aparecem esses dous meninos, Tasso da Silveira e Andrade Murici, em dous desenvolvidos estudos literários, sob todos os aspectos valiosos e dignos de nota.

O de Tasso é um ensaio sobre Romain Rolland. Era este um autor pouco conhecido entre nós antes da guerra de 1914. Esse atroz acontecimento pô-lo em foco, devido à atitude de desassombro e independência que tomou, em face da cegueira delirante do patriotismo francês; mas, apesar disso, a sua obra, o *Jean Christophe*, um longo romance que ele vinha compondo e publicando os volumes lentamente, desde há anos, era já estimada discretamente no seu país e, um pouco, em toda a parte onde se lê francês.

Ainda não tive a ventura de ler nenhum dos volumes, por isso nada posso dizer da justeza dos conceitos que, sobre o *Jean Christophe*, externa Tasso da Silveira; mas não vem isso ao caso, porque, ao escrever estas linhas, não é o meu intuito fazer crítica da crítica.

O que me interessa é verificar a capacidade que tem Tasso, de focar um autor e estudá-lo em todas as suas faces, com os elementos que lhe são fornecidos pela obra do mesmo.

Há de haver, por força, nesse seu estudo de autor francês, lacunas, porquanto a nós, estrangeiros, por mais esforços que façamos, será muito difícil, senão impossível, "sentir" o imponderável da ambiência nacional, histórica, tradicional, feito de uma junção de nadinhas, evanescentes — ambiência, atmosfera que cerca o autor estranho no seu meio natural, penetra por ele todo e perpassa na sua obra.

Essa ambiência sutil nos faz falta, quando, entretanto,

é preciso também participar dela, para nos apurarmos com o autor, a fim de julgá-lo perfeitamente, completamente.

Não se dá isso com o trabalho de Murici, que versa sobre o sr. Emiliano Perneta.

Além de ser conterrâneo desse notável poeta paranaense, Murici foi seu discípulo, sente-se bem, adivinha as obscuridades e justifica as contradições do seu pensamento, ilumina-lhe as sombras; enfim, compreende-o inteiramente.

O seu estudo sobre o autor da *Ilusão* pode-se dizer que é definitivo e completo; e, quanto a mim, confesso, fez-me julgar de outra forma o poeta da terra dos pinheirais.

Não me deterei na análise das duas obras, porque acho absolutamente ilógica uma crítica segunda, além do que, não era bem esse, como já disse, o impulso que me fez escrever estas ligeiras e despretensiosas linhas.

O que me alvoroça é ver que há nesses dous meninos, Tasso da Silveira e Andrade Murici, estofo para realizar os sérios estudos que os nossos autores notáveis estão exigindo sejam feitos, a fim de que não fiquemos nós outros, por uma lamentável incompreensão do pensamento deles, em função da época em que floresciam, sabendo-se-lhes unicamente os nomes e os títulos dos seus livros.

A Folha, Rio, 1/6/1920

Mme. Pommery

Na sua *Viagem ao Araguaia*, em uma espécie de preâmbulo, o general Couto de Magalhães conta como causou um grande rolo, em pleno teatro de gala, por ocasião de uma festa de Sete de Setembro, quando ele era ainda estudante de direito, o fato de um certo colega seu, também paulista, recitar, acompanhado de gargalhadas dos colegas, um soneto satírico, que começava assim:

Comendo içá, comendo cambuquira,
Vive a afamada gente paulistana
E aquelas a que chamam caipira,
Que parecem não ser da raça humana...

Içá é o que chamamos formiga tanajura; e lá, por aquelas priscas eras em que o general era estudante, se vendia, ao que parece, torrada, em tabuleiros ou cestos, pelas ruas, sendo guloseima apreciada como o nosso "mendubi torrado", ainda apregoado à noitinha nos bairros pobres deste Rio de Janeiro.

Quem leu a *Viagem* desse curioso tipo de brasileiro que foi o general Couto de Magalhães, relembra isso quando acaba a leitura dessa estranha, original, por vezes desordenada, mas sempre brilhante obra, que é a crônica ou romance ou as duas cousas juntas, editada pela *Revista do Brasil*, sob o sugestivo título de *Mme. Pom-*

mery. A ostentação de hoje que este livro nos revela dá um grande realce à modéstia e pacatez daqueles tempos de São Paulo. O café ainda não tinha pulado do vale do Paraíba para o do Tietê.

O seu autor — que não sei verdadeiramente quem seja — é um filósofo risonho, sem piedade e sem ódio, sem paixão pró ou contra, discípulo de Montaigne, que ele cita a cada passo, vendo tudo, todos os fatos, todos os acontecimentos, a existência toda num plano só — no plano da nossa integral miséria humana.

A natureza não o interessa e nenhum, ou pouco, entendimento tem com as cousas mudas. É um clássico de alma.

O livro, além de ser dedicado a várias sociedades sábias, inclusive a deliciosa "Eugência", foi suscitado pelo atual movimento nacionalista.

Hilário Tácito, o autor, diz-se simplesmente fiel cronista dos feitos e proezas de Mme. Pommery, *née* Ida Pomerikóvski, de Ivã do mesmo nome, domador de feras de profissão, e de Consuelo Sánchez, noviça espanhola, descendente do famoso padre Sánchez, creio que jesuíta, autor de um apreciado tratado — *De Matrimonio* — que, se fosse posto em vulgar, teria grande sucesso nos colégios de adolescentes púberes.

Consuelo fugiu com o lambe-feras de um convento de Córdova e foram dar nascimento à futura heroína da crônica, na Polônia ou adjacências.

Após muitas aventuras, avelhantada, embora moça ainda, gordunchuta, a descendente polaca do teólogo conjugal vem dar com o costado em Santos.

Hilário Tácito, farto das vãs histórias da marquesa de Santos e da Pompadour, viu que entre elas, as vãs histórias, havia muita cousa com que não se sonhava. Tratou de escrever o relato da vida de Mme. Pommery. Podia, afirma ele, justificar o seu asserto, se o quisesse desenvolver, com grande cópia de considerações filosóficas sobre o valor da história, citar Spencer, Kant e Pedro Lessa e o resto da ferragem de erudição que não se dispensa em conjecturas semelhantes. Abandonou, porém, tal propósito e desembarcou logo Mme. Pommery em Santos.

Ela aí chegou como um herói de Carlyle, no seio da nossa trevosa Humanidade; chegou cheia da "centelha divina", para fazer arder os gravetos da sociedade paulista.

E a *Lecture*, donde o autor tira essa comparação, nem de propósito, é aquela em que se trata do herói-divindade; é a de Odin.

Dessa *radiance* celestial de Mme. Pommery vem logo uma grande transformação no opulento "mundo" do grande estado cafeeiro.

Segui-la seria repetir o autor — o que não é possível; mas eu mostrarei em termos gerais como esse *"a natural luminary shining by the gift of Heaven"* a operou.

Mme. Pommery montou uma usina central produtora e transformadora, com auxílio de um "coronel" camarada, chamou-a "Au Paradis Retrouvé", à rua Paissandu, donde emitiu a sua irradiação e baniu daí a cerveja, substituindo-a pela champanha, a 30 mil-réis a garrafa. Iniciava a sua missão heroica nas terras do Tietê...

A usina era uma espécie de convento ou colégio, onde ela empregava toda a força e capacidade de disciplina e rigor monacais da sua ascendência, que, na mãe, tinham dado em droga, mas que nela haviam ficado como um estigma hereditário. O autor mesmo diz:

> E ficou, de fato, pelo menos em estado latente, até o dia em que repontou na filha, claro e forte, como um pendor natural para tudo disciplinar no seu colégio à imitação das ordens monacais, à força de regimentos, praxes, regras e etiquetas, com que chegou a este paradoxo de regulamentar os desregramentos de alto bordo por um sistema tão completo e tão adequado ao nosso caso, que nunca mais necessitou de aperfeiçoamentos, nem de emendas, nem de retoques.

Era uma espécie de Abbaye de Thélème, não muito igual à de Pantagruel e muito menos à dos pândegos de Paris, por demais, porém, adequada a São Paulo e, se possível fosse, ao Rio de Janeiro.

A usina, *abbaye* ou cousa que o valha, começou a funcionar, segundo regras de uma particular mecânica aplicada, cuja teoria geral convém pedir emprestada ao autor. Ei-la num exemplo:

Trata-se de aliviar dito indivíduo (um coronel) dos seus 135$000 por um processo automático mecânico; isto é, sem nenhuma força a mais, além de *cocotte*, champanha, coronel. A operação executa-se em três fases: "Fase A" — *Cocotte* engrena coronel. Resistência ao rolamento — 100$000. Resultante: contração, movimento retardado. "Fase B" — *Cocotte* engrena champanha, champanha engrena coronel. Resistência inicial — 30$000. Resultante: atração, movimento giratório cerebral. "Face C" — Coronel engrena *cocotte*. Resistência final 100$000. Resultante: convulsão, movimento ascensional acelerado.

Diz Hilário Tácito que esse mecanismo é o mais perfeito que se possa imaginar, pois, de 135 mil-réis de combustível, aproveita 130 em trabalho útil, e só se perdem cinco na gorjeta.

Realizando esta obra portentosa, Mme. Pommery rapidamente começou a influir nos destinos da sociedade paulista e, indiretamente, em toda a comunhão brasileira.

A Finança, a Valorização, o Bar Municipal, a Moda, o Carnaval, a Política recebiam o seu influxo e a ele obedeciam; e, não lhe sendo bastante isto, transformaram-na em educadora, em afinadora de maneiras dos rapazes ricos, pois, como diz o autor:

Ora, por estes efeitos indiretos o prestígio de Mme.

Pommery transcendeu desmesuradamente. Cursar o "Paradis Retrouvé" ficou sendo, no conceito geral da gente fina, um título de merecimento e remate indispensável de toda a educação aprimorada.

A sociedade de Ninon de Lenclos gozou da mesma opinião favorável do seu século. Mas devemos reconhecer que Mme. Pommery granjeou igual estima por meios muitíssimo mais práticos; pois nem filosofou, nem escreveu. E, sem ser tão bela, segundo a fama, alcançou contudo um grau de superioridade superior ao de Ninon.

Assim, Mme. Pommery influiu sobre as várias e todas as partes da sociedade, exceto sobre os literatos, naturalmente sobre os paulistas, porque, sobre os daqui, estou informado de gente limpa que ela influiu dadivosamente, dando até a certo e determinado um principado em Zanzibar, por ocasião da assinatura do Tratado de Versalhes, além de favores que prestou a outros para escrever futuramente as suas magníficas obras...

É tempo, porém, de falar de um modo geral de tão curioso livro. Seria estulto querer encarar semelhante obra pelo modelo clássico de romance, à moda de Flaubert ou mesmo de Balzac. Nós não temos mais tempo nem o péssimo critério de fixar rígidos gêneros literários, à moda dos retóricos clássicos com as produções do seu tempo e anteriores. Os gêneros que herdamos e que criamos estão a toda a hora a se entrelaçar, a se enxertar, para variar e atrair. O livro do sr. Hilário Tácito obedece a esse espírito e é esse o seu encanto máximo: tem de tudo. É rico e sem modelo; e, apesar da intemperança de citações, de uma certa falta de coordenação, empolga e faz pensar. Vale sobretudo pela suculenta ironia de que está recheado, ironia muito complexa, que vai da simples malícia ao mais profundo *humour*, em que senta afinal o fundo de sua inspiração geral.

Não quero mais tratar dele, embora ainda pudesse dizer muito e ele o merecesse. Bebe-se muita champanha em casa de Mme. Pommery; e eu me lembro de um caso de boêmia que um camarada me contou.

Certo doudivanas "pronto", num belo dia, jogou na "centena" e ganhou. Encontrou uns amigos e convidou-os a beber. Beberam champanha, como na casa de Mme. Pommery. Num dado momento, o anfitrião levantou-se e convidou:

— Vamos tomar uma "lambada".

— Como? Não há mais dinheiro? — perguntou um dos outros que queria "morder".

— Há.

— Então?

— Nada, nada! fez o "pagante". É que não se devem deixar os amigos velhos pelos novos...

Bebe-se muita champanha em casa de Mme. Pommery...

Gazeta de Notícias, Rio, 2/6/1920

Vários autores
e várias obras

Nós nunca somos senhores do rumo que deve tomar a nossa vida.

Nos primeiros anos, com os exemplos familiares, com os conselhos paternos, pensamos que ela deve seguir este ou aquele caminho e orientar-se segundo tal ou qual estrela.

Os acontecimentos supervenientes, porém, chegam e, aos poucos, devido aos embates deles, a nossa existência toma outro rumo muito diferente daquele que traçamos na carta do viver neste mundo.

É vão delinear todo e qualquer projeto de vida nesta terra ou em outra, porque nós não somos senhores dos acontecimentos, não podemos dominá-los nem evitar que eles nos levem para onde não queríamos ir.

Quando, há cerca de vinte anos, época em que já devia estar formado, me pus a escrever em pequenos jornais chamados humorísticos, nunca imaginei que tais ensaios, quase infantis, meros brincos de quem acabava de sair da meninice, viessem um dia me pôr em colisões mais atrozes do que as que passei, ao ser examinado em mecânica racional e cálculo das variações pelo sr. Licínio Cardoso.

Perdi o despeito infundado que tinha desse meu antigo lente, no que fiz muito bem; mas, hoje, com a minha incipiente literatura, à vista das atrapalhações que ela, de onde em onde, me traz, sou obrigado a recordar-me dele e da sua mecânica.

A oferta de livros não cessa de me ser feita. É cousa que muito me desvanece; mas muito me embaraça também.

Às vezes, são poetas que me oferecem as suas *plaquettes* e mesmo os seus livros.

Sou obrigado, por delicadeza e para não parecer presunçoso, a dar uma opinião sobre eles. Ora, nunca estudei, mesmo nos seus menores elementos, a arte de fazer versos; não conheço as suas escolas, nem sei bem como elas se distinguem e diferenciam; entretanto, segundo as praxes literárias, tenho, ou por carta ou em artigo, que dar uma opinião sobre as obras poéticas que me são enviadas. É daí que me vem uma das complicações dolorosas que a literatura trouxe à minha existência. Sei de antemão, tivesse eu adivinhado que havia de escrevinhar livros e artigos de jornais, pelo que havia de merecer a atenção dos poetas, teria logo, nos meus primeiros anos de vida, tratado de estudar o Castilho, porquanto, ao que parece, esse negócio de fazer versos, como a música e a geometria, só se aprende bem aí pelos quinze anos e mesmo antes.

Nessa idade, porém, não tinha a mínima preocupação literária; havia até abandonado o meu Júlio Verne e todo eu era seduzido para o positivismo e cousas correlatas.

Vieram, porém, os fatos duros e fatais que o destino guarda secretos, e eles me empurraram para as letras, sem nada saber de versificação.

Não é só aí que a minha humilde literatura complica a minha vida e me causa incômodos. Há outros pontos em que ela me põe abarbado.

Ainda há dias, recebi de São Paulo, com uma lisonjeira dedicatória da autora, d. Maria Teresa de Abreu Costa, um curioso livro, *Noções de arte culinária*.

A autora pede-me justiça e eu, que já escrevi sobre a sua obra, fiz o que estava em minhas mãos fazer.

Sou incompetente para dizer sobre assunto que tanto interessa a todos os homens; mas, consultei minha irmã que, nessas coisas de culinária, deve ser mais autorizada do que eu, e ela me afirmou que o livro de d. Maria Teresa é excelente como método e exposição; é muito claro e não pune as obscuridades daquele curioso *Cozinheiro imperial*, edição do Laemmert, em 1852, a terceira, em cujas páginas fui buscar algum chiste para alegrar meus artiguetes de vários números da *Careta*, desta cidade.

Diz-me, por carta, o sr. J. N. Pereira, que a sra. d. Maria Teresa dirigiu um curso anexo à Escola Normal da capital paulista, onde as respectivas alunas aprendiam a ser donas de casa. Esse curso, por economias mal-entendidas, foi extinto.

Longe de mim querer censurar este ou aquele governo, daqui ou de São Paulo. Tenho um medo "brabo" de todos eles, nestes tempos que correm, de violência e pavor, governamentais; mas uma cousa, sem perigo, posso notar, à vista da criação desses cursos de cousas domésticas e similares: é a decadência da família; é o enfraquecimento das tradições domésticas.

Há cinquenta anos ninguém admitiria que uma moça, fosse qual fosse a sua condição, aprendesse essas artes familiares, senão no seu lar, ou no dos parentes ou no dos amigos de sua família.

Não era só a culinária, incluindo os doces, que dessa forma se aprendia; era a renda de almofada, o *crochet*, o *filet*, o bordado etc. etc.

Hoje, não; as famílias não sabem ensinar mais essas cousas às suas filhas ou às dos amigos e parentes; e quando as moças querem aprendê-las, têm que se dirigir a escolas especiais.

Se é bom ou não, não sei. O tempo dirá.

À oferta deste livro tão curioso da professora paulista, seguiu-se uma outra a mim feita pelo coronel Ivo do Prado, da sua sólida obra: *A capitania de Sergipe e as suas ouvidorias*.

É uma obra de erudição e de pensamento. O sr. Ivo do Prado não é unicamente um cartógrafo, nem um compilador de cartas de sesmarias e outros documentos rebarbativos. É também um observador das cousas sociais, dos movimentos das populações, das razões naturais e sociais por que elas preferiram tais ou quais caminhos, para o povoamento do interior.

Não tenho espaço nem competência para acompanhar de perto o seu valioso trabalho; entretanto, uma observação sua me traz algumas reflexões que, talvez, não sejam de todo minhas, mas cujo contexto me apaixona.

Trata-se de nossa nomenclatura topográfica. O coronel Ivo do Prado nota, e com muita razão, que é difícil identificar os nossos acidentes da terra e mesmo os potamográficos, porque eles estão, a toda hora e a todo o momento, a mudar de nomes, por mero capricho vaidoso das autoridades a que tal cousa incumbe.

É uma grande verdade. Basta ver o que se passa na estrada de Ferro Central, onde a vaidade ou a bajulação dos engenheiros que isso podem faz mudar, em curto prazo de tempo, os nomes tradicionais das estações, batizando-as com os apelidos de figurões e poderosos do momento.

Podia citar exemplos; mas creio não ser necessário.

No Ministério da Marinha, um ministro, usurpando as atribuições da respectiva Câmara Municipal, mudou o nome da enseada da Tapera, em Angra dos Reis, para o pomposo de almirante dr. Batista das Neves.

Decididamente não é o bom senso e o sentimento do equilíbrio que dominam os nossos atos. Para prestar homenagem à memória do desditoso almirante Batista das Neves, há, havia e haverá outros meios que não este, onde não se encontra uma razão qualquer que o explique.

A observação do coronel Ivo do Prado, sobre essa nossa mania de estar, a toda a hora, mudando a denominação das nossas localidades, rios etc., provocou-me lembrar um artigo de Gaston Boissier, tratando de saber onde exatamente ficava Alésia, a célebre cidadela em que César encurralou Vercingétorix e foi cercado também, mas derrotou os que o sitiavam, e acabou ornando o seu "triunfo" com aquele infeliz chefe gaulês.

Um dos elementos para identificar Alésia foram as denominações locais que, com alguma corrupção, desde quase 2 mil anos, guardavam mais ou menos a fisionomia da primitiva denominação. Entre nós um tal meio de pesquisa seria impossível...

Estão em moda os Estados Unidos; mas acredito que, apesar do amor histérico dos *yankees* pela novidade, lá as cousas não se passam desse modo.

O livro que o sr. Carlos de Vasconcelos me ofereceu e é de sua autoria dá-me a entender isso. Em *Casados... na América*, tal é o título da obra, aqui e ali, nos apelidos de lugares, vê-se que há ainda lá muita coisa de *huron* e pele-vermelha. Os americanos mataram-nos sem dó nem piedade; mas os nomes que eles deram às regiões de que se apossaram os seus algozes foram conservados por estes e passaram até aos seus couraçados e cruzadores.

O livro do sr. Carlos de Vasconcelos é livro de um grande escritor. O que me parece diminuir o seu valor é a preocupação do autor em encaixar, à força, os Estados Unidos nas suas novelas.

Não sei se é porque tenho uma rara antipatia por semelhante país, não sei se é por outra qualquer causa; o certo, porém, é que a sua mania americana me dá a impressão de que a sua obra não é sincera, não nasceu do seu fundo íntimo.

Estou convencido de que, se a sua frase quente e ondeante, colorida e musical, fosse aplicada a assuntos mais nossos, o seu trabalho ganharia muito e muito!

Esse *engouement* pelos Estados Unidos há de passar, como passou o que havia pela Alemanha, e da mesma forma.

Não dou cinquenta anos para que todos os países da América do Sul, Central e o México se coliguem a fim de acabar de vez com essa atual opressão disfarçada dos *yankees*, sobre todos nós; e que cada vez mais se torna intolerável.

Quem viver verá!

Um outro escritor que, com raras qualidades, parece ainda estar à procura do seu caminho é o sr. Adelino Magalhães.

Há nele uma grande capacidade de observação até ao mínimo detalhe, à minúcia; é vivo e ligeiro; tem grande originalidade no dizer; mas lá vem o "mas"! — o sr. Adelino Magalhães não quer ver nada além dos fatos concretos, atém-se às aparências, pretende ficar impassível diante do *Tumulto da vida* (é o título de sua última obra) e não o perfuma de sonho, de dor, de piedade e de amor.

A sua estética é muito cruel e primitiva; os seus contos ou antes: as suas *tranches de vie* têm alguma cousa de bárbaro, de selvagem, de maldade inconsciente. Contudo, o seu livro tem um grande merecimento: é próprio, é original. O trabalho com que o abre — "Um prego! Mais outro prego..." — é sobre todos os aspectos notável, apesar do abuso da onomatopeia — pã! pã!

É uma dificuldade passar de autor tão impulsivo, como é o sr. Adelino Magalhães, para um escritor laborioso, cauteloso, prudente, tal qual se nos apresenta o sr. Nestor Vítor.

Se Adelino é todo arremesso, o sr. Nestor é a cautela em pessoa — o que bem condiz com o seu nome.

Se há defeito no seu último livro — *Folhas que ficam* — deve provir desse seu feitio de ser. Há falta de espontaneidade.

É um livro de reflexões esparsas a que o autor tentou coordenar em várias partes, mas que só ele mesmo poderá justificar semelhante coordenação.

Ninguém pense que o sr. Nestor as mandou para o livro tal qual elas saíram do primeiro jato da sua pena ou do seu lápis.

O autor da *A crítica de ontem* é muito filósofo para não fazer semelhante tolice.

As suas reflexões e observações são pensadas e repensadas. Há algumas profundas e irônicas; outras, amargas; outras, céticas. Há muitas morais e muitas sociais. A observação sobre o nosso "doutor" é aguda e perfeita; a reflexão sobre o "Maribondo metafísico" é de uma ironia acerada e do melhor quilate; e assim é quase todo o livro.

Não é possível lê-lo de um hausto; requer vagar e tempo, porque, se ele faz sorrir, faz também meditar e provoca inevitavelmente o aparecimento, na inteligência do leitor, de pensamentos contíguos ao do autor, desdobrando-se aqueles em outros diferentes, até perder-se a origem de que eles provieram.

Espécie de obra muito rara na nossa produção literária, o trabalho do sr. Nestor Vítor dá-lhe um lugar à parte nas nossas letras.

É com estas palavras da mais pura satisfação que fecho esta crônica, com a qual me desobrigo dos compromissos que contraí com tantos autores e amigos.

Possam todos eles crer que a leitura de suas obras foi nesta minha quinzena de "férias" o máximo encanto do meu voluntário recolhimento.

Gazeta de Notícias, Rio, 6/12/1920

Estudos

A sra. d. Albertina Berta é um dos mais perturbadores temperamentos literários que, de uns tempos a esta parte, têm aparecido entre nós.

Muito inteligente, muito ilustrada mesmo, pelo seu nascimento e educação, desconhecendo do edifício da vida muitos dos seus vários andares de misérias, sonhos e angústias, a autora do *Exaltação*, com auxílio de leituras de poetas e filósofos, construiu um castelo de encantos, para seu uso e gozo, movendo-se nele soberanamente, sem ver os criados, as aias, os pajens e os guardas.

Do alto do seu castelo, ela percebe as casas dos peões e homens d'armas, lá embaixo, rasas com o solo, e só a *flecha*, da igreja do burgo se ergue um pouco acima dele. Ela não lhe adivinha os obscuros alicerces robustos.

Quando li o seu romance, lembrei-me do drama que a miliardária americana Clarence Mackay leu a Jules Huret, quando ele andou em alta reportagem pelos Estados Unidos. Mme. Clarence era casada com o rei dos telégrafos americanos, que lá não são ou não eram monopólio do Estado. O drama da rainha dos cabos fazia apologia do amor livre, do "amor integral", sobre o amor platônico.

Depois de Balzac, de Daudet, de Maupassant etc., o romance *Exaltação*, de d. Albertina Berta, na feitura, nos surge cheio de um delicioso anacronismo. Aparece-nos como uma novela de grande dama, linda e inteligente, para quem a existência só tem o merecimento, e mesmo é o seu principal fim o de determinar o amor de um casal, senão de condição real, mas suficientemente principal.

O último livro da sra. d. Albertina Berta — *Estudos* — é talvez mais do que o seu romance de estreia demonstrativo da originalidade do seu temperamento e do seu curioso talento, tanto mais curioso quando se trata de uma mulher e de uma mulher brasileira.

O que caracteriza o pensamento de d. Albertina é, se não uma certa difusão de ideias, uma falta de nitidez, de clareza e coerência de ideias.

Eu me permitiria dizer-lhe, se não temesse desagradar-lhe, que, apesar de todo o seu apelo à Grécia, a tal Hélade, a eloquência torrencial e tumultuosa do seu escrever, o vago e o impreciso de suas concepções, o constante borbotar de ideias, sob sua pena, que se emaranham e se tecem inextrincavelmente, lhe dão mais parentesco com os luxuriantes poetas hindus do que com os helenos cediços.

Neste seu último livro, a sra. d. Albertina, no seu excelente estudo sobre Nietzsche, compara o "Super-Homem" deste ao Nirvana búdico e ao Paraíso cristão.

Os termos não se prestam a que se estabeleça qualquer comparação; admitindo, entretanto, que se o pudesse fazer, bastam estas palavras da autora, explicando a moral do "Super-Homem", para mostrar o absurdo de tal cousa. Ei-las:

> Aos primeiros, às naturezas plenas (os "Super-Homens"), a esses seres privilegiados, artistas, do pensamento e da ação, que sabem governar-se, manejar as paixões em proveito próprio (tomem nota), desviar as reações, ela (a tal moral dos Super-Homens) tudo permite para a sua existência, o seu equilíbrio na vida universal: aventuras, incredulidades, repouso, o próprio excesso, a impiedade, a rudeza [...].

É possível admitir sujeito de tal moral digno do Paraíso ou do Nirvana? Não há quem hesite em dizer "não", por menos que conheça a concepção do Paraíso, que é muito plástica, e a do Nirvana, embora extremamente abstrata.

A autora há de me desculpar essa rudeza, essa franqueza; mas seria hipocrisia não lhe falar assim. Dos meus vícios, que são muitos, creio não ter o da hipocrisia.

Não gosto de Nietzsche; tenho por ele ojeriza pessoal. Acuso-o, a ele e ao Esporte, como causadores do flagelo que vem sendo a guerra de 1914.

Ele deu à burguesia rapace que nos governa uma filosofia que é a expressão de sua ação. Exaltou a brutalidade, o cinismo, a amoralidade, a inumanidade e, talvez, a duplicidade.

Nenhum outro homem, mesmo em tom de ironia, falou tão mal da caridade e da piedade; entretanto, d. Albertina, a p. 35 do seu soberbo livro, pede piedade para ele. Eu lha dou, de bom grado; mas continuo.

Não se compreende que a humanidade, só podendo subsistir pela associação, possa prescindir de sentimentos que reforçam essa associação e a embelezam.

Nietzsche é bem o filósofo do nosso tempo de burguesia rapinante, sem escrúpulos: do nosso tempo de brutalidade, de dureza de coração, do "make money" seja como for, dos banqueiros e industriais que não trepidam em reduzir à miséria milhares de pessoas, a engendrar guerras, para ganhar alguns milhões mais.

São eles sem educação e sem gosto algum; com a crueza dos *condottieri*, não têm como estes o senso da beleza e da arte.

Nietzsche, devido à convivência em Bâle com Burckhardt, tinha uma grande admiração por essa espécie de gente; mas, como sempre, a sua admiração se encaminhava para o pior, para César Bórgia, o ignóbil César Bórgia, certamente fratricida e, talvez, incestuoso.

Os seus comentadores, especialmente o sr. Jules Gaultier, o engenhoso descobridor do bovarismo, têm procurado extrair das elucubrações de Nietzsche um sistema de filosofia; tornam-se, porém, mais confusos do que ele.

Entretanto, apesar de não se poder tirar dos seus livros um pensamento nítido, claro e harmônico, o que, em geral, se depreende deles é um apelo à violência, à força, um desprezo pelo refreamento moral, pela bondade, pela caridade, pela piedade, até pelo amor que, para ele, não é mais um grande sentimento de resgate e um anelo à perfeição, mas uma espécie de vinho de bacantes em festas dionisíacas.

Ele inspirou essa guerra monstruosa de 1914 e o esporte a executou.

Spencer, em 1902, no seu último livro — *Fatos e comentários* —, no artigo "Regresso à barbaria", previa esse papel retrógrado que o atletismo havia de representar no mundo.

Condenando-os, sobretudo o *football*, o grande filósofo dizia muito bem que todo o espetáculo violento há de sugerir imagens violentas que determinarão sentimentos violentos, dessecando a simpatia humana, enfraquecendo a solidariedade entre os homens. Nietzsche, catecismo da burguesia dirigente, combinando-se com uma massa habituada à luta ou a espetáculos de lutas, só podia dar em resultado essa guerra brutal, estúpida, cruel, de 1914, que continua ainda e não resolveu cousa alguma.

D. Albertina, que parece não ter percebido essa influência nefasta do filósofo de que é admiradora, diz em alguma parte do seu livro que é cristã.

Admiro-me muito que pessoa tão inteligente, cuja cultura eu desejaria ter, possa fazer semelhante profissão de fé, quando Nietzsche, no seu *Anticristo*, com a sua habitual falta de senso histórico, chama são Paulo, essa alma extraordinária da epístola a Filémon, anarquista, cujo único propósito consistia em derrubar o Império

Romano, que já estava em adiantado estado de putrefação, quando ele pregava a caridade e o amor com a sua palavra de fogo e o seu coração cheio de fé nos destinos da humanidade.

De novo, peço desculpas à ilustre autora, cuja delicadeza da oferta de ambos os seus livros muito me tem desvanecido; mas este último é tão cheio de ideias e opiniões a ponto de sugerir outras ideias e outras opiniões, da minha parte, que eu queria exprimi-las com mais serenidade, mas não posso.

O seu estudo sobre a "Evolução do romance" é magistral, embora lhe faltem referências ao romance russo, como já foi notado. Creio que a autora do *Estudos* não desconhece a influência dele sobre a novela francesa dos anos próximos. Até em Maupassant é bem sensível a influência de Turguêniev.

O seu espírito nitichista (vá lá!) levou a autora do *Exaltação* a exaltar o coronel Rapagnetta ou Rapagnetto. Não vejo por quê.

O sr. D'Annunzio é um retrógrado, os seus ideais não são os dos nossos tempos; ele sempre sonhou com um ducadozinho italiano da Idade Média, em que ele pudesse dar expansão aos seus infrenes pendores para a volúpia e a crueldade. Não há nele nenhuma simpatia pelos homens; a sua arte não é uma interrogação diante do angustioso mistério da nossa existência, do destino e sentido da nossa vida; é uma apologia do sangue, da volúpia e da crueldade. A musicalidade da língua italiana ilude muito...

Duque de Fiúme, ele encheu as prisões e, se não faz execuções, com um machado medieval, tirado a algum museu italiano, é porque teme o inimigo mais poderoso que o vigia.

César Bórgia, o terrível, fez o mesmo diante de Carlos VIII, rei de França.

Não me alargarei mais. *Estudos* é um livro de fragmentos e livros desses não podem ser analisados, parte por parte, sem que o artigo que se escreva sobre ele tome proporções que um jornal não comporta.

O que eu quis fazer foi caracterizar o espírito da autora e se, aqui ou ali, houve alguma aspereza, é porque é um livro de ideias e as minhas, se as tenho, são muito opostas às da ilustrada autora do *Exaltação*, cujo saber admiro muito e não cesso de preconizar.

Há de me perdoar qualquer observação menos bendita, pois penso, e a autora melhor do que eu sabe, que, quando se tem opiniões sinceras, se tem paixão.

Gazeta de Notícias, Rio, 26/10/1920

A obra de um ideólogo

A obra do sr. José Saturnino de Brito já é digna de exame. Entre pequenos e maiores, ela já conta cerca de oito trabalhos, que são: *Socialismo progressivo, A cooperação é um Estado, A pirataria em paroxismos, A escravidão dos pequenos lavradores* e *Socialismo pátrio*, além das peças: *Amor, vence!* e *Entre neblinas.*

Esta última, que foi publicada há dous anos, é deveras interessante, por vários motivos: e muito poeticamente se passa nas Paineiras. O melhor é darmos a palavra ao autor, a fim de que ele mesmo descreva o cenário:

"Estélio se acha no terraço das Paineiras. Escreve, sentado a uma mesa. Vê-se uma parte do hotel, o pavilhão envidraçado à E., um trecho de bosque à D. O fundo de cena é todo neblina."

Estélio, que é poeta, artista e revolucionário, escreve e lê isto, depois de escrito:

A hipocrisia dos que me acolheram entre lisonjas, me julgando rico, correu parelhas com a difamação promovida pelos perversos e o silêncio pretensioso dos falsos críticos; fauces de salafrários, por entre a dentuça expeliram sobre mim o insulto soez, abrindo-se no meu caminho como cloacas humanas...

A esse sonhador solitário, cujo desespero anunciado

no trecho acima não tardará em transformar-se em desânimo, felizmente, em tão perturbado momento, surge a seus olhos uma verdadeira visão de divindade florestal; e isso ela o é já pela beleza que há de por força ter, o que é sempre indispensável em deuses e deusas seja de que religião for; já pelo mistério do aparecimento.

É Ema que adivinha o sonhador, naquele desconhecido; e pergunta-lhe o que faz.

Pensa nos homens, responde; por isso acodem-lhe maus pensamentos... nesta cavalgata de sombras do abismo social. Ser homem é bem doloroso!

O tormento do sr. Saturnino vem daí; isto é, sabe bem qual é a armadura que nos pode proteger; mas sabe também que é daquelas armaduras divinas ou infernais dos romanos de cavalaria que os gênios bons e maus davam aos seus protegidos, mas que estes não sabiam forjá-las e nem qualquer outro mortal.

O tormento do sr. Saturnino vem daí; isto é, de não saber forrar-se de egoísmo; e ei-lo a ceder à fatalidade do seu temperamento, pregando, em prol dos outros, imprecando, amaldiçoando, e maldizendo, em nome de um sonho que não toma corpo, que entrevê rapidamente e logo se esvai entre neblinas.

Ele, porém, não cessa de sonhar, de imprecar, de exortar. A sua obra é de profeta da Bíblia e ninguém como ele obedece ao clamor que a injustiça do nosso estado social provoca da indignação dos bons corações.

Surpreendido em colóquio com a druidesa, pelo pai desta, o herói do sr. Saturnino de Brito, ao ancião, que, segundo a filha, "foi simplesmente o terror dos maus que dominam a Beócia", dá-se a conhecer pela seguinte forma arrebatada:

Mestre, pertenço ao número dos teus mais veneradores discípulos, aqui, e só me basta a honra de o ser sinceramente. Os apóstolos da regeneração, por meio da educação racional das massas mourejantes e da propaganda geral contra os preconceitos e os abusos do bronco capitalismo, aliado à política de rapina, tiveram também a sua influência entre nós. No teu olhar, no teu gesto, vibra e arde o ideal rubro, o ideal do sangue que só palpita pela Liberdade culta nesse gelo da Sibéria social em que farejam os lobos monetários e vaidosos... Aqui as feras que devoram as vítimas do trabalho fecundo são também inúmeras e de todos os matizes...

Todos os trabalhos do sr. Saturnino de Brito têm sido dominados por esse pensamento que ele põe na boca do seu Estélio. É só lê-los para o verificar.

O ardor do seu gênio não lhe permite que as suas produções tenham a serenidade de expor fatos, de condená-los artisticamente de modo que digam ao leitor mais do que dizem. O autor se apaixona, declama e abandona-se à eloquência. Ama a metáfora e a alegoria; e não tem o dom da ironia e da sátira.

Tanto nas suas obras de ficção como nas de propaganda, a sua paixão não procura diques; ao contrário, como que se compraz em extravasar por todos os lados. Inunda tudo.

Será defeito; mas também é denúncia da sua qualidade superior de escritor: a sua sinceridade.

O real como já disse alguém o aborrece; e, no seu ideal, é que ele vive e faz viver os seus personagens. O mundo dele e das suas criaturas não é este; é um muito outro que se entrevê entre névoas.

Querendo baixar até nós, o sr. Saturnino fica prosaico e mostra-se logo o escritor que não pode falar em tom familiar e em cousas familiares.

Nesta coletânea de contos, que é a sua última obra e a que intitulou *Da volúpia ao ideal*, o autor do *Socialismo progressivo* afirma completamente as tendências principais e superiores da sua atividade intelectual.

Continua a ser o apóstolo disfarçado no literato; e prega com força e eloquência o seu credo.

O seu sonho grandioso de cooperativismo destinado a melhorar as condições de nossa vida; as afirmações de sua obra — *A cooperativa é um Estado* — vêm diluídas nas suas novelas a todo o propósito.

O seu conto "Ana", embora outros também o denunciem, delata poderosamente essa feição primordial do artista que, enquanto dotado esplendidamente de outros dotes, não pode nunca esquecer a sua missão de sociólogo e apóstolo social.

O sr. Saturnino de Brito, tão enamorado da natureza como é, não ama as almas pelas almas, não se deleita unicamente com o choque de umas nas outras; ele quer contribuir um pouco para encher de esperança os que sofrem e não podem, e convencer os poderosos de que devem trabalhar, para que essa esperança seja um fato, e o mundo, longe de ser a geena que é hoje, venha a ser uma festa perene.

Bendito seja tão nobre e desinteressado escritor! Ele vale pelo que vale o seu pensamento, e este é grande, e é belo!

A.B.C., Rio, 5/2/1921

Poesia e poetas

Jackson de Figueiredo, que, ultimamente, parecia se ter desinteressado completamente das letras propriamente, para dedicar-se a assuntos da apologética católica, volta com este seu recente volume — *Humilhados e luminosos* — a elas com certa sofreguidão e mal disfarçado contentamento. *On revient toujours...*

Nele, o ilustrado crítico de Xavier Marques trata de quatro figuras literárias, quase inteiramente desconhecidas do grande e do pequeno público, com muito amor e interesse, como se tratasse dos nossos graúdos literários.

Jackson tem amor pelos infelizes e não há infelicidade maior do que a desgraça artística ou literária.

A arte nos promete tanto, quando começamos, nos alenta com tantas esperanças, e tão fortes, e tão absorventes, que, ao nos convencermos de que não conseguiremos realizar nenhuma das suas promessas, a dor que nos fica n'alma é sem remédio e lenitivo. Os temperamentos de que Jackson fala na sua curiosa brochura são desses integrais de poetas que o querem ser sem nenhuma transigência, sem nenhuma abdicação. São temperamentos terríveis, candidatos à desgraça.

Há um deles, Melo Leite, que o autor conheceu estudante "crônico", em Salvador da Bahia, dormindo nas barcaças acostadas aos cais, ajeitando o andar para não denunciar a falta de sola nas botinas e revoltado contra a generosidade de amigos e colegas; pois este Melo Leite, assim sublime na sua miséria, é quem confidencia a Jackson: "que aquele a quem Deus fizera o dom da poesia, devia ser poeta até o fim, fosse como fosse, desse no que desse, acontecesse o que acontecesse... Se rico e feliz, dentro da sua riqueza e felicidade, se pobre e desgraçado, dentro da sua infelicidade e pobreza".

Aceito a fórmula do poeta, mas a prepararia um pouco para ulteriores aplicações.

A poesia, a arte, é uma instituição social; ela surge da sociedade para a sociedade. O poeta, seja rico ou pobre, feliz ou infeliz, o seu primeiro dever é comunicar-se com os outros e dizer-lhes a que vem e para o que vem; e não é possível fazer tal cousa sem publicar-se e não é possível imprimir-se sem transigir.

O primeiro trabalho de quem sente em si borbulhar atividade tão superior é fazer, e dizer o seu feito aos outros. Há grandes vantagens em tal cousa: primeiro, desbasta-se muito do que houver de demasiado pessoal em nós e sem interesse para os restantes; e segundo, ganhamos a aprovação, o alento, a animação de desconhecidos que nos falem com sinceridade, entusiasmo, embora nos censurem os defeitos, os exageros, paternalmente.

Os que nos cercam são sempre suspeitos. Ou são amigos e veem tudo que é nosso, cousa boa; ou são inimigos e dizem que o que nós fazemos não presta, porque andamos com uma roupa sovada e o colarinho sujo, embora nunca tentássemos namorar uma parenta qualquer deles.

O que há nesses temperamentos de Melo Leite, de Kilkerry — outro estudante-poeta que Jackson estuda —, é orgulho e é timidez.

É orgulho de adolescente que trava pela primeira vez conhecimento com as cousas de ciência, de arte e de filosofia; e julga que os mais velhos não nas sabem porque ele, o adolescente, não os vê citá-las a cada passo.

Todos nós passamos por esta fase, meu caro Jackson; e todos nós sabemos o que isto é.

A essa representação superior deles mesmos e da sua força intelectual, não corresponde uma energia de ação equivalente, não só devido à insatisfação que acompanha todo o artista, como a timidez que é a dominante nesses caracteres que Jackson tão magistralmente analisa na sua recente obra.

Eles têm medo de publicar, eles têm medo da crítica, de ficarem diminuídos de si mesmo por uma opinião desfavorável, não só diante deles mesmos como diante dos seus camaradas.

Falo aqui com a máxima sinceridade, sem nenhum intuito de diminuir o mérito de quem quer que seja; e posso falar assim porque tenho, como o autor de — *Humilhados e luminosos*, amigos que sofrem do mesmo mal, e talvez eu mesmo sofra ou tivesse sofrido. Mas... "Alea jacta est!"

Essa boêmia infecunda, essa morte da mocidade em flor, vem mais da timidez do que da inadaptação ao meio mental ou social. Tanto é assim que as suas poesias, que as demonstrações espontâneas da inteligência desses rapazes, nada têm de revolta contra as regras e convenções sociais. Eles admitem o que todos admitem, e não se permitem consentir nem mesmo em uma modificação no cerimonial do casamento.

Dos poetas que Jackson cogita na brochura que está aqui ao meu lado, tenho que abrir uma exceção, não total, mas parcial, para o que acabo de dizer. É para Juca Magalhães. Eu o conheci e eu o estimei muito. Não lhe notei orgulho intelectual, ao contrário: era um raro espécimen de moço capaz de admiração.

Notei-lhe, porém, muita timidez, e uma mórbida tristeza íntima que talvez lhe viesse da moléstia que o roía.

Tenho conhecido grandes corações de rapazes de todas as situações de fortuna; mas, creio, não conhecerei jamais um tão constante e tão igual como o de Juca. O livro de Jackson trata de três individualidades que são espécimens de boêmios, cada qual com as suas características; a quarta, porém, não o é e é justamente o contrário.

Hoje, segundo a sentença da crítica sábia, a boêmia artística e literária, quando não é uma imitação, é uma sobrevivência do romantismo.

Já tive ocasião de contestar isso e não quero buscar os meus vulgares compêndios de história de literaturas, para repetir a contestação.

Ela é uma fatalidade mesmo da inteligência literária e artística; e há de existir, enquanto existir literatura e arte.

Não houve literatura de todos os tempos e de todos os países que a não conhecesse. Os exemplos de Villon e do formidável Juvenal estão aí para dizer se minto.

Disse porém que, entre os Luminosos e Humilhados, havia um que era em tudo o contrário do que se chama um poeta boêmio.

Quero falar do poeta mineiro Uriel Tavares. É este um verdadeiro trabalhador. No emprego desta palavra, referindo-se a Uriel, não há a mínima amplificação, não há nenhuma lei de semântica; ele é um trabalhador de enxada no sul de Minas, em Muzambinho, ganhando mil e poucos por dia, na carpa de plantações e outros rudimentares trabalhos agrícolas.

Entretanto, a sua poesia é sábia, é de letrado; não se procura nela efusões diretas, íntimas, de alma para alma, com a natureza. Os seus versos não saltam logo do coração para o papel.

O sr. Uriel fez seus estudos e conhece os seus autores.

Não há mal nenhum nisso; mas o que tornaria mais interessante a sua figura, já de si interessante, é que se ele não conhecesse esses autores, não tivesse sido fascinado por Antônio Nobre e influenciado por Alberto de Oliveira, e fosse como que a voz, ao mesmo tempo, grandiosa e eloquente da nossa natureza sem nenhum intermediário.

Contudo não podemos ler as páginas em que Jackson trata desse poeta instruído que, para viver, trabalha com a enxada na mão, e também as suas poesias que ilustram o estudo — não se podem ler arribas as cousas, sem cobrir de uma grande simpatia o poeta e crer com muita força na missão superior da Poesia.

A.B.C., Rio, 5/3/1921

Carta de Lima a
Francisco Schettino

21-4-21.

Meu caro Chico.

Recebi hoje, pela manhã, as tuas duas cartas e a fatura. Estou inteirado do negócio. Já deves estar de posse do cheque. Eu, porém, ainda não recebi os livros. A razão é simples: a agência do correio, do governo federal, fica a duas léguas e meia de onde estou. É preciso ir lá para saber se há livros e outros registrados. Vai-se de automóvel, mas é caro: 6 mil-réis, ida e volta, de forma que eu não posso ir frequentemente. Amanhã, certamente terei notícias deles. Tenho recebido *O Combate*, mas, como tu compras jornais da tarde, para o teu serviço do Rio Grande, pedi-te que mos mandasses. Isto, porém, não tem importância. Continuo a dar-me bem, e estou contente com o lugar e as pessoas que me cercam. Fundei uma Academia de Letras, tão importante quanto a do Afrânio, Paulo Barreto e Lauro Müller. É uma injustiça pôr o Afrânio ali; mas há nisto uma birra minha que não quer desaparecer. Imagina só tu que ela (a academia) tem três membros médicos! Um deles é o Prata que te manda lembranças. Vou fazer uma conferência literária, na cidade. Vou falar sobre o "Destino da literatura". Será no dia 1º. Tens tempo de me mandar aquele *La Littérature* da Bibliothèque des Sciences Contemporaines? Já escrevi ao Fidelino; escrevi-lhe, nas vésperas de partir. O livro dele é sólido e surpreendeu-me, não só pela solidez, como pela sua clareza e método.

Ainda não pude escrever, ou começar a escrever meu *Cemitério dos vivos*, nem pra Moses, nem pra Leite. Ando numa roda-vida e pondo em ordem as notícias de livros que têm sido oferecidos. Já escrevi sobre o Perilo, artigo em que mandei a Carlindo, para ser publicado no *A.B.C.*, amanhã mando outro sobre o tenente Manuel Carlos — *Ensaios de sociologia*. Ainda tenho dois a escrever: um sobre o Cruls — *Coivara*; e ouro, sobre o Mário Sette — *Senhora de engenho*.

De resto, tenho sido convidado a passeios, a palestrar aqui e ali, coisas delicadas a que não me posso furtar. Estou muito contente comigo e com a literatura.

Dize a Carlindo, se ele aparecer por aí; ou tu mesmo me compres um *Policarpo* e me mandes. Conheci Lobato e ele já me enviou pra aqui diversos livros editados por ele. Encontro simples e cordial. *Terras do Demo*! Que pinoia pau! Bem escrito!

Barreto

Sobre uma obra
de sociologia

Não fosse eu obediente às regras de delicadeza e não me sentisse honrado com a gentileza do sr. M. Carlos, distinguindo-me com a oferta de sua obra — *Ensaios de sociologia* —, em que se tratam questões e problemas muito fora da minha atividade mental e muito acima do meu apoucado saber, não me animaria eu a falar sobre ela publicamente, tão certo estou da minha insuficiência para isso.

Cheio de mérito e saber, aquele livro merece ser examinado pelos competentes e nunca por amadores como eu, sem nenhum saber sistematizado nos assuntos nele explanados.

Pela leitura conscienciosa que dele fiz, o trabalho do sr. M. Carlos me pareceu ser de um filósofo, de um pensador, forrado de um estudioso de ciência, não só naquela parte que exigências de sua profissão o fizeram estudar, mas, também, em outras, a cujo estudo foi levado por fatalidade mental que o atraía para a meditação seguida e exaustiva dos intrincados fenômenos da vida dos povos.

Vê-se por aí, portanto, que os motivos que dei, do meu primeiro propósito de não publicar qualquer opinião sobre os *Ensaios*, são inteiramente procedentes. Julgo-me incapaz de acompanhá-lo.

Não sou e não quero ser senão um simples literato; e só me lembro de sair de tão modesta seara, para intrometer-me em alheias, quando o pedantismo nacional de sábios, cuja sabedoria está só nos títulos escolares, blasona um desprezo que não é bem aristotélico, pela literatura e pelos literatos.

O que escrevo é o que vejo e sinto diretamente por mim; e os meus humildes escritos não são senão isso e mais as minhas dores e o desabafo de injustiças com que esses *souteneurs* das letras me têm amargurado a existência.

É verdade que por isso, e ainda mais por sentir um alto destino nas letras, sou levado a pensar mais além do que fazem os simples literatos elegantes, limpinhos e bonitotes sobre os problemas que a sociedade põe; mas isto não quer dizer que me discipline nesse estudo e tenha nele qualquer orientação.

Explicando-me assim, espero que o sr. M. C. não me levará a mal a brevidade e a deficiência da notícia que, do seu livro dou, nas presentes linhas.

Tornou-se-me logo simpática a sua personalidade, pela orientação que ele deu à sua operosidade intelectual.

Não há hoje problema mais angustioso e que mais desafie a capacidade da inteligência humana do que este de estabelecer as leis gerais que regulam a existência das sociedades humanas, a sua marcha no tempo e no espaço, e o destino normal delas.

Desde A. Comte, que chamou, com grande clarividência, a atenção de todas as inteligências e de todos os corações para semelhante problema; desde esse grande pensador que ele não deixa de estar na ordem do dia e preocupar legiões de sábios e filósofos. Entretanto, tendo tido e tendo a seu serviço mentalidades do mais raro poder, não é possível deixar de afirmar que os resultados a que temos chegado não correspondem, com certeza e previsão, aos esforços despendidos.

As mais das vezes, o que parece estabelecido como uma lei social inabalável e irrecorrível é em breve perfeitamente desmentido por acontecimentos contemporâneos, de forma que tais demonstrações da falibilidade do que se tinha por lei social, tem feito pensar aos desalentados e aos de fácil desânimo que nunca se poderá organizar um corpo de doutrina geral, com leis rigorosamente comprovadas, regulando a estática e a dinâmica sociais.

Para muitos, os fatos sociais não articulam, não condicionam os que se seguem, ou não são condicionados pelos precedentes, não permitindo que se colha a constância na sua variabilidade, condição para se obter verdadeiras leis científicas da sociedade.

Seja que isso se dê pela extrema complexidade dos fatos brutos, seja devido a acidentes fortuitos de qualquer natureza, cujas origens e aparecimento não podem ser previstos e cujo exame escapa à argúcia do mais atilado gênio da especialidade, o certo é que até hoje ainda estamos, segundo tudo faz crer, na fase de acúmulo de materiais, para o estabelecimento de regras seguras com que praticamente possamos guiar a marcha das sociedades de acordo com preceitos gerais e um fim preestabelecido e determinado.

Embora assim sendo, não devemos por cousa alguma desanimar de encontrar as leis dessa ciência latente e bem desejada, que é a sociologia.

Quando falo em leis seguras, sei bem até que ponto a segurança da nossa ciência é relativa e que essa relatividade é tanto mais quanto mais complexos são os fenômenos a estudar.

É este o caso da sociologia.

O dever, portanto, de todos nós é colaborar, na medida das nossas forças, para que fiquem explicados o mais claramente possível os mistérios da nossa vida social, a fim de tirar das mãos de feiticeiros e charlatães e do seu séquito de piratas especuladores de toda a sorte, a direção das nossas sociedades, para entregá-la aos que estudaram e meditaram sobre aquilo que, de positivo e verificado, os sábios desvendaram relativamente à sua existência e ao seu progresso, aconselhando tais e quais medidas práticas, destinadas a organizá-la da forma mais perfeita possível com a qual se obtenha a mais completa felicidade para as suas partes.

Interessado nisto, embora como amador e curioso, foi com sã curiosidade que li a obra do sr. M. Carlos.

Há nela grandes qualidades, como sejam a sua sinceridade e o desassombro com que encara certas questões perigosas de tratar entre nós.

Conquanto não faça aqui crítica propriamente, para o que — repito — não tenho nenhuma competência, julgo que ainda falta ao autor certo método de exposição, ressentindo-se o seu livro de um atropelo de considerações e desvios do assunto principal — o que lhe tira muito de força e de clareza — que necessitava ter inteiramente. O sr. M. C. poderá objetar-me que a sua obra não é de literatura; mas, deixando essa alegação que só pode ter base na ignorância do que seja verdadeiramente literatura — que não é o caso do autor dos *Ensaios* —, tomo a liberdade de dizer-lhe que um escritor como ele, que muito justamente quer agir sobre o meio que o cerca, deve revestir-se de certa sedução artística, a fim de que seu livro interesse a todos. Penso que, para isso, devia escrever com seu espírito particular para o espírito geral do país, não esquecendo que esse país, para o qual escreve, é o mais bem-dotado de preguiça mental que se conhece.

O sr. M. Carlos se deixa arrastar por pequenas e transitórias questões, por demais atuais, que, quase sempre, não têm nenhuma importância em face das superiores de que cogita a sua obra. Daí uma certa difusão que se nota nela.

Outras vezes a sua mentalidade profissional entra em conflito com a do pensador, que ele de fato é.

Comentando uma opinião exageradamente proselitista de Hamon, na sua *Psicologia do militar profissional*, o ilustrado autor dos *Ensaios* como que se sente melindrado e, após ironizar a modos que faz apologia da guerra implicitamente e explicitamente do sorteio militar.

Longe de mim ter a opinião daquele escritor belga a

que se refere o autor; mas sobre o sorteio, ou melhor, sobre o serviço militar obrigatório tenho a mais radical opinião pessoal. Ele não é só criminoso, como é também sem fundamento racional.

Afirmo isto não só sob o ponto de vista geral, como também no que toca particularmente à nossa terra.

Nós não temos absolutamente necessidade desse serviço que só pode ser exigido de um país, quando este precisa de grandes efetivos para as suas lutas armadas. Essas grandes massas só se podem mover dos centros militares desse país para os teatros prováveis de guerra, quando haja nesse mesmo país estradas de toda a ordem capazes de comportar os movimentos desses efetivos. Onde há isso no Brasil ou nos terrenos de suas guerras prováveis?

Conquanto possa melindrar os nossos *leaders* militares, cuja inteligência e sinceridade respeito muito, no Brasil o único processo de obter força armada é o do seu prêmio, permitindo-se, em proporção razoável, o acesso aos quadros de oficiais dos inferiores sem cursos especiais.

Os progressivos fracassos do nosso simples sorteio estão a mostrar que, dadas as nossas condições geográficas, sociais e políticas, tal instituição e o seu natural desenvolvimento — o serviço militar obrigatório — são inviáveis entre nós.

Demais, tais revivescências de sociedades elementares e muito diversas nas suas condições de existência da nossa, que, cada vez mais, exige uma complicada e contínua divisão do trabalho, não podem encontrar atualmente um pensador avisado que, em sã consciência, ache tão obsoletas instituições legítimas nos nossos complexos dias de viver social.

Essa imposição do Estado, obrigando todos a aprender e a exercer um certo ofício, qual o do manejo de espingardas, *tanks*, bombas de mão, gases asfixiantes, líquidos inflamáveis etc. etc., é tão lógica e tão científica, como se ele obrigasse todos a serem poetas ou cirurgiões.

A natural especialização das funções sociais, criando órgãos correspondentes à contínua passagem do homogêneo para o heterogêneo que caracteriza o progresso e mais outros fatores, reclamam, no nosso tempo, que sejam militares, desde o soldado até o general, que para tal mister se sentir capaz e com vocação. O mais é absurdo.

A humilde profissão de mero soldado raso é hoje complicadíssima, com o abarrotamento de regulamentos de toda a ordem e com a complexidade do armamento moderno. A simples carabina atual pode ser demonstração do que digo.

Podia alongar-me por aí; mas, conquanto não me tenha em semelhante conta, está sempre presente no meu espírito a máxima que afirma que o segredo do bom escritor é não dizer tudo. E, se me detive neste ponto de guerra e de sorteio, foi porque julgo do meu dever combater tão nefastas cousas, sempre que me ofereça ocasião.

Maldita seja a guerra!

Não hesito em exclamar assim, porquanto lá está no livro do sr. M. Carlos um dos motivos que me levam a maldizê-la.

Leiamos-lhe o trecho. Eis o que ele diz:

A guerra!

Não há maior infâmia do que essas catástrofes que são ocasionadas pelas intrigas dos gabinetes jogando com os satélites (os povos que são forçados a acompanhar outros, ou que não zelam a independência, ou que não desenvolvem trabalho para poderem sustentá-la), ou atacando-se mutuamente os que são fortes com o fim de se imporem a escravização.

A quase totalidade tem disso derivado. Não se justifica de forma nenhuma, que os governos insistam em conservar no mistério as relações internacionais.

Se, neste artiguete, não aludi a outros aspectos do livro do sr. M. C. foi porque, mais do que qualquer outro, esse problema da guerra me apaixona e me absorve. Creio que o autor me perdoará isso, não só porque são dele as palavras acima citadas, mas também porque são de sua autoria estas que se seguem:

> As *élites* partidárias falam em sociologia e com um cinismo ludibriador de toda a sinceridade, desprezam as verdades encontradas em longa experiência e já feitas costume e tradição em outros lugares mais ou menos adiantados.
>
> Se não fosse tal desprezo, a "sociologia empírica" (como foram a "física" e a "mecânica" práticas e a alquimia, para as ciências respectivas, assim como as práticas baseadoras das sistematizações posteriores na aritmética, geometria etc.) teria já fornecido muitíssimos elementos realmente benéficos à política e à humanidade. Mas a maldade modernamente nada tem querido reconhecer nem dar, senão debaixo da pressão das massas operárias mais conscientes e mais martirizadas que os trabalhadores dos campos. (Refiro-me às terras cujo povo não tem a alma execranda e é analfabeto, sob a política orientada como campo da alma infame do intrigante, do mendaz e do canalha e traidor.)
>
> A política atual terá de pedir as verdades sociais já expostas por Pensadores Socialistas e Anarquistas, os maiores estudistas e concatenadores das cousas sociológicas.
>
> Apoiado na sociologia, pode-se dizer que o Estado terá de ser reduzido às funções de segurança e justiça com a aparelhagem que lhe pode ficar quando não tiver de fabricar ou arranjar e pagar dinheiro.

Aqui me despeço da obra, cheio de simpatia por ela, mais ainda pelo autor, que não se atemoriza em dizer duras verdades e generosas verdades, como uma independência que não é comum entre nós.

A.B.C., Rio, 7/5/1921

A obra do criador
de Jeca-Tatu

O criador de Jeca-Tatu é um caso muito curioso nas nossas letras. Tendo uma forte capacidade de trabalho propriamente literário, ele é ainda por cima um administrador excelente, um editor avisado, um ativo diretor de uma revista sem igual no Brasil de hoje, de ontem e não sei se de amanhã.

Não sofro da horrível mania da certeza, de que falava Renan; mas, com reservas, admito que, sejam quais forem as transformações políticas e sociais que o mundo venha a passar, a expressão político-administrativa — Brasil — por muito tempo não subsistirá.

Supondo, por absurdo, que as cousas continuem no pé em que estão, a inabilidade, os crimes, as concussões, a falta de escrúpulos de toda a ordem dos nossos dirigentes de norte a sul do país — tudo isto leva a prever para nossa organização política, e isto num lapso de tempo bem curto, um desastre irremediável.

Dizia eu, porém, que o sr. Monteiro Lobato, o criador de Jeca-Tatu, sabia como ninguém aliar a uma atividade literária pouco comum um espírito comercial, no bom sentido, dirigindo com sucesso uma revista sem igual na nossa terra.

Ela se publica na cidade de São Paulo e é a *Revista do Brasil*, já bem conhecida aqui, no Rio de Janeiro.

Com uma clarividência difícil de se encontrar em brasileiro, o sr. Monteiro Lobato conseguiu atrair para ela a atenção de todas as atividades intelectuais deste vasto país, como diz a canção patriótica, e fazê-la prosperar, como prospera.

Não está no seu primeiro ano, não está no terceiro; está no quinto de sua útil existência — cousa rara entre nós.

Publicando há dois ou três anos um volume de contos — *Urupês*, o sr. Lobato, em bem pouco tempo, sem favor algum, logrou ver o seu nome conhecido no Brasil todo e as edições de sua obra se esgotarem umas sobre as outras.

A criação principal de um dos seus contos, aquele que dá o nome ao livro, o famoso Geca-Tatu, que o uso, e ele mesmo o sancionou, fez Jeca-Tatu, anda, pelo menos de nome, em todas as bocas, enquanto o personagem propriamente assanhou a crítica dos quatro pontos cardeais destas terras de Santa Cruz.

Quiseram ver nela o símbolo do nosso roceiro, do nosso sertanejo — "o caboclo" — como se diz por eufemismo, porquanto nele há, de fato, muito de índio, mas há, em compensação, alguma cousa mais. Daí a celeuma. Surgiram contraditores de toda a parte e os mais notáveis, daqueles que conheço e tenho notícia, foram o sr. Leônidas de Loiola, do Paraná, e sr. Ildefonso Albano, do Ceará.

Li o sr. Loiola, mas não li a contradita do sr. Albano, que se intitula, se não me falha a memória, *Mané Xiquexique*. Creio, porém, que esses senhores se sangraram em saúde. Não acredito absolutamente nas miríficas virtudes dos sertanejos do Norte, nem de outra parte do Brasil.

Todos os nortistas, especialmente os cearenses, estão dispostos a fazer deles, senão esforçados *preux*, ao menos tipos de uma energia excepcional, de uma capacidade de trabalho extraordinária e não sei o que mais.

Citam, então, o Acre, criação do cearense êxul. Não me convence. Julgo que haveria tenacidade, energia no trabalho, não na emigração, no êxodo, mas na constância em lutar com o flagelo climatérico que assola aquele estado e os circunvizinhos.

Essa energia, essa tenacidade se faria constante se, de fato, existissem, para aproveitar os bons anos de chuvas, construindo obras ditadas pela própria iniciativa daquelas gentes, de modo a captar as águas meteóricas e outras, para os anos maus. Mas tal não se dá; e, quando chegam as secas, encontram as populações desarmadas.

A secura dos desertos da Ásia Central fez descer para as margens do mar Negro e outras paragens hordas e hordas; mas o holandês, no seu charco desafiou, com a sua tenacidade e diques, as fúrias do mar do Norte.

De resto, o sr. Monteiro Lobato não quis simbolizar em Jeca-Tatu nem o sertanejo, nem cousa alguma.

Ele não tem pretensões simbolistas, como nunca tiveram os grandes mestres da literatura. Tais pretensões são cabíveis nos transcendentes autores que ninguém lê. Ao que me parece, pois só epistolarmente conheço o autor do *Urupês*, o sr. Lobato viveu ou nasceu na região a que chamam "norte paulista", o vale da parte de São Paulo do Paraíba do Sul. É ela que ele descreve com tanta ternura e emoção contida nos seus livros de ficção. Ele viu a sua decadência; ele relembra seu esplendor passado. Certamente, quando menino, brincou lá com aqueles jecas; e é a sua saudade, é a sua simpatia, é a sua mágoa por não vê-los prósperos, que fez pintá-los como pintou. Isto está a ver-se nas suas *Cidades mortas*, livro seu, talvez mais curioso que o famoso *Urupês*, que tanto escandalizou o patriotismo indígena.

No seu último livro — *Negrinha* — há um conto — "O jardineiro Timóteo" — que denuncia bem esse seu feitio de sentir.

Deve-se lê-lo para bem perceber o pensamento geral que domina a produção do autor da "Bucólica".

Trata-se de um preto, o Timóteo, que era jardineiro

IMPRESSÕES DE LEITURA E OUTROS TEXTOS CRÍTICOS

de uma fazenda daquelas regiões; aos poucos, esta vai decaindo, por isso ou aquilo, e, com ela, os antigos senhores e patrões. Timóteo não dá por isto e continua a plantar as suas flores humildes e modestas: "esporinhas", "flores-de-noiva", amores-perfeitos, "sempre-vivas", palmas-de-santa-rita etc.

Os azares da fortuna dos seus proprietários determinam a venda da propriedade agrícola a pessoas da cidade; e os novos donos implicam com as "esporinhas" e "perpétuas" do Timóteo.

Mandam destruir o jardim, pois querem nele flores raras e caras: camélias, crisandálias, crisântemos etc. O humilde negro despede-se e deixa-se morrer na porteira da fazenda, amaldiçoando aqueles bárbaros: "Deixa estar"!

O que o sr. Monteiro Lobato vê e sente é o seu Taubaté, o seu Guarantinguetá; ele não tem a pretensão de encaixar no seu Jeca-Tatu Rolandos de Uruburetama, nem Reinaldos bororós, e mais filhos d'Aymon das gestas tupaicas.

Toda a sua obra é simples e boa, animada pela poesia da sua terra, seja ela pobre ou farta, seja agreste ou risonha: mas é cheia de sadia verdade a sua literatura.

A sua visualidade artística e literária, apesar da limitação do campo, abrange um arco de horizonte muito mais amplo do que o do comum dos nossos escritores.

O que se evola de suas palavras não é ódio, não é rancor, não é desprezo, apesar da ironia e da troça; é amor, é piedade, é tristeza de não ver o "Jeca" em condições melhores.

Basta ler este conto — "Negrinha" — com que intitula o seu último livro, para nos impregnarmos da sua alma compassiva, descobrir a sua entranhada afeição pelos que sofrem e pensam neste mundo.

Não há no sr. Monteiro Lobato nenhuma das exterioridades habituais dos escritores: pompa de forma, transbordamentos de vocabulário e de imagens; há um grande sonho íntimo de obter a harmonia entre todos os homens e destes com a Terra, nossa mãe comum.

E, se a Arte, como quer Hegel, é a ideia que se procura, que se acha e que se vai além dela, Monteiro Lobato é um grande e nobre artista.

Gazeta de Notícias, Rio, 11/5/1921

À margem do *Coivara,* de Gastão Cruls

Dizem os dicionários que "coivara" é uma fogueira de gravetos. É possível que o professor Assis Sintra tenha outra opinião; mas tal cousa não vem ao caso, tanto mais que não me preocupo com essas cousas transcendentes de gramática e deixo a minha atividade mental vagabundar pelas ninharias do destino da Arte e das categorias do pensamento.

Admitindo a velha definição dos dicionários, no livro do sr. Gastão Cruls, que tem como título essa palavra de origem tupaica, não há positivamente "coivara", pois nele não se queimam só gravetos. Queimam-se grossas perobeiras e duros jacarandás. Os contos que o compõem não são delgados galhos secos, há alguns que são verdadeiras toras de cerne.

O sr. Gastão Cruls é médico, mas, graças a Deus, não escreve no calão pedante dos seus colegas. Escreve como toda a gente, naturalmente procurando os efeitos artísticos da arte de escrever, mas escreve sem o *Elucidário* de Viterbo e o Bluteau, nas mãos, e — que concubinato! — sem ter diante dos olhos o redundante padre Vieira e o enfático Herculano.

Vale a pena ler seu livro. É delicioso de naturalidade e precisão. Nota-se nele que o autor ama muito a vida da roça, a vida de fazenda; mas — cousa singular — esse autor que ama a vida da roça não ama a natureza. Não há nele um toque distinto que denuncie esse amor. Não é só à paisagem, mas mesmo aos bichos, aos bois, aos carneiros; o que ela ama é, por assim dizer, a vida social da roça. As relações do fazendeiro com os colonos, os seus negócios, as suas cerimônias domésticas. Digo isso de um modo geral, sem querer de forma alguma diminuir o mérito do autor.

O seu primeiro conto — "O noturno no 13" — é estranho e como que o autor quis manifestar nele que a sua concepção da vida não é rígida nem mecânica. Que o que se vê não é tudo que "existe"; há "atrás" do que se vê muitas e muitas cousas.

Nem sempre os seus contos mantêm na aparência esse tom de transcendente espiritualidade; mas quase sempre essa sua singular feição de escritor nacional se trai aqui e ali.

Por exemplo: no "G.C.P.A." é em nome dela — espiritualidade — que ele protesta contra os brutais processos da nossa atual medicina que só vê no doente, principalmente no seu cadáver, um caso a estudar, a dissecar, para escrever daí a dias uma chocha memória que certamente morrerá na vala comum das revistas especiais, mas que dará a seu autor mais fama, portanto, mais clientes e mais dinheiro. É a indústria clínica que se ceva nos cadáveres dos pobres desgraçados que morrem nos hospitais.

Despertou-me refletir um pouco, após a leitura desse magistral conto do sr. Gastão Cruls, sobre certas ficções do atual ensino médico.

Esse professor Rodrigues que vai seguido de uma récua de estudantes, assistentes e enfermeiros e faz discursos mirabolantes (é do autor) diante do doente, ensina ele alguma coisa? É possível transmitir a outrem o que se sabe, por experiência ou estudo, dessa maneira afetada e oratória — maneira que é exigida *malgré tout* — pelo auditório numérico que o cerca; é possível?

Penso bem que não. Quanto mais reduzido for o número de alunos, melhor ele poderia iniciá-los, quanto menos palavras arrevesadas, melhor eles compreenderiam o lente. As nossas escolas de grande frequência devem ser condenadas.

De resto — o que o autor também nota — não é um suplício para um doente grave estar a ouvir palavras campanudas sobre a sua moléstia durante uma hora? Poderá isso concorrer para a sua cura? Não. De forma que um pobre-diabo que cai num hospital, em vez de ir para tratar-se, vai para morrer. Lembro agora um caso que se passou há tempos.

Uma parturiente, tendo-se recolhido à Santa Casa, um lente de partos quis fazê-la sujeitar-se ao "toque" por toda uma turma de estudantes. Ela se revoltou e houve escândalo. Os jornais falaram e não sei como as cousas ficaram. Ela tinha razão sob todos os pontos de vista. A verdade, porém, é que todo esse nosso ensino médico é malvado e improdutivo, tanto assim que o sr. dr. Clark acaba de afirmar que há pelo Brasil inteiro 4 mil médicos que não sabem medicina.

Vimos já esse professor Rodrigues, diante do doente, a fazer "hipóteses mirabolantes e ousadas"; agora, seguindo na esteira do sr. Cruls, vamos ver no "A neurastenia do professor Filomeno" outra feição do nosso ensino médico. O dr. Filomeno é um sábio em medicina porque conhece o léxico antigo da nossa língua. Tem outras manias; essa, porém, é a principal. A sua lógica é de uma inflexibilidade aristotélica e ele a aplica largamente na sua clínica. Vejamos este caso, tal qual o autor nos conta e conforme expõe o grande Filomeno, lido no "Tinherabos", no Rui de Pina, no Diogo do Couto, no frei Luís de Sousa, no João de Barros e outros cacetes. Eis aí como narra o arguto autor do *Coivara*:

A um indivíduo que o fora consultar enfermado pela moléstia de Friedreich, queixando-se muito da marcha propulsiva, que já o fizera levar várias quedas, o professor Filomeno, ao invés de qualquer prescrição medicamentosa, preferira recomendar uma alimentação intensiva pelos siris e caranguejos. Mais tarde ele explicara a Raul por que assim procedera, começando por lhe citar um aforismo latino: "Cancri nunquam recte ingrediuntur".

Como Raul não compreendesse o latinório e se mostrasse um tanto atrapalhado, o dr. Filomeno logo traduziu:

— "Os caranguejos nunca andam em linha reta". Compreendes agora por que lhe receitei os crustáceos? Ora, se esse indivíduo tem uma desordem do equilíbrio que o impele a correr e cair para a frente, nada mais natural do que neutralizar essa força propulsora por meio dos gânglios nervosos dos siris e caranguejos, que são animais exclusivamente laterígrados, isto é, só sabem andar para os lados.

Filomeno chama isto opoterapia. Valha-me Deus!!

Eu me alonguei nestes dous contos em que se tratam de cousas do ensino médico, entre nós, talvez demais um pouco. Mas era preciso. É tão importante a medicina na nossa vida que toda a crítica deve ser feita por todos, àqueles que nos têm de curar, sobretudo àqueles que isso ensinam.

Há, porém, nos contos do sr. Cruls muita cousa outra que não a pura preocupação das cousas de sua profissão.

"Noites brancas", por exemplo, é conto fora dos nossos moldes, terrível, fantástico e doloroso. Beijos de uma morfética, dentro da noite escura. Oh! Que horror!

O que estranho no autor de um livro tão digno, como é *Coivara*, é a admiração que parece ter por Oscar Wilde e se traduz em frases quentes no seu conto "A noiva de Oscar Wilde".

Esse Wilde que se intitulava a si mesmo "King of life", "Rei da vida", não passou antes de "Reading" de nada mais do que o "Rei dos cabotinos".

Com uma singular sagacidade, ele soube conquistar a alta sociedade de sua terra, expondo-lhe os vícios e, ao mesmo tempo, os justificando com paradoxos nem sempre de bom quilate. As suas obras são medíocres e sem valimento. Às vezes até com uma originalidade duvidosa, mesmo nos paradoxos. Faltou a Wilde sempre o senso da vida, sentimento do alto destino do homem, a frescura e a ingenuidade do verdadeiro talento, a grandeza da concepção e a força de execução.

Ele é um mascarado que enganou e explorou toda uma sociedade, durante muito tempo, com arremedos, trejeitos e *poses* de artista requintado. Queria distinções sociais e dinheiro.

Para isso, lançou mão das mais ignominiosas ousadias, entre as quais, a de ostentar o porco vício que o levou ao cárcere. Aí, ele despe-se do peplos, tira o anel da múmia do dedo, põe fora o cravo verde, perde toda a bazófia e abate-se. Dostoiévski passou alguns anos na Sibéria, num atroz presídio, entre os mais inumanos bandidos que se possa imaginar, e não se abateu...

A sua vaidade, a sua jactância, a sua falta de profundo sentimento moral, o seu egoísmo, o seu narcisismo imoral obrigaram-no a simular tudo que ferisse e espantasse a massa, para fazer sucesso, até esse imundo vício que o levou à prisão de "Reading". Ao que parece, ele em si não era portador de tal tara. Adquiriu-a para chamar a atenção sobre si. Era elegante... Não é um artista, nem grande, nem pequeno; ele é um egoísta simulador de talento que uma sociedade viciosa e fútil impeliu até ao *hard labour*. Tudo nele é factício e destinado a causar efeito. Não tenho todo o processo a que foi submetido; mas possuo grandes extratos que vêm na obra do dr. Laups — *Perversion et perversité sexuelles* —, prefaciada por Zola. Pelas leituras deles é que afirmei sobre ele o que acima fica dito.

Toda a sua jactância, todo o seu cinismo em mostrar--se possuidor de vícios refinados e repugnantes, toda a sua vaidade — tudo isso que o arrastou à desgraça — talvez tenha dado um bom resultado. Sabe qual é, meu caro dr. Cruls? É tê-lo feito escrever o *De Profundis*. A vida é cousa séria e o sério na vida está na dor, na desgraça, na miséria e na humildade.

A edição do *Coivara* é primorosa, como todas da Livraria Castilho, desta cidade.

A.B.C., Rio, 23/7/1921

Urbanismo e roceirismo

Acabo de ler o novo livro do sr. Mário Sette — *Senhora de engenho* —, autor pernambucano muito justamente apreciado, que, nele, sob a forma de romance, muito legitimamente e brilhantemente explana e discute essa questão de "urbanismo" que os nossos autorizados sociólogos práticos têm posto e semeado pelos jornais em fora.

Não há doutrinação alguma, mas mesmo pelo fato de ser assim, isto é, procurar ele demonstrar pela ficção e com auxílio dos recursos da novela a necessidade de abandonarmos a cidade pela roça, não deixa a obra de sugerir comentários que me parecem oportunos.

É vezo hoje dos nossos economistas, políticos e outra espécie de gente que está, depois de Deus, encarregada de dirigir os nossos destinos, aconselhar aos que se queixam das duras condições da vida nas cidades:

— Vão para a lavoura!

O mirabolante aritmético Cincinato assim fala; e o sr. Veiga Miranda, há bem pouco, fez a estatística da necessidade de braços nas fazendas paulistas e repetiu o conceito do seu colega de bancada.

Não há nada mais pueril do que semelhante conselho. Só energias raras podem de uma hora para outra mudar de profissão e de hábitos. Querer que um tecelão, de uma hora para outra, se faça capinador de cafezais é o mesmo que exigir que um médico, do pé para mão, se faça motorneiro.

De resto, o urbanismo foi criado pelo próprio governo da república, dando nascimento, por meio de tarifas proibitivas, a um grande surto industrial, de modo a fazer da longínqua Sorocaba, antigamente célebre pela sua feira de muares, uma pequena Manchester, como a chamam os paulistas.

Veio depois a megalomania dos melhoramentos apressados, dos palácios e das avenidas — o que atraiu para as cidades milhares e milhares de trabalhadores rurais.

O governo fez isso e agora quer desfazer. Não é de admirar, porquanto a característica dos nossos governos é fazer e desfazer.

Há ainda mais, no que toca aos "rotos", aos pobres-diabos. Na cidade, eles têm mais garantia, não estão sujeitos a mandões tirânicos e caprichosos e as autoridades são mais escrupulosas. Mais ainda: nas cidades, há hospitais; maus é verdade; mas os há. Na roça, não há nada disso. Uma porção de fatores têm concorrido para o êxodo das populações dos campos para as cidades; e muitos deles são devidos aos governos.

A cidade é uma necessidade; e uma grande, necessidade maior ainda é.

O campo, a roça é um depósito de preconceitos e superstições sociais. Na cidade, dá-se o oposto: há sempre uma ebulição de ideias, de sentimentos — cousa muito favorável ao desenvolvimento humano. O campo é a estagnação; a cidade é a evolução.

Mostra-nos o sr. Sette, no seu magnífico romance, um moço filho de fazendeiros pernambucanos — lá se chamam "senhores de engenho" — que, fascinado pela cidade, vem para o Rio de Janeiro acabar os estudos começados no Recife. Essa fascinação pelo Rio, sobretudo por Botafogo, e seus complementos, inclusive Petrópolis, é cousa verificada em todos os moços mais ou menos bacharéis deste Brasil imenso, especialmente os do Norte.

Não leio um romance provinciano em que não note

isto. Até no irônico *O professor Jeremias*, de Leo Vaz, lá está a tal história de Petrópolis.

Nestor, o filho do senhor de engenho pernambucano, como dizia acima, vem para o Rio acabar os estudos. Como todo bom nortista, trata de "cavar" um emprego e o quer numa Secretaria de Estado, para estar bem perto de um ministro. Como todo bom nortista, ele consegue a sinecura. Tinha travado conhecimento, a bordo, com um conterrâneo "desenraizado", que o leva à sua casa. Tem uma filha moçoila; ei-lo namorado; pouco depois de formado, casado; pouco depois de casado, pula de praticante do ministério da praia Vermelha para o de chefe de seção do Ministério da Justiça. Um verdadeiro milagre administrativo que só os nortistas conseguem realizar, e, às vezes, realizam.

Aproximando-se as bodas de ouro dos pais, Nestor e a mulher, Hortênsia, embarcam para Pernambuco. Vão para "Águas Claras", o engenho dos "velhos". No começo, o espetáculo daquela vida encanta e seduz Hortênsia, a carioca; mas, bem depressa, ela se aborrece, quer voltar, tanto mais que nota no marido certa inclinação por uma moça da casa, Maria da Betânia, antiga namorada dele e que é uma das figuras mais curiosas e mais bem estudadas do livro. Chega a gravidez à carioca. Ela fica; começa a afeiçoar-se àquela vida e ambos, Nestor e Hortênsia, de comum acordo, resolvem estabelecer definitivamente residência no engenho de "Águas Claras".

A carioca foi vencida e o carioca adotivo que é o seu marido Nestor, também.

Eis aí o entrecho do livro, cuja execução é soberba. O sr. Sette não é um escritor nervoso, rápido, cujo pensamento, como já se disse sobre alguém, salte logo da cabeça para o papel.

Por isso, ele excele na descrição das cenas familiares, no narrar os mínimos detalhes das cousas domésticas.

Ele é amoroso de moças, dos seus atavios, dos seus arrebiques, dos seus muxoxos e dengues.

A descrição da festa das bodas de ouro dos pais de Nestor é tão cheia de naturalidade, de singeleza, de graça, que, qualquer que a leia, a vê de pronto diante dos olhos, toda a festa por inteiro.

Não há nele nenhum arroubo, nenhuma abertura para o Mistério da Vida e o Infinito do Universo; mas há, em contraposição, uma grande fidelidade na reprodução do que observa, e muita simpatia pelos lares felizes e ricos, de modo que o lendo eu, fico a pensar que, em Pernambuco, tudo é como em "Águas Claras"; tudo é feliz, mesmo a linda Maria da Betânia.

A.B.C., Rio, 10/9/1921

Um romance de Botafogo

O último livro do sr. Teo Filho surpreendeu-me. Há muito que sigo a sua carreira literária, mesmo desde que ele era ainda banalmente Teotônio Filho.

Até agora, os seus romances, contos, crônicas eram cheios de audácia na natureza dos personagens, nas cenas, nas opiniões que emitia ou aqueles emitiam por ele.

Eram trabalhos breves, nervosos, evitando detalhes, com descrições muito curtas, fossem de que espécie fossem; o seu atual livro, porém, já não é mais assim. É pausado, lento, detalhado, quase até a minúcia; os seus personagens são da nossa boa burguesia rica ou que o finge ser; as cenas, quase todas elas, se passam em Botafogo e adjacências; e, nele, só resta do antigo Teotônio, do *Anita e Plomark*, a simpatia com que cobre um certo Guilherme Muniz, "o árbitro das elegâncias cariocas, d. João de trinta anos, cuja vida era um mistério e cujos haveres mais misteriosos", como está dito no romance; mas que acaba claramente vivendo de furtar ao *poker*, de sociedade com um senador, os parceiros incautos.

É um romance de Botafogo, de Botafogo dos nossos dias, com os seus ricos, os seus falsos ricos e também com os seus "guitarristas" de todas as espécies, mais ou menos dissimulados que, de onde em onde, a polícia não tem outro remédio senão deitar-lhes a mão, apesar das suas coleiras de prata e diplomas quaisquer.

Seria curioso fazer um estudo da evolução de Botafogo, pelo menos nestes últimos cem anos.

Darwin residiu lá — se não me engano, cerca de quatro meses; e, na sua interessante narração da viagem que
fez a bordo do *Beagle*, ele só se refere à beleza do local e
da enseada, aos seus trabalhos de naturalista pelos arredores, sem aludir a palácios e magnificências.

Além do que já citei, ele fala com entusiasmo de homem que entende a natureza, na nuvem pardo-azul dos
trópicos, observada por ele em Botafogo, a qual, pelo po-
merídio e no longínquo horizonte, acaba fundindo har-
monicamente os vários tons do céu, num único que é o
dela. Fala também com emoção, o grande naturalista,
do hino ou dos hinos que, após grandes chuvaradas, ao
entardecer, nas proximidades de sua casa, os grilos, as
cigarras e as rãs erguiam aos céus que se estrelavam.

Não esquece outrossim dos pirilampos; mas dos so-
lares que, hoje, tanto encanto trazem aos cronistas refinados da *Revista da Semana* ou do "Binóculo", nem
palavra!

Um sr. Victor Jacquemont, pelo jeito viajante de profissão, aqui esteve quase um mês, em 1828, elogia em geral a baía do Rio de Janeiro, mas não trata particularmente em Botafogo. Em todo o caso, ele teve tempo de
ver muita coisa, de nos passar muitas descomposturas, no
fundo das quais há sempre algumas verdades que podiam
ser ditas mais serenamente. Eis um exemplo:

C'est l'abomination de la désolation que le Brésil: figu-
rez-vous quelques centaines de vicomtes et de marquis,
avec la clef d'or à l'habit, cinq ou six planques en or, en
argent, en diamants de toutes couleurs et grandeurs; ig-
norants, sans courage, servant tous aux plaisirs de l'em-
pereur; et, au-dessous de cela, point de tiers-état res-
pectable, rien q'un petit peuple de détaillants, fripons,
à peu près blancs; puis un nombre effroyable de noirs

esclaves, à peu près nus, qui vivent quelques années, et meurent ordinairement sans se reproduire.

E por aí vai.

A Marinha brasileira só tem de bom os navios e a equipagem, porque é estrangeira; os oficiais não valem nada porque são indígenas; uma pequena divisão da Marinha francesa pô-la-ia toda, logo a pique. As modistas da rua do Ouvidor, a rua "Vivienne" do país, como ele compara, é povoada de modistas francesas, cujos costumes ele classifica muito baixamente. O teatro é belo, mas os artistas são fanhosos, detestáveis e *"le ballet de Rio est dans le goût de celui de Brestou de Draguignan"*.

Para ele, enfim, o Rio de Janeiro é *"un lieu admirable"*, mas *"tout ce que les hommes y ont fait est détestable"*. Tanto os brasileiros como os portugueses, para o Jacquemont, são canalhas, no julgamento de sua sem-cerimônia francesa; entretanto, ele se aborrece quando sabe que, no Rio, se tem toda a francesa por mulher de má vida e todo o francês por cabeleireiro. Deixa de falar francês; e passa a falar inglês, para que não o suponham *perruquier*. As generalizações só doem quando nos tocam...

No seu entender, Pedro I é um excelente cocheiro ou como ele diz textualmente: *"il excelle à mener à grands guides dans les rues étroites et populeuses de Rio sans accroches ni bornes ni passants; il est grossier dans ses goûts, brutal souvent dans ses manières et, cependant, c'est un des hommes les plus distingués de son pays!"*.

Além destes dous viajantes, cujos livros tenho ao alcance da mão, muitos outros conheço das primeiras décadas da nossa autonômica vida política que não se demoram em Botafogo, e muitos menos em um Botafogo catita, aristocrático, como dizem as seções elegantes dos jornais e revistas.

Imagino que até os fins da primeira metade do século passado, e até muito depois, Botafogo ou a praia do Sapateiro, como parece se chamou em priscas eras, não fosse mais do que um lugar de grandes chácaras, hortas, de criação de porcos, galinhas etc., e mesmo de pequenas roças de aipim, batata-doce, abóboras, melancias etc. Os casarões dos marqueses e dos viscondes de Jacquemont não eram, em geral, por certo lá. Tudo leva crer pelos vestígios que ainda restam, que houve nas ruas centrais, na do Lavradio, na do Riachuelo, Resende, Conde, na Tijuca, ou Santa Teresa ou, em resumo: estavam espalhados por toda a cidade e arrabaldes, segundo o gosto de cada um.

O impulso e a transformação de Botafogo devem-se certamente ao estabelecimento da primeira linha de bondes na cidade, que foi a do Jardim Botânico, hoje quase abandonado.

O estabelecimento desse meio de transporte barato, relativamente rápido e cômodo, não podia deixar de operar uma revolução no pitoresco recanto rural da cidade que era então Botafogo.

Ainda hoje, isso acontece; e todos estamos vendo como as linhas novas da "Light" e as antigas melhoradas transformam rapidamente os lugares a que servem.

Caindo a monarquia, aos poucos, com o sacolejo da república, apesar de brando, subiu à tona da nossa vida social, a borra da nossa sociedade que se apossou dos primeiros lugares, mediante uns títulos caçados sabe Deus como, de fortunas arranjadas por meios inconfessáveis, e se determinou que só era *chic* morar em Botafogo e adjacências. Logo todos os panurgianos ricos, falsos ricos, ricos "guitarristas" se apressaram em imitar os processos da política e da administração, e foram se amontoando por lá. Adicionaram ao seu bairro, com grave dano para os cofres municipais, a restinga de Copacabana e arredores, obrigando a edilidade a construir, por ela afora, avenidas em cima da areia e expostas, na sua fragilidade de obra apressada e atamancada, ao furor destruidor do oceano. Os especuladores de terrenos, entretanto, ganharam dinheiro, graças à complacência dos prefeitos em valorizar-lhes os lotes com calçamentos de asfalto e mais melhoramentos urbanos, levados a efeito em areias desertas.

Tratando de um livro de ficção, parece não vir ao caso as considerações que aí ficam; mas, não há tal. O livro do sr. Teo Filho é todo Botafogo; todo ele se passa em Botafogo; e, quando certas passagens não se desenvolvem lá, os personagens se agitam num ambiente perfeitamente botafogano, pelas ideias, pelos preconceitos, pelos sentimentos, por tudo enfim. Seja que a festa a reis ou outros figurões da estranja se efetue na Quinta da Boa Vista, seja que ela tenha lugar em Maxambomba — sempre é Botafogo. Não é demais, portanto, esboçar as origens do Botafogo atual.

Uma das mais interessantes cenas do livro, por exemplo, não se passa em Botafogo; mas na Lapa, no Clube dos Diários. Entretanto, é tudo o que há de mais Botafogo. Nota-se nela muita fidelidade, muita vida, certa graça no narrar; mas também não sei que preocupação de repetir pelo detalhe inútil, pelo figurão anódino que recebe a homenagem e pelos outros que o incensam.

O sr. Teo Filho, pelo correr de sua obra, apesar de sua experiência no gênero, não pôde deixar de trair o antigo jornalista que foi, ou é, digo isto sem malícia e penso que ele me entenderá bem. Não tenho nenhuma ojeriza particular aos jornalistas; a muitos, como ao próprio sr. Teo Filho, me ligam laços estreitos de amizade e camaradagem fraternal. Cada profissão determina certos hábitos mentais a que fugimos dificilmente.

A verdade, porém, é que ele tem a preocupação do detalhe supérfluo, mas curioso, para o leitor comum do jornal; das cousas íntimas dos magnatas; das suas sentenças de encomenda, estudadas e impingidas no momento azado; das suas atitudes de aparato de quem vai tirar a fotografia etc. etc. O sr. Teo Filho não perde uma descrição cuidada da *toilette* de uma senhora ou mesmo certas minúcias curiosas da ornamentação de um salão de baile ou de festa qualquer.

As atitudes dos manipansos políticos e outros são levadas por ele a sério, como se fossem mesmo manifestações de fortes cogitações internas de pensamento.

Às vezes mesmo, ele fica tão crente nele e nas suas *poses*, a ponto de esquecer que está escrevendo uma obra de ficção, e — zás — põe no papel trechos como este que bem poderiam caber em uma crônica de jornal ultragovernista:

> Efetivamente chegava o presidente, com a esposa e a filha, seguido dos oficiais de suas casas civil e militar. Era um homem dum rosto grave e bom, duma testa inteligente e de uns olhos inconfundíveis. Guindado de improviso à suprema magistratura do país, ele se cercara de estadistas animosos e enérgicos, animosamente empreendendo com uma paciência de Job a batalha gigantesca para debelar a crise que avassalava o Brasil inteiro.

Os seus hábitos jornalísticos, os do sr. Teo Filho, não viram, como não enxergam em outros lugares, a impropriedade de "tiradas" como esta, num simples romance; até o ponto de, na p. 33, falar em "picareta progressiva de Paulo de Frontin".

Se eu fosse este sr. Frontin não agradeceria ao autor a amabilidade...

Mas tudo isto são nugas, e pequenas nugas que não diminuem o mérito da obra em nada. O objetivo que ele teve em vista foi lindamente alcançado. Era ele o de traçar um amplo quadro de costumes em que se movessem as pequeninas almas dessa gente especial de Botafogo que, por sua fortuna, ou por sua posição oficial ou por uma dolorosa simulação de riqueza, alcançam pelo esnobismo, pela futilidade e pelo furor imitativo dos grandes centros, a constituir, entre nós, uma sociedade à parte, dominada pelas irmãs do Colégio da Imaculada Conceição de Botafogo, onde, em festa, o sr. Teo nos conduz com mão segura, logo no primeiro capítulo, e pelas da do Sion, em Petrópolis.

A tela é grande e vasta; e os personagens são múltiplos, sendo todos eles bem caracterizados, individualizados e estudados.

Os principais personagens femininos, Deia Lacerda e Ester Veiga, são perfeitamente acabados. Há no sr. Teo Filho um grande carinho para desenhar mulheres, rematar-lhes e retocar-lhes os retratos, principalmente das mulheres ditas da sociedade. Os seus estudos, nesse sentido, são dignos do romance e do romancista. É o seu forte.

Dos masculinos, o que mais apreciei, o que me pareceu mais perfeito, foi o perfil do hipócrita dr. Pereirinha. Nós todos conhecemos tipos dessa natureza, espécie de doentes com a monomania dos desvirginamentos, gênero de psicopatas sexuais ainda não estudados pelos competentes. Até agora, ao que me conste, não o foram também pela literatura; o sr. Teo Filho é o primeiro a apresentar um tipo desse nas nossas letras. Se o livro não tivesse o mérito que tem, bastaria um personagem desses para lhe dar um grande relevo.

Virgens amorosas do sr. Teo Filho é, sem dúvida, uma obra definitiva.

Possui todas as qualidades do autor, como escritor que ele é objetivo, seguro anotador das passagens e das cenas externas, observador fiel dos caracteres, mas sem nenhum perturbador sonho íntimo, sem qualquer descontentamento provindo do choque do real com o ideal, de forma que a seu livro falte o encanto da hesitação, do vago, do impreciso, da névoa, do mistério de uma alma sem certezas, torturada e angustiada por não se entender a si mesma, que se vê mergulhada no Indecifrável e no Infinito.

Como obra realista, o seu livro seria perfeito se não faltasse uma cena típica do meio estudado: era a de um casamento no largo do Machado ou em São João Batista, em que os noivos entrassem para a igreja debaixo de vaias, de chufas e de outras manifestações inequívocas de cultura e de educação.

Contudo, pensando melhor, foi bom que o autor não a pusesse...

A.B.C., Rio, 24/9/1921

O destino da literatura

Minhas senhoras e meus senhores:

É a primeira vez que faço o que nós brasileiros convencionamos chamar conferência literária. Na forma que nós o naturalizamos é um gênero de literatura fácil e ao mesmo tempo difícil e isto porque ele não só exige, de quem o cultiva, saber nas letras, habilidade no tratar o assunto, elegância na exposição, mas também porque impõe outras qualidades ao conferencista que, quase de nenhum valor, para o sucesso nas demais modalidades de atividade literária, são, entretanto, capitais e indispensáveis para nele se obter um bom resultado.

Pede tal gênero ao expositor desembaraço e graça, distinção de pessoa, capricho no vestuário e — quem sabe lá? — beleza física e sedução pessoal. É o critério nacional de que tenho muitas provas nas torturas por que têm passado aqueles meus amigos e confrades aos quais Deus galardoou, em tão raras virtudes.

Explico-me.

O meu belo camarada O. M. canta às cigarras com voz melhor, menos estridente e mais suavemente amorosa do que aquela com que esses insetos o fazem quando inspirados pelos crepúsculos aloirados do estio. Ele possui, em alto grau, a segunda série de qualidades do bom conferencista, a que acima aludi. O auditório de suas conferências é monopolizado pelas moças e senhoras. Sabem o que lhe tem acontecido? O. M. vê-se de tempos a esta parte atrapalhado para guardar em casa, caixinhas, caixas, caixões de cigarras secas que as suas admiradoras, do Amazonas ao Prata, lhe mandam insistentemente. É um verdadeiro pesadelo.

Um outro meu amigo, que é excepcionalmente lindo e louro, embora da *Terra do Sol*, belo *diseur* de sólidas conferências, nas salas do tom do Rio de Janeiro, foi proibido de continuar a fazê-las, pela respectiva esposa, porque, em uma das vezes, esta não viu no auditório um só homem. Tudo eram moças e senhoras.

Conhecedor desse feitio característico que tomaram entre nós, pelo menos no Rio de Janeiro, as conferências literárias, sempre que, para elas fui atraído, solicitado por isto ou por aquilo, por este ou por aquele, me eximi de experimentar fazê-las, empregando para isto todos os subterfúgios, todas as escusas, desde a simples desculpa de doença até à fuga covarde diante do inimigo.

É verdade que o sr. Augusto de Lima, grande poeta nacional e parlamentar conceituado, faz conferências com sucesso; mas é que, se não tem ou não teve a beleza de moço, possui hoje a imaterial da idade madura. É verdade também que assisti conferências concorridas de Anatole France e do professor George Dumas, e não eram eles, lá para que se diga, homens bonitos e *chics*. Em Anatole, achamos eu e alguns amigos um belo homem; mas não da beleza que fere as mulheres. E esta é a qualidade fundamental para se fazer uma excelente conferência, no julgar de todos ou de todas da cidade brasileira em que nasci.

Não é só essa a opinião de Botafogo, de Copacabana ou Laranjeiras; ela é partilhada pelas minhas vizinhas do Méier e também pelas deidades do morro da Favela e da Gamboa. É opinião geral da gente carioca.

Estão bem a ver que nunca quis fazer uma ou mais conferências, não por orgulho nem por pretender ser mais profundo do que os meus confrades que as fazem; mas, só e unicamente, pelo fato de conhecer a minha cidade natal, de alto a baixo, e de estar convencido de que, no tocante a elas, palestras ou conferências, a minha organização literária tinha falhas.

De resto, o discurso nunca foi o meu forte e desde bem cedo me convenci disso. Quando bem moço, quase menino, ainda imperfeitamente conhecedor da minha verdadeira personalidade, atrevia-me a frequentar festas familiares e quase sempre delas saía fortemente despeitado com os oradores dos brindes de aniversário, de batizado, de casamento ou mesmo com aquele eloquente conviva que erguera solenemente sua taça (era um simples copo, em geral) ao belo sexo.

Quase com lágrimas, a minha adolescência vaidosa tentava explicar por que razão a minha relativa superioridade sobre tais oradores não permitia fazer os brilharetes de eloquência que eles faziam.

Procurava então desculpar essa minha incapacidade para orador de sobremesa, anotando anedotas da vida de grandes homens que não conseguiram falar, perante qualquer auditório, uma única vez na sua existência.

Newton era um deles, e Gomes de Sousa, o maior geômetra brasileiro, era outro.

Muitos mais grandes homens tinha eu a meu lado e, com isso, me orgulhava; mas, naqueles tempos, era menino e é próprio de menino não achar grande diferença entre um simples mortal e um grande homem, quando não é o de também supor-se um verdadeiro gênio.

Tudo isto, entretanto, não vem ao caso; e só a título de amenidade pode ser explicável que aqui viesse aparecer, tanto mais que conferência literária não é bem discurso, nem parlamentar, nem doméstico-festivo, nem judiciário, nem mesmo mitingueiro. É antes uma digressão leve e amável, despretensiosa, que dispensa os estos demostênicos, as soberbas metáforas de Rui Barbosa, arroubos outros e tropos de toda sorte, antigamente tão bem catalogados pela defunta retórica, os quais tanto assustavam os nossos avós, quando esquartejavam esse pobre mártir dos gramáticos e professores de português de todos os tempos, que é o grande Camões.

Embora convencido disso, ainda sentia medo da conferência porque há nela um elemento que a relaciona com o discurso, sem o qual ambos não teriam existência: é o auditório.

Quando se publica um livro, um artigo, em uma revista ou num jornal, a crítica fica longe e se ela se manifesta, é através de artigo ou de carta, onde a desaprovação vem filtrada, quando o censor é educado, através de fórmulas de polidez; mas, quando se fala, sobre este ou aquele assunto, diretamente ao público, um gesto de impaciência mal sopitado, uma manifestação de cansaço, um cochicho, enfim, o menor sinal de reprovação do auditório desnorteia quem expõe e se atreveu a amolar pessoas de boa vontade e que têm mais que fazer do que ouvir uma xaropada qualquer. No presente caso, desde já vos aviso, não tenham medo; serei breve.

Tenho, para mim, que, mais do que outros motivos, foi este pavor do auditório que me fez até hoje fugir às conferências. Afinal, este gênero de literatura é uma arte de sociedade, — que fica um pouco acima do jogo de prendas e muito abaixo de um *step* qualquer; e eu, apesar de ser um sujeito sociável e que passo, das 24 horas do dia, mais de catorze na rua, conversando com pessoas de todas as condições e classes, nunca fui homem da sociedade: sou um bicho do mato. Certas delicadezas de sofrer me acobardam mais diante dela do que os calabouços da ilha das Cobras; e uma rebeldia, aliás inocente, da minha parte contra ela me põe sempre canhestro quando sou obrigado a mergulhar no seu seio.

Tem sido para mim desvantajoso esse proceder, pois, conforme me hão dito confrades autorizados, é a palestra aliteratada o mais proveitoso gênero de literatura que se pensa cultivar no Brasil. É, como já vos disse, a primeira que faço e talvez seja a última, porque estou encerrando o que prontamente se chama carreira literária.

Venço agora todos os temores, e a muito custo; certamente fui levado a isto, por ter pisado em terras de iniciativa e de audácia, qualidades que este próspero município de São Paulo vai me emprestar por instantes, animando-me a falar-vos, cônscio da minha obscuridade e apesar da minha natural timidez.

Muitas vezes todos vós que me ouvis haveis de formular intimamente, de vós para vós mesmos, ao topardes, em um jornal ou em uma revista, com um soneto ou um artigo, perguntas como estas: para que serve "isto"? Por que se honram os homens que fazem essas cousas, quando, as mais das vezes, se as suas vidas não são cheias de torpes episódios, são, entretanto, as de verdadeiros vagabundos? Como é que todos lhes guardam os nomes e muitos se honram com a sua amizade? Como é que nós os cercamos de honrarias, de estátuas, de bustos, e os esquecemos do inventor da utilíssima máquina de costura? Em que pode a Literatura, ou a Arte, contribuir para a felicidade de um povo, de uma nação, da humanidade, enfim?

São perguntas naturais e espontâneas que não há um homem que as não tenha feito no seu foro íntimo e que eu mesmo as fiz, quando, há cerca de vinte anos, me pus juvenilmente a escrever para o público, em revistas e jornalecos que nasciam, eram lidos e morriam na rua do Ouvidor, não em toda ela, porque uma parte dessa célebre rua, nas proximidades do velho mercado, mais se ocupa em cousas sérias que dizem respeito ao nosso estômago, desprezando tais caprichos literários, a menos que eles não se traduzam em fartos ágapes, no famoso Hotel do Minho. Às vezes, isto acontece e a literatura e os literatos ficam valorizados no seio da finança cautelosa.

Tais perguntas, meus senhores e senhoras, constituem

em súmula o resumo do problema da importância e do destino da Literatura que se contém no da Arte em geral. Em redor dele, como todos vós sabeis, muito se há debatido e as mais contrárias teorias têm sido construídas, para resolvê-lo.

Filósofos e moralistas, sociólogos e doutrinários de toda a sorte têm-no discutido.

Muitos, para condenar a Arte, em conjunto, ou tão somente a Literatura; outros, para exaltá-la. Platão, que, com o ser grande filósofo, não deixava de ser também um grande poeta, não admitia artistas do verso na sua República ideal.

O debate a esse respeito não está encerrado, e nunca ficará encerrado enquanto não concordarem os sábios e as autoridades no assunto que o fenômeno artístico é um fenômeno social e o da Arte é social para não dizer sociológico.

Como os senhores sabem perfeitamente, entre as muitas ciências ocultas e destinadas a iniciados que ultimamente têm surgido, há uma que pretende ser a da teoria geral da Arte.

Segundo Tolstói, na sua sólida e acessível obra O que é a Arte?, o fundador dessa absconsa ciência foi o filósofo alemão Baumgarten, que a definia como tendo por objeto o conhecimento da Beleza, sendo que esta é o perfeito ou o absoluto, percebido pelos sentidos e tem por destino deleitar e excitar este ou aquele desejo nosso.

Uma porção de definições da ciência estética se baseia, como esta, na beleza, tendo cada uma delas por sua vez um determinado critério do que seja Belo, do que seja Beleza.

Deixo de citar muitas, entre as quais a de Hegel, que é muito interessante, para não me tornar fastidioso, tanto mais que estou longe dos meus livros e dos meus apontamentos; mas, se algum dos ouvintes quiser ter o trabalho de ler muitas delas, pode procurá-las no livro de Tolstói

que citei, e de que, como dos de Taine, de Guyau, de Brunetière e outros, me sirvo aqui, com mais ou menos liberdade, em virtude de não tê-los à mão.

Essas definições de arte, em que se inclui a Literatura,
sugerem logo a interrogação: o que é a Beleza?

Eis aí uma pergunta que às senhoras e às senhoritas,
por estarem muito familiarizadas com o assunto da interrogação, parecerá ociosa; mas que, para os filósofos,
os abstratores de quintessência, os estetas profundos que
doutrinam sobre o Amor e o Belo sem nunca terem ama-
do, para essa multidão de senhores sombrios, relaxados e
distraídos, que fogem das recepções e dos chás dançantes;
enfim, para toda essa gente livresca constitui tal pergunta
objeto de apaixonadas discussões que, às vezes, baixam
até à troca de soezes insultos enquanto a verdadeira Beleza foge deles com a velocidade do aeroplano.

Cada um desses doutos, minhas senhoras e meus senhores, explica de seu modo o que seja Beleza e cada um
deles o faz mais incompreensivelmente, mais rebarbativa-
mente, mais nevoentamente. Os alemães mais do que os
ingleses, e os franceses mais do que aqueles, porque, segundo Tolstói, quando a tradicional clareza dos franceses
é fascinada pela proverbial névoa germânica, aquela ga-
bada qualidade gaulesa capricha em se fazer densa, mais
densa ainda do que, em geral, a neblina germânica.

Não os seguirei nas suas nebulosidades e procurarei
um autor claro, profundo e autorizado, para responder
a pergunta que angustia os filósofos e que a metade do
gênero humano, talvez, segundo a opinião geral, é a mais
interessante parte dele, não suspeita até que possa ser for-
mulada.

A Beleza, para Taine, é a manifestação, por meio dos
elementos artísticos e literários, do caráter essencial de
uma ideia mais completamente do que ela se acha expressa nos fatos reais.

Portanto, ela já não está na forma, no encanto plástico, na proporção e harmonia das partes, como querem os helenizantes de última hora e dentro de cuja concepção muitas vezes não cabem as grandes obras modernas, e, mesmo, algumas antigas.

Não é um caráter extrínseco de obra, mas intrínseco, perante o qual aquele pouco vale. É a substância da obra, não são as suas aparências.

Sendo assim, a importância da obra literária que se quer bela sem desprezar os atributos externos de perfeição de forma, de estilo, de correção gramatical, de ritmo vocabular, de jogo e equilíbrio das partes em vista de um fim, de obter unidade na variedade; uma tal importância, dizia eu, deve residir na exteriorização de um certo e determinado pensamento de interesse humano, que fale do problema angustioso do destino em face do Infinito e do Mistério que nos cerca, e aluda às questões de nossa conduta na vida.

E, em outras palavras, o parecer de Brunetière.

Tomo, a fim de esclarecer esse pensamento, como exemplo um livro famoso, hoje universal — *Crime e castigo*, de Dostoiévski — que deveis conhecer.

Trata-se de um estudante que curte as maiores misérias em São Petersburgo. Lembrem-se bem que se trata de miséria russa e de um estudante russo.

As que passa não o fazem sofrer tanto; mas, por sofrê-las, compreende melhor as dos outros. Isto leva-o a meditar teimosamente sobre os erros da nossa organização social. Obrigado pela sua vida miserável, vem a conhecer uma velha sórdida, sem alma e sem piedade, que emprestava níqueis sobre objetos de pequeno valor intrínseco, cobrando juros despropositados.

A velha onzeneira não tem o mínimo remorso de explorar a miséria dos que a procuram.

Relíquias de família, ensopadas de ternuras de mãe e afetos de irmãs; fetiches de amor, enriquecidos de beijos de noivas e de amantes, tudo ela recebe, dando miseráveis vinténs para recebê-los triplicados, no fim de uma quinzena e, por muito favor, de um mês, sabendo perfeitamente que os objetos serão resgatados, porque, neles, há muito da alma e dos sonhos dos que os levam a penhor.

O estudante chama-se Raskólnikov. É bom, é honesto, é inteligente, tanto assim que o sacodem ideias para acabar com as misérias dos homens. Mas... precisa dinheiro; ele não o tem. Precisa dinheiro para estudar, para transmitir as suas ideias aos outros, por meio de livros, jornais e revistas. Como há de ser? Eis o problema...

Um dia, Raskólnikov, indo em transação à casa da tal velha, percebe que ela tem na gaveta uma grossa quantia em notas de banco. A descoberta fere-o profundamente; a ignóbil onzeneira possui naturalmente o dinheiro de que ele precisa para realizar, para lançar a sua obra generosa que fará a felicidade de muitos, senão a de todo o gênero humano; mas como se apoderar dele?

Furtá-lo? Não podia porque a imunda agiota não arredava o pé da pocilga de seus imundíssimos negócios. Como obtê-lo, então? Só matando-a. É um crime; mas — pergunta ele de si para si — todos os benfeitores da humanidade e os seus grandes homens em geral, diretamente ou indiretamente, não praticaram ou não autorizaram a prática de crimes, para a plena realização de sua obra? Napoleão não foi um deles e, como ele, tantos outros?

Corre raciocínios dessa natureza Raskólnikov; e conclui que ele, possuidor de um ideal generoso e alto, tinha, em face dele e dos augustos destinos da humanidade, direito a matar aquela vilíssima velha, a qual, tendo deixado apagar-se-lhe na consciência todos os nobres sentimentos humanos, como que se havia posto fora da espécie e se feito menos que um verme asqueroso.

Mata-a, a ela e também à irmã, que se entrava quando ele acabava de perpetrar o assassínio. Mata a ambas da forma mais cruel e horrorosa que se pode imaginar, com o furor homicida de bandido consumado. Mata as duas mulheres com uma embotada machadinha de rachar lenha que encontrara no quintal do casarão da sua residência, pois nem dinheiro tivera para comprar outra arma mais própria e capaz.

Depois de consumado o crime, é em vão que procura fugir dele. O testemunho da consciência o persegue sempre e Raskólnikov se torna, por assim dizer, o remorso dele mesmo. Quer o castigo; não pode sentir-se bem na vida sem o sofrer, porque as suas relações com o resto da humanidade já são outras e ele se sente perfeitamente fora da comunhão humana, cujos laços com ela ele mesmo rompera.

Nisso tudo que é resumida e palidamente a obra do grande escritor russo, não há nada do que comumente entre os escritores mais ou menos helenizantes chamam belo; mas, se assim é, onde está a beleza dessa estranha obra? — pergunto eu.

Está na manifestação sem auxílio dos processos habituais do romance, do caráter saliente da ideia que não há lógica nem rigor de raciocínio que justifiquem perante a nossa consciência o assassinato, nem mesmo quando é perpetrado no mais infinito e repugnante dos nossos semelhantes e tem por destino facilitar a execução de um nobre ideal; e ainda mais: no ressumar de toda a obra que quem o pratica embora obedecendo a generalizações aparentemente verdadeiras, executado que seja o crime, logo se sente outro — não é ele mesmo.

Mas esta pura ideia só como ideia tem fraco poder sobre a nossa conduta, assim expressa sob essa forma seca que os antigos chamavam de argumentos e os nossos Camões escolares dessa forma ainda chamam aos resumos, em prosa ou verso, dos cantos dos *Lusíadas*. É preciso que esse argumento se transforme em sentimento; e a arte, literatura salutar tem o poder de fazê-lo, de transformar a ideia, o preceito, a regra em sentimento; e mais do que isso, torná-lo assimilável à memória, de incorporá-lo ao leitor, em auxílio dos seus recursos próprios, em auxílio de sua técnica.

Além. É verificado por todos nós que quando acabamos de ler um livro verdadeiramente artístico, convencemo-nos de que já havíamos sentido a sensação que o outro nos transmitiu, e pensado no assunto.

O que não soubemos, dizem uns, foi escrever "a história". Estes são os modestos; mas os pretensiosos dizem logo: "Isto! Também eu fazia!". Tal fato se dá mais comumente com as grandes obras de que com as medíocres. Toda a gente se julga capaz de escrever o *Dom Quixote*, o *Robinson*, as *Viagens de Gulliver*, o *Crainquebille* etc.; mas poucos se afirmam com aptidões para alinhavar o *Rocambole*, o *Nick Carter* ou outro qualquer romance-folhetim. Passemos além: mais do que nenhuma outra arte, mais fortemente possuindo essa capacidade de sugerir em nós o sentimento que agitou o autor ou que ele simplesmente descreve, a arte literária se apresenta com um verdadeiro poder de contágio que a faz facilmente passar de simples capricho individual para traço de união, em força de ligação entre os homens, sendo capaz, portanto, de concorrer para o estabelecimento de uma harmonia entre eles, orientada para um ideal imenso em que se soldem as almas, aparentemente mais diferentes, reveladas, porém, por ela, como semelhantes no sofrimento da imensa dor de serem humanos.

É por aí, segundo a minha humilde opinião, que devemos orientar a nossa atividade literária e não nos ideais arcaicos e mortos, como este variável e inexato que a nossa poesia, tanto velha como nova, tem por hábito atribuir à Grécia. Insisto neste ponto porque ele me apaixona, tanto assim que, aqui e ali, sempre que posso tenho combatido esse ideal grego que anda por aí.

Em geral, nós, os brasileiros, pouco sabemos, de arqueologia antiga; estamos na infância, e nem lhe acompanhamos os estudos feitos nessa atividade; mas quem

curiosamente os segue pode concluir, com rápidas leituras, que nada autoriza a admitirmos um certo e exato
ideal de arte helênica. Em outra parte, já tive ocasião de
observar isto, nas seguintes palavras:

> Sainte-Beuve disse algures que, de cinquenta em cinquenta
> anos, fazíamos da Grécia uma ideia nova. Tinha razão.
> Ainda há bem pouco o sr. Teodoro Reinach, que
> deve entender bem dessas coisas de Grécia, vinha dizer
> que Safo não era nada disso que nós dela pensamos; que
> era assim como Mme. de Sévigné. Devia-se interpretar
> a sua linguagem misturada de fogo, no dizer de Plutar-
> co, como uma pura exaltação da mulher. A poesia sáfi-
> ca seria, em relação à mulher, o que o diálogo de Platão
> é em relação ao homem. Houve escândalo.
> Não é este o único detalhe, entre muitos, para mos-
> trar de que maneira podem variar as nossas ideias sobre
> a velha Grécia.
> Creio que, pela mesma época em que o sr. T. Reinach
> lia na sessão das cinco Academias de França reunidas, o
> resultado das suas investigações sobre Safo, se represen-
> tou na ópera, de Paris, um drama lírico de Saint-Saëns
> — "Dejanira". Sabem os leitores como vinham vestidos
> os personagens? Sabem? Com o que nós chamamos nas
> casas das nossas famílias pobres — colchas de retalhos.
> Li isto em um folhetim do sr. P. Lalo, no *Temps*.
> Esta modificação no trajar tradicional dos heróis
> gregos, pois se tratava deles no drama, obedecia a in-
> junções das últimas descobertas arqueológicas. O meu
> simpático missivista pode ver por aí como a sua Grécia,
> é, para nós, instável.
> Em matéria de escultura grega, podia eu, com o
> muito pouco que sei sobre ela, epilogar bastamente. É
> suficiente lembrar que era regra admitida pelos artistas
> da Renascença que, de acordo com os preceitos gregos,
> as obras esculturais não podiam ser pintadas.

É que eles tinham visto os mármores gregos lavados pelas chuvas; entretanto, hoje, segundo Max Collignon, está admitido que as frisas do Partenon eram coloridas.

A nossa Grécia varia muito e o que nos resta dela são ossos descarnados, insuficientes talvez para recompô-la como foi em vida, e totalmente incapazes para nos mostrar ela viva, a sua alma, as ideias que a animavam, os sonhos que queria ver realizados na Terra, segundo os seus pensamentos religiosos.

Atermo-nos a ela, assim variável e fugidia, é impedir que realizemos o nosso ideal, aquele que está na nossa consciência, vivo no fundo de nós mesmos, para procurar a beleza em uma carcaça cujos ossos já se fazem pó.

Ela não nos pode mais falar, talvez nem mesmo balbuciar, e o que nos tinha a dar, já nos deu e vive em nós inconscientemente.

Mesmo que a Grécia — o que não é verdade — tivesse por ideal de arte realizar unicamente a beleza plástica, esse ideal não podia ser o nosso, porque, com o acúmulo de ideias que trouxe o tempo, com as descobertas modernas que alargaram o mundo e a consciência do homem, e outros fatores mais, o destino da Literatura e da Arte deixou de ser unicamente a beleza, o prazer, o deleite dos sentidos, para ser cousa muito diversa.

Tolstói, no livro de que me venho servindo e a cujo título mais atrás aludi, critica muito justamente semelhante opinião, com as seguintes palavras:

"Quando se quer definir todo um ramo de atividade humana, é necessário procurar-lhe o seu sentido e o seu alcance. Para isto fazer, é primeiramente indispensável estudar tal atividade em si mesma, na dependência de suas causas e efeitos, e não exclusivamente nas suas relações com os prazeres que ela nos proporciona."

Ainda mais:

Se dissermos que o fim de uma certa atividade humana é unicamente o prazer, e só sobre ele fizermos repousar a nossa definição, será ela evidentemente falsa. É o que se dá com a definição de Arte assim concebida. Com efeito; examinando-se as questões de nutrição, por exemplo, ninguém se atreverá a afirmar que o prazer de comer é a função principal da nutrição. Toda a gente compreende que a satisfação do nosso paladar não pode servir de base à nossa definição de mérito dos nossos alimentos.

Há muitos que são agradáveis, digo agora eu, que não são nutríticos, antes são prejudiciais à economia do nosso organismo; e há outros que não são lá muito saborosos, mas que preenchem perfeitamente o fim da nutrição, que é o de conservar a vida do nosso corpo.

Ver o fim, o destino de qualquer arte no prazer que ela nos proporciona é imitar os homens de uma moralidade primitiva, como os selvagens, que não veem na alimentação outro alcance que não seja o da satisfação agradável que lhes proporciona a ingestão de alimentos.

Guyau, num curioso livro, tão profundo quanto claro — *A Arte sob o ponto de vista sociológico* —, ensinou "que a beleza não é uma coisa exterior ao objeto; que ela não pode ser admitida como uma excrescência parasítica na obra de arte; ela é, no fim de contas, a verdadeira floração da planta em que aparece".

A arte, incluindo nela a literatura, continua Guyau,

é a expressão da vida refletida e consciente, e evoca em nós, ao mesmo tempo, a consciência mais profunda da existência, os sentimentos mais elevados, os pensamentos mais sublimes. Ela ergue o homem de sua vida pessoal à vida universal, não só pela sua participação nas ideias e crenças gerais, mas também ainda pelos sentimentos profundamente humanos que exprime.

Quer dizer: que o homem, por intermédio da Arte, não fica adstrito aos preceitos e preconceitos de seu tempo, de seu nascimento, de sua pátria, de sua raça; ele vai além disso, mais longe que pode, para alcançar a vida total do Universo e incorporar a sua vida na do Mundo.

São ainda dele, de Jean-Marie Guyau, o genial filósofo, esteta, moralista e poeta, morto prematuramente aos 33 anos; são dele, meus senhores e minhas senhoras, esta formosa divisa:

"Ama tudo para tudo compreender; tudo compreender para tudo perdoar."

Mais do que qualquer outra atividade espiritual da nossa espécie, a Arte, especialmente a Literatura, a que me dediquei e com que me casei; mais do que ela nenhum outro qualquer meio de comunicação entre os homens, em virtude mesmo do seu poder de contágio, teve, tem e terá um grande destino na nossa triste Humanidade.

Os homens só dominam os outros animais e conseguem em seu proveito ir captando as forças naturais porque são inteligentes. A sua verdadeira força é a inteligência; e o progresso e o desenvolvimento desta decorrem do fato de sermos nós animais sociáveis, dispondo de um meio quase perfeito de comunicação, que é a linguagem, com a qual nos é permitido somar e multiplicar a força de pensamento do indivíduo, da família, das nações e das raças, e, até, mesmo, das gerações passadas graças à escrita e à tradição oral que guardam as cogitações e conquistas mentais delas e as ligam às subsequentes.

Portanto, meus senhores, quanto mais esse poder de associação for mais perfeito; quanto mais compreendermos os outros que nos parecem, à primeira vista, mais diferentes, mais intensa será a ligação entre os homens, e mais nos amaremos mutuamente, ganhando com isso a nossa inteligência, não só a coletiva como a individual. A arte, tendo o poder de transmitir sentimentos e ideias, sob a forma de sentimentos, trabalha pela união da espécie;

assim trabalhando, concorre, portanto, para o seu acréscimo de inteligência e de felicidade.

Ela sempre fez baixar das altas regiões das abstrações da Filosofia e das inacessíveis revelações da Fé, para torná-las sensíveis a todos, as verdades que interessavam e interessam a perfeição da nossa sociedade; ela explicou e explica a dor dos humildes aos poderosos e as angustiosas dúvidas destes, àqueles; ela faz compreender, uns aos outros, as almas dos homens dos mais desencontrados nascimentos, das mais dispersas épocas, das mais divergentes raças; ela se apieda tanto do criminoso, do vagabundo, quanto de Napoleão prisioneiro ou de Maria Antonieta subindo à guilhotina; ela, não cansada de ligar as nossas almas, umas às outras, ainda nos liga à árvore, à flor, ao cão, ao rio, ao mar e à estrela inacessível; ela nos faz compreender o Universo, a Terra, Deus e o Mistério que nos cerca, para o qual abre perspectivas infinitas de sonhos e de altos desejos.

Fazendo-nos assim tudo compreender; entrando no segredo das vidas e das cousas, a Literatura reforça o nosso natural sentimento de solidariedade com os nossos semelhantes, explicando-lhes os defeitos, realçando-lhes as qualidades e zombando dos fúteis motivos que nos separam uns dos outros. Ela tende a obrigar a todos nós a nos tolerarmos e a nos compreendermos; e, por aí, nós nos chegaremos a amar mais perfeitamente na superfície do planeta que rola pelos espaços sem fim. O Amor sabe governar com sabedoria, e acerto, e não é à toa que Dante diz que ele move o Céu e a alta Estrela.

Atualmente, nesta hora de tristes apreensões para o mundo inteiro, não devemos deixar de pregar, seja como for, o ideal de fraternidade, e de justiça entre os homens e um sincero entendimento entre eles.

E o destino da Literatura é tornar sensível, assimilável, vulgar esse grande ideal de poucos a todos, para que ela cumpra ainda uma vez a sua missão quase divina.

Conquanto não se saiba quando ele será vencedor; conquanto a opinião internada no contrário cubra-nos de ridículo, de chufas e baldões, o heroísmo dos homens de letras tendo diante dos olhos o exemplo de seus antecessores pede que todos os que manejam uma pena não esmoreçam no propósito de pregar esse ideal. A literatura é um sacerdócio, dizia Carlyle.

Que me importa o presente! No futuro é que está a existência dos verdadeiros homens. Guyau, a quem não me canso de citar, disse em uma de suas obras estas palavras, que ouso fazê-las minhas:

Porventura sei eu se viverei amanhã, se viverei mais uma hora, se a minha mão poderá terminar esta linha que começo? A vida está, por todos os lados, cercada pelo Desconhecido. Todavia executo, trabalho, empreendo; e em todos os meus atos, em todos os meus pensamentos, eu pressuponho este futuro com o qual nada me autoriza a contar. A minha atividade excede em cada minuto o instante presente, estende-se ao futuro. Eu consumo a minha energia sem recear que este consumo seja uma perda estéril, imponho-me privações, contando que o futuro as resgatará — e sigo o meu caminho. Esta incerteza que me comprime de todos os lados, equivale para mim a uma certeza e torna possível a minha liberdade — é o fundamento da moral especulativa com todos os riscos. O meu pensamento vai adiante dela, com a minha atividade; ele prepara o mundo, dispõe do futuro. Parece-me que sou senhor do infinito, porque o meu poder não é equivalente a nenhuma quantidade determinada; quanto mais trabalho mais espero.

Possam estas palavras de grande fé; possam elas na sua imensa beleza de força e de esperança atenuar o mau efeito que vos possa ter causado as minhas desenxavidas. É que eu não soube dizer com clareza e brilho o que pretendi; mas uma cousa garanto-vos: pronunciei-as com toda a sinceridade e com toda a honestidade de pensar.

Talvez isso faça que eu mereça perdão pelo aborrecimento que vos acabo de causar.

Revista Sousa Cruz, Rio, n.os 58-59, outubro e novembro de 1921

Aos poetas

Interrompendo o estudo de vários livros que me têm dado a honra de mandar os seus autores, vou tratar aqui muito brevemente de dous poetas, cujos trabalhos tiveram a bondade de me oferecer. É uma bela exceção que abro, porque jurei jamais dizer publicamente sobre obras poéticas; e, se as abro, é devido à encantadora mocidade de ambos e o desejo de animá-los, pois sei bem qual o destino que os seus trabalhos vão ter nas redações dos jornais. Não desprezo a poesia; mas nada conheço de sua técnica, dos seus processos, das suas escolas, das suas regras, enfim. Sou, portanto, perfeitamente incompetente para falar de livros de versos, de criticá-los, de dizer alguma cousa séria e digna de apreço público sobre eles. Demais a musicabilidade própria às poesias faz-me perder aquilo que querem exprimir, para ficar embalado unicamente na sua música. A mesma cousa se dá quando leio o sr. Graça Aranha, quando de grande gala.

Vou, entretanto, para animar tão radiosos amigos, transcrever-lhes, de cada um, uma composição.

O primeiro, o sr. Hélio Lima, por quem me anima a mais viva simpatia, é quase um menino. Não terá ainda dezoito anos. As suas poesias denotam fluência, facilidade de versificação e todas elas denotam o especial estado de quem acaba de entrar na puberdade. Exceto a primeira, as outras são erótico-sentimentais. Eis a primeira e é a melhor, em todos os pontos de vista:

O POETA

[...]
"E o seu filho que tarda, o seu filho que vinha
Beijar-lhe a mão risonho, em logo anoitecendo?
O que estaria ele, o seu filho, fazendo?..."
— Pensava a pobre mãe em seu quarto sozinha.
São duas da manhã... o dia vem nascendo
E vê-se no portão duma triste casinha
Uma sombra que chora, uma pobre velhinha,
A pensar em seu filho, e seu filho bebendo...
São quatro da manhã... "E o seu filho querido?
Que imprevisto fatal teria acontecido?..."
— Cismava a pobre mãe em lágrimas desfeita.
E quando já manhã — que doloroso achado! —
Encontrou-o, por fim, na taberna sentado
A recitar chorando a poesia feita.

Agora, se o jovem amigo e poeta me permite, animo-me a lembrar-lhe aquela observação que Platão põe na boca de Sócrates, no *Fédon*:

"Comecei por esse hino em louvor do Deus cuja festa se celebrava. Em seguida, porém, tendo feito a reflexão de que, para ser-se verdadeiramente poeta, não basta fazer discursos em verso, sendo ainda necessário inventar ficções, e não sentindo em mim, aliás, o talento da invenção, pus-me etc. etc."

Compreenda o que aí vai, meu caro Hélio — autor do *Velas* —, que o que aí fica dito não tem nenhuma malícia e dê parabéns ao seu ilustrador, que é uma revelação, apesar de, às vezes, procurar forçar a sua natural originalidade.

O outro poeta, que aqui devo tratar, é o sr. Heitor Alves. É um moço de real talento, embora seja um tanto prejudicado pela sua mania de inovador. Não sou contra a inovação, mas quero que não rompa de todo com os processos do passado, senão o inovador arrisca-se a não ser compreendido. É como se eu, aborrecido com o meu mau português, quisesse fazer uma língua nova e minha só. Ninguém me entenderia.

Não é este o caso do autor de *Sons ritmados*. Tanto não é que os leitores vão ver aqui uma bela poesia sua, perfeitamente inteligível. Ei-la:

UMA DANÇA NO FUNDO DO MAR

— Dançam algas, anêmonas, medusas,
revoltas e confusas,
numa dança sem fim pelo fundo do mar...
E vão dançando ao som da surdina das águas,
carpindo suas mágoas
de não poder assim pela tona dançar.

E vão tristes dançando,
ondulando, ondulando,
em uma ondulação que nunca mais termina,
nunca mais!

Dançar é sua sina!
São algas, são anêmonas, estrelas
e medusas, madrépora divina...
Oh como é belo vê-las
bailar junto dos bancos de corais!

E tudo ondula e dança
quer esteja o mar bravo ou em bonança.
Até mesmo os ouriços maus, cruéis,
giram nos torvelinhos
do baile, sacudindo os seus milhões de espinhos,
os seus milhões de pés!

Vão marcando compasso!
Dançam algas, estrelas e medusas
(águas-vivas), anêmonas, confusas,
numa dança sem fim pelo fundo do mar...
E vão dançando ao som da surdina das águas,
carpindo suas mágoas
de não poder assim pela tona dançar!

Agora, meu caro poeta, o senhor fala nos sapatos brancos de Ofélia, quando se foi casar. Isto está numa poesia sua, intitulada — "A branca Ofélia".

Creio que, se se trata da noiva ou apaixonada de Hamlet, essa moça nunca se casou.

Para terminar:

Estas ligeiras notas tinham por fim dizer aos senhores poetas que me podem mandar os seus livros de versos, mas não esperem que deles dê eu notícia em jornais e revistas. Não entendo de poesia. Eis aí!

A.B.C., Rio, 17/12/1921

A lógica da vida

Os autores ingleses Mrs. Joachin Macran e W. Smith Bradley acabam de enviar-me a sua curiosa obra *Knowing and Life*, que subintitularam: um simples ensaio; mas que, na verdade, contêm muito mais do que isso, as suas páginas, de tão percuciente análise do mecanismo abstrato da vida, em geral, pelo que merecem e impõem até subtítulo menos modesto.

Eles mostram como os atos, os fatos, os menores acontecimentos da nossa vida comum, são encadeados, determinados, condicionados pelos anteriores, todos promanando de uma ideia geral, obtida, às vezes, por observação e, em outras, por simples intuição ou uma indução obscura, mas, desde que se firme nessa ideia geral, a sucessão de fatos, acontecimentos, volições, passos, estratagemas, segue no seu desenvolvimento, com dose de erros que é inevitável na passagem do abstrato para o concreto, as regras da Lógica Formal.

A vida, qualificada pelos poetas de "ondeante e diversa", não se apresenta assim aos olhos dos sábios autores de *Knowing and Life*. Para eles, em essência, é ela regida por leis lógicas imperiosas como é o nosso próprio pensamento.

Muita gente tinha pressentido isto, mas ninguém até hoje havia organizado um corpo de doutrina com tais antecipações e pressentimentos. Coube isto aos srs. Macran e Smith Bradley. A obra é de 1911 e foi impressa nas oficinas da célebre Universidade de Oxford. No seu último livro — *A estética da vida* —, o sr. Graça Aranha, segundo me disseram, se serve abundantemente dela e a cita em muitos lugares do seu primoroso livro.

Afirmam os autores ingleses que não se pode tirar da vida um seguro método ou métodos seguros que guiem tais ou quais fatos, por mais comuns que sejam eles, mesmo porque esses métodos puros, como as leis gerais, só são aplicáveis e têm verdadeira significação no campo do pensamento abstrato. Desde, porém, que passamos para o campo concreto, real, as leis e os métodos se verificam, é verdade, mas com as restrições que a passagem de um campo para outro determina — cousa sabida por todos os experimentadores, filósofos etc. Os erros, como já foi dito, são inevitáveis quando se opera tal transição; enfronhado nos processos científicos e na filosofia das ciências, pensará que a ciência falhou. Entretanto, é o contrário que se dá. Ela mais afirma o seu poder, por isso, pois, foi a própria ciência que previu o que ia acontecer. A verdadeira ciência é modesta...

Não posso seguir os sábios ingleses na longa explanação preliminar de sua curiosa obra; mas, para a boa compreensão do leitor, direi somente que, após as longas páginas dela, Mr. Macran e Mr. Bradley chegam à conclusão que a vida tal e qual a vemos não tem predileção por este ou aquele método; antes, emprega-os todos, ora um, ora outro, para acontecimentos semelhantes, ora os dous misturados, isto é, o dedutivo e o indutivo que são os típicos.

A parte mais atraente do livro são os exemplos práticos de que ele vem recheado, para elucidar esse entrelaçamento de métodos e processos, às vezes mesmo contraditórios, que a vida exige e a cuja obediência estamos sujeitos se quisermos obter alguma cousa de positivo. Os menos avisados dirão: é assim, a vida não tem lógica. Os srs. Bradley e Macran respondem: às vezes, só tem nas partes; enquanto não tem no todo; e, em outras, dá-se o contrário.

Para exemplificar, citam inúmeros exemplos; entre os quais, para ilustrar a segunda parte da resposta, relatam o caso de um certo romancista célebre no seu país, que, partindo desta verdade geral: a vida é "cavação" e, nisso, consiste a sua máxima beleza — chega logicamente a uma conclusão particular que lhe é sobremodo agradável.

Ele conservou essa proposição geral que guiava a sua existência, muito secretamente, e desenvolveu sua vida, ora empregando o método indutivo, ora o dedutivo e até o confuso; mas a concluiu sempre se guiando pela proposição que estabelecera de antemão. Vejamos como.

Espalhou pelos amigos que estava impregnado pelo idealismo alemão. No seu sangue corriam Hegel, Schelling, Fichte, Potsdam, Der Grosse, Wilhelmstrasse, Altman, Brandeburgo e a seiva de outros filósofos idealistas e alemães. Na sua opinião, a Arte representava a mais alta manifestação da inteligência humana, pois, por intermédio dela, o homem conseguia libertar-se da fatalidade da Terra, absorver sua alma no Infinito, no Incognoscível, no Transcendente, no Mistério, no Eterno e no Divino; e a Arte, continuava o novelista, devia ser completamente desinteressada, pois a Missão, o Sacerdócio do Artista, partilhava da essência de Deus e consistia em comunicar aos outros homens menos dotados a revelação da Beleza Suprema que ele havia recebido das forças e poderes extra-humanos do Cosmos Enigmático.

Apareceu-lhe, logo após, um romance — *Além do Suez*. Era uma obra simbólica, metafísica, hindustânica, realista e instrumentista. Os fragmentos profundos eram redundantes, grandiloquentes, superenriquecidos, feitos e copiados e recopiados. As partes que não tinham pretensões à filosofia alemã eram simples e legíveis e mesmo belas. O romance não parecia ter sido composto do começo para o fim, nem deste para o começo; mas aos pedaços, que foram ajustados depois, conforme foi possível. Um livro como o dele que ora procura a beleza na exuberância verbal das imagens e amplificações altissonantes de poema hindu; ora, na nitidez, na clareza e simplicidade dos *conteurs* — um tal livro, dizia, não obedecia a nenhum método lógico, a não ser que fosse o confuso, se o pudéssemos chamar lógico.

O trabalho alcançou um sucesso espantoso, talvez merecido, apesar de tudo, pois não era vulgar; e seu autor ficou tido como um idealista, discípulo dos idealistas alemães, grandioso e nebuloso como um verdadeiro inspirado pelo *Maabárata* e mais formas orientais com os quais o *Além do Suez* tinha grandes pontos de contato. Era pensamento de inspiração ária, indo-germânica; nada tinha de cafre, benguela, negrito ou papuásico que encarnou o espírito do mal — espécie de Raxasas que Rama combateu por amor da bela Sitá, como se lê no *Ramáiana*; e o romancista quer continuar a combater para merecer um poema de 5 milhões de *slokas* ou dísticos.

No meio desse repinicar de sinos festivos e homofonias à glória do altíssimo escritor, êmulo e sucessor de Rama, o romancista não se esqueceu da verdade geral de que partira: "a vida é 'cavação' e, nisso, consiste a sua máxima beleza".

Obediente a essa generalização, fiscalizou bem a edição de sua obra e discutiu, com grande saber financeiro e jurídico, os seus proventos de autor.

Calou-se um pouco e tratou de, na sombra, aproveitando a fama ganha, empregá-la para realizar as suas ambições de fortuna, de grande fortuna, isto é, "cavar" muito e forte, de forma que pudesse ter, em casa, quadros falsificados de célebres autores, antiguidades feitas quase à sua vista, à *la minute* etc. etc.

Graças às suas credenciais literárias, artísticas de uma Arte idealista e desinteressada, o romancista, cujo nome

Mr. Macran e Mr. Bradley não citam, nem mesmo a sua nacionalidade, foi muito bem recebido nas rodas financeiras e especuladoras de todo o jaez da sua terra natal.

Deixou de parte os grossos *bouquins*; mas, para alimentar a fama do seu nome, de quando em quando, publicava estirados artigos nos jornais e revistas, sobre artes da Indochina e do Kamtchatka, feitos e refeitos, copiados e recopiados, amplificados até ao balofo e à desfiguração, com sacrifício da espontaneidade, sem a louçania e o viço de obra que salta da cabeça para o papel, de obra *primesautière*.

De fato, ele era um escritor laborioso; mas, agora, exagerava o labor que lhe era natural, para se tornar obscuro e parecer profundo.

Era regra, no seu país, esse apreço ao obscuro e até diziam os irreverentes a respeito:

— Sede obscuro e serás profundo.

A *élite* social refugava o que compreendia e comentava, ao ler uma obra clara e honesta:

— Isto! Isto eu escrevia aos milheiros! Que porcaria!

Para ela, as águas escuras ou barrentas sempre encobrem abismos.

O romancista tinha compreendido o seu meio; e, fiel à sua ideia matriz, aproveitava a mania da profundeza, do obscuro, da gente fina de sua terra, para realizá-la totalmente.

Inaugurou-se, em 1914, o grande conflito europeu; e, conquanto alimentado pela filosofia e cultura germânicas, apesar de não haver semelhança alguma entre as suas obras de copioso palavreado e a de seus confrades de Além-Reno, o romancista dedutivo declarou-se francófilo, passou a descompor a Alemanha e fundou o "Grêmio Recreativo Flor da França", para o qual convidou fossem tomar parte todos os que se sentiam herdeiros do gênio latino de que a França era depositária imortal e eterna.

Ingênuos poetas, simplórios escritores, professores de

francês, meninas que falavam francês das irmãs, nos salões mundanos, correram a aderir ao grêmio recreativo. Instalou-se à sociedade com muitos aderentes, tanto mais que não se pagava nada; e o romancista foi aclamado presidente. Publicou dentro em pouco um folheto — O Farol Latino, órgão da agremiação; e, no fim de dous meses, partia para a Europa, representando fabricas de tecidos, comissários de algodão, empresas de carnes frigoríficas e frigorificadas etc. etc.

Protegido pelo seu título de presidente de uma sociedade simpática à França, pôde colocar os produtos das indústrias e comerciantes que representava, em quantidades e preços vantajosos. Ganhou gordas comissões; mas nem por isso deixou de discursar longamente, toda a vez que se lhe oferecia ocasião, exaltando o idealismo, agora não dos alemães, mas dos latinos, que sempre estavam dispostos a oferecer com o maior desinteresse, o seu sangue generoso em holocausto à liberdade, à fraternidade e ao progresso da Espécie Humana. Tanto ele falou que criou discípulos, teóricos e práticos. Com o auxílio de seus imitadores ávidos e gananciosos, conseguiu que a sua pátria declarasse guerra à Alemanha, guerra que foi platônica e ridícula, e tinha o único fim de pilhar bens dos alemães, existentes no país.

Por esse serviço, tais patriotas foram republicanamente compensados, à altura do corajoso feito.

Hoje, esse romancista, que está podre de rico, no quase palácio de sua residência, tem uma rica galeria de quadros em que brilham um Corot, pintado durante a guerra mundial, e uma paisagem de Th. Rousseau, acabada em pleno cerco de Paris, logo pelo começo, nos fins de 1870.

Corot morreu em 1875 e Th. Rousseau em 1857.

Os srs. Macran e Bradley notam muito bem que, em tese, o método que nesse longo trato de vida o romancista seguiu foi o dedutivo; mas, na verdade, em vários episódios, durante ele, obedeceu a outros métodos, às vezes confundindo-os e embrulhando-os, empregando até processos que escapam à lógica e só interessam à Moral prática e à doutrinação religiosa, que, talvez, sejam uma e a mesma cousa, no fim de contas.

A.B.C., Rio, 31/12/1921

Um livro desabusado

O sr. Vinício da Veiga, autor do O *homem sem máscara*, novela de que tratarei nestas breves linhas, é um autor feliz. Brasileiro, pôde escrever o seu livro em alemão e publicá-lo na Alemanha, onde, segundo informação da contracapa, está na sexta edição, mas, conforme outra informação no frontispício, está unicamente na terceira. Seja como for, o êxito do livro foi grande na Alemanha e gente e jornais autorizados de lá se ocuparam dele com notório entusiasmo.

Sem ter autoridade alguma, tanto mais que a obra já foi julgada por críticos de reputação europeia, pretendo dizer com franqueza o que penso da novela do sr. Vinício. Creio que é esta a homenagem que devo prestar ao seu real talento e à sua cultura. É um trabalho forte, não há dúvida, mas desigual, senão defeituoso em excesso.

O primeiro defeito que se encontra nessa obra é ela ser ao mesmo tempo um romance na primeira pessoa e na terceira. Às vezes, as cenas e mais passagens são narradas por um certo e determinado personagem do drama, em forma de confidência ao leitor; em outras, não é assim e a narração passa a ser a do romance comum, na terceira pessoa.

Afinal, isto é uma questiúncula de profissional que não pode atingir o fundo do livro.

O sr. Vinício pretendeu pintar uma parte da sociedade

carioca que, ou devido a irremediáveis taras hereditárias ou a simples imitação de elegâncias estrangeiras, se entrega às mais repugnantes aberrações sexuais que nos é dado imaginar. São pessoa da "alta"; ricaços, barões e condes do papa, meninas mal saídas do Sion e gente que tal.

Não há dúvida que a sua pena é poderosa quando descreve essas aberrações, esses desvios, essas psicopatias sexuais. No "Macho solitário", embora seja inverossímil a presença do observador e haja algo de exagerado na descrição, é esta poderosa e empolgante.

O fiasco do embaixador Labieno Dantas, nos seus amuos com a cantora Conchita, em Buenos Aires, é bem estudado com muito chiste e certa discrição.

Enfim, em tudo o que toca a anomalias do sexo, o sr. Vinício da Veiga apura a pena e dá-nos uma página forte em todos os seus detalhes mórbidos, sem esquecer, talvez, nenhum; entretanto, o sr. Vinício não é assim tão forte nas outras partes do seu livro. A descrição do jantar, no primeiro capítulo, é de uma rapidez cinematográfica, e os detalhes que deviam caracterizar, um por um, os "monstros" que nele tomam parte, sente-se logo que fazem falta. O sr. Vinício, ao escrever este seu livro, parece que se sentia atraído para o estetismo, ou que outro nome tenha, de Wilde, *et reliqua*. É uma forma de arte útero de mula, insincera, de uma beleza de *verroterie* e que um temperamento honesto não pode levar a sério; e, estou certo o autor do *Homem sem máscara* não a leva mais. É infecunda e não pode inspirar, muito menos comunicar um processo, um método artístico, pois não é humana, em geral, não tem raízes na tradição, não corresponde a uma necessidade de comunhão; é um puro e simples capricho de *détraqués* cínicos, cada um tendo o seu; às vezes mesmo, escondendo eles, sob a capa de uma ânsia de super-refinamento estético, às vezes ambições de dinheiro, adultérios e honrarias.

Não julgue o sr. Vinício que eu seja um tradicionalista

em literatura e em arte. Por toda a parte tenho mostrado a minha insurreição contra o *cliché* grego e sempre que posso desanco a cacetada dos clássicos portugueses que os médicos literatos nos querem impingir como modelos de bela linguagem. A esse respeito, descontando a polêmica que é só minha, penso como Taine:

"Aucun âge n'a le droit d'imposer sa beauté aux âges qui précèdente; aucun âge n'a le devoir de l'emprunter aux âges qui précèdent. Il ne faut ni dénigrer ni imiter, mais inventer et comprendre."

Mas, daí, aceitar uma fórmula de literatura, como o tal de estetismo, repugnante, artificial, artificiosa e falsa, não me parece conclusão muito lógica.

Continuaremos, porém, a examinar a curiosa brochura do sr. Vinício da Veiga.

Noto que, na sua novela, os personagens que não destacam na tela ficam empastados, só se os distinguindo pelos nomes ou antes pelos pseudônimos. É possível que eu esteja em engano, mas foi o que observei.

Mesmo pelo romance afora, a não ser o "Homem das quatro horas da madrugada", Eva Lina e, talvez, mais um outro, os seus personagens não se diferenciam, não ganham personalidade própria, pelos traços, pela fala, por um sinal externo qualquer; enfim, não "vivem".

É tal a preocupação de psicopatia sexual no romancista que se lhe representou, logo ao conceber a novela, a necessidade de individualizar cada um dos seus personagens, macho ou fêmea. Isto é dito, supondo que, no livro do sr. Vinício, haja verdadeira distinção dos sexos.

Entretanto, no *Homem sem máscara* — o que seria injustiça negar —, há passagens que, embora não toquem no assunto predileto da obra, são quase primores que denunciam o verdadeiro talento do autor e a sua real vocação. Um exemplo está naquelas páginas em que se comparam e são descritas sumariamente as duas célebres cidades eclesiásticas de Minas: Mariana e São João del-Rei.

São páginas de verdadeiro romancista que, em breve, deve vir a ser, o sr. Vinício da Veiga, quando deixar essas ousadias fáceis de descrever anomalias do instinto sexual, em pessoas bem-conceituadas na sociedade, do *set*, como diz o "Binóculo".

Não fujo ao dever de dizer-lhe que essas páginas — as que se referem a Mariana e a São João — me encantaram sobremaneira; e, há até, nelas, uma imagem que muito me agradou. Transcrevo o trecho para a boa compreensão da metáfora:

Mariana marca as tradições remotas do vice-reinado e em ambas (*lembrem-se de São João del-Rei*) há casas que deveriam ser conservadas como relíquias antigas, com cruzes negras nas paredes, oratórias nas esquinas ou nichos envernizados que em noites de Quaresma mostram-nos imagens da Virgem e de Cristo, sorrindo no martírio suave. Por elas desfila o cortejo de religiosos, com o padre à frente, dizendo rezas. É a Via-Sacra percorrendo os Passos. Cantando músicas suaves e ingênuas ela se estende pela cidade sob o céu limpo onde a lua, alfange de prata, vai ceifando as searas de estrelas do infinito.

Não é bonito? ... "a lua, alfange de prata"... É mesmo belo. Continuemos.

O autor se enganou quando, tentando o romance da espécie que tentou, à clef, se esqueceu que era preciso retratar o personagem, dar-lhe a sua fisionomia própria, fotografá-lo, por assim dizer. Julgou que era bastante pôr um pseudônimo transparente para que os leitores reconhecessem nas suas criações certos e determinados cidadãos que nós encontramos todos os dias na avenida, afivelando toda a sorte de máscaras de austeridade e moralidade. A força dos romances dessa natureza reside em que relações do personagem com o modelo não devem ser encontradas no nome, mas na descrição do tipo, feita pelo romancista de um só golpe, numa frase. Dessa forma, para os que conhecem o modelo, a *charge* é artística, fica clara, é expressiva e fornece-lhes um maldoso regalo; para os que não o conhecem, recebem o personagem como uma ficção qualquer de um romance qualquer e a obra, em si, nada sofre. Com o recurso, porém, de simples pseudônimos transparentes, o trabalho perde o *quid* artístico, passa a ser um panfleto comum e os personagens, sem vida autônoma e sem alma, simples títeres ou fantoches.

Julgo que o sr. Vinício da Veiga não se zangará comigo, por lhe fazer essas pequenas observações. São cousas que eu não podia deixar de dizer, a menos que mentisse à minha própria consciência. O meu ilustre confrade tem muito espírito para sentir que falo de boa fé e sinceramente.

O que não se pode negar, contudo, é que sua obra sai fora do padrão comum das nossas obras de ficção; denuncia no autor tendências a percorrer caminhos novos; é, enfim, uma obra de coragem, é um livro desabusado, no qual se revela um escritor, um grande escritor.

O que lhe impediu de fazer trabalho mais completo foi, repito, essa sua preocupação absorvente pelas anomalias e desvios sexuais de nova espécie. Tem isso como única meta do seu trabalho e desprezou e não se ocupou com outras condições que a sua novela exigia. E, de tal forma, essa obsessão o tomou, que, para realizar o fim almejado, até não desdenhou os vulgares recursos do rocambolismo ou nickartismo. Lançou mão de barbas postiças, de tenebrosos raptos de mulheres, de médicos, atestando óbitos sob ameaças, tão somente para representar um sadista de alta escola, misterioso e super-refinado.

Sou mais velho do que o sr. Vinício da Veiga e mais experimentado. Tenho, talvez, direito mais do que o autor do *Homem sem m*áscara de odiar essa gente que ele descreve na sua poderosa e forte novela, gente que sei cheia de hipocrisia, de preconceitos idiotas, de egoísmo e de vícios repugnantes, que me enche de opressão e fingido desdém; mas se o sr. Vinício da Veiga me permite, lhe dou um conselho: empregue a energia do seu estilo, a força de sua capacidade de descrever, de romancear, criticando semelhante "pessoal", não em relação ao plano normal da sexualidade humana, mas em relação aos interesses sociais, que, na vida comum, ele lesa mais do que quando se entrega às suas mórbidas abjecções sexuais.

A.B.C., Rio, 24/12/1921

Tudo junto

Em meados deste ano, estava eu em Mirassol, florescente localidade do município de Rio Preto, nos confins do estado de São Paulo, quando recebi pelo correio uma pequena brochura, muito bem cuidada e impressa que tinha o longo e significativo título: *O que se ensina e o que se aprende nas escolas de direito do Brasil.* Tratava-se do discurso que o meu generoso e espontâneo amigo Carlos Süssekind de Mendonça havia pronunciado, por ocasião da colação de seu grau em bacharel em direito.

Em geral, eu não leio semelhantes peças. É uma literatura de meninos que se acabam de se formar e quase sempre têm "o rei na barriga", com a sua juvenil ciência e o seu doutorado. Eu lhes perdoo a vaidade, mas não lhes suporto a literatura.

O jovem doutor é quase sempre insuportável de presunção e o nosso meio vai cada vez mais o auxiliando nisso, apesar da decadência notória do ensino superior.

Porém, como se tratasse de um amigo, em que nunca encontrei o menor movimento de vaidade, pus-me a ler, na quietude daquela aldeola paulista, a brochura do Mendonça. Era hóspede de um outro amigo, dr. Ranulfo Prata, médico, que, por aquelas horas, andava pela clínica distante. Estava só na sua casa, bem almoçado sem nenhuma perturbação espiritual ou espirituosa.

Um discurso da natureza do meu amigo não podia ser

grande; de modo que, em breve, tinha acabado a leitura, não só do discurso propriamente, mas também da parte anexa a que Mendonça muito juvenilmente intitulou "Assumindo a responsabilidade". Uma espécie de comentários ao discurso.

Garanto que gostei da arenga acadêmica, especialmente da parte que talvez não seja a que mais agrade o autor, isto é, da parte de demolição.

Com muito tato e muita habilidade, o atual dr. Süssekind de Mendonça mostra a falência do bacharel, em face daqueles importantes bacharéis e doutores. Mas, caro Mendonça, não foi só o nosso bacharel que faliu; foi o nosso engenheiro, foi até o nosso médico.

O que faliu, para falar de um modo geral, foi o nosso "doutor". Não era preciso pôr "nosso" porque creio não haver país no mundo que haja esse tipo nacional que é o "doutor".

É deveras complexo defini-lo mas poderemos esboçá-lo rapidamente. É um sujeito medíocre intelectualmente que possui um diploma e para exercer uma certa e determinada profissão liberal; mas que, em geral, não a exerce, exercendo outras díspares. Entretanto usa do título para espantar o povo e mantê-lo à distância ou cavar posições. Esse respeito supersticioso do povo pelo doutor degenerou o ensino, de forma que um sujeito que quer subir, que tem ambições legítimas ou equívocas, a primeira coisa que faz é arranjar ser doutor, custe o que custar, haja o que houver.

Emprega todas as manobras, todas as fraudes e os lentes não podendo resistir a tal assédio, rendem-se aos ignorantaços de marca maior, formando-os para não se amolarem.

De resto, os lentes, no seu nível moral e mental, caíram muito. Os antigos ensinavam; os modernos ensinam, se o fazem, o que não sabem, pois são mundanos de altos maciços de gente rica e não faltam a partidas de *football*;

ou são cavadores que vivem na Europa e na América do Norte, anos e anos, a arranjar negociatas com banqueiros duvidosos e não dão aulas; ou são consultores de grandes companhias, por cujos interesses zelam mais do que pelos progressos das matérias que tinham o dever de ensinar. Que tempo tem essa gente para seguir os aperfeiçoamentos das disciplinas das suas cátedras, para ler, para ensinar pacientemente os seus discípulos?

Nenhum, é claro.

Citando o meu humilde nome, o dr. Süssekind de Mendonça atribui muito a fraqueza mental do estudante atual ao tal de *football*. Estou de pleno acordo. Não há mais preocupações de coisas intelectuais; a preocupação atual, não só dos estudantes, como dos demais rapazes, é o tal jogo de pontapés.

Carlos Rubens, no seu curioso livro *Impressões de arte*, também se queixa do abandono em que ficam as nossas exposições de artes plásticas, atribuindo isso ao tal esporte bretão, como se diz em crônica esportiva.

Os males que o *football* tem trazido à nossa mocidade, em particular, e à nossa sociedade, em geral, são inúmeros. Notou-me pessoa entendida em antropologia que se observa, nos nossos jogadores de *football*, uma tendência para a oxicefalia; e que, se a hereditariedade é uma lei, em breve, teremos uma geração de gente com cabeças em pão de açúcar.

Muitos males outros se podiam apontar nessa loucura de *football*, que não quer passar. Até, o preconceito de cor ele quer estabelecer, entre nós. Entretanto os vários governos desse país dão-lhe polpudas subvenções e esquecem de outras obras mais úteis, para proteger.

Sempre fui contra a intromissão do Estado, por meio de subvenções pecuniárias, em coisas de arte e de pensamento: entretanto, é melhor que ele subvencione o teatro e as belas-artes, do que pôr no coração dos assistentes rancor e ódio. Aqui e em outros lugares, tenho documentado o que assevero, e não pararei enquanto tiver uma pena na mão e um jornal qualquer onde escrever. "Alea facta est..."

Tenho aqui, sobre a minha modesta mesa de trabalho, duas obras de teatro: *A sombra*, comédia de Amaral Ornelas; e várias de Solfieri Schittini.

O fato do meu caro amigo Süssekind de Mendonça aludir ao *football*, como fator de decadência dos estudos de direito, associando eu a isso o fato de ser ele, o *football*, largamente estipendiado pelos nossos governos, fez-me pensar por que, ao invés dos poderes públicos animarem o jogo de pontapés numa bola, não vão ao encontro do esforço desses rapazes, como o Ornelas e Schittini, que querem criar um teatro nosso, com elementos nossos, esforço tão sincero que, com ele, gastam uma boa parte do pouco que ganham?

Já tinha lido as peças quando me veio semelhante reflexão. Ornelas, a quem conheci desde menino, é um artista, já afirmado em dois fortes livros de versos — *Poesias* (ambos têm o mesmo nome). A sua peça, *A sombra*, tem vida, tem movimento e é escrita em versos correntios, sem prosaísmo. O sr. Solfieri Schittini tem outra têmpera; é mais dramático e o seu pendor é para essas pequenas tragédias a que chamam *grand guignol*. A sua primeira peça não é desse gênero, como não são todas; mas sente-se que ele é atraído para o gênero.

Pois bem: a esforços dessa ordem que tendem para elevação mental do país, o governo sacode os ombros; mas, quando se trata de coisas brutais, de verdadeiros conflitos que provocam outros conflitos, o governo não tem os cordões da bolsa amarrados. Ora, bolas!

Não queria, porém, ocupar-me com isso: como, porém, o livro do meu amigo Süssekind de Mendonça é variado, não me foi possível fugir a digressões! Ele que me perdoe ter-me desviado do seu trabalho; mas que se há de fazer? O seu discurso, repito, é tão rico de sugestões que a gente passa insensivelmente do ensino superior para o esporte e para a teoria; e lá vai tudo junto. Não tem que se queixar, penso eu.

Rio-Jornal, Rio, 26/12/1921

O sr. Diabo

O meu velho amigo Otávio Augusto, poeta e engenheiro, homem entendido em lendas e mitos, muitas vezes me disse que o diabo tal qual aparece, nos dias de hoje, no Carnaval e nas estampas populares, é a representação do Diabo, segundo a concepção da Idade Média e começo da atual; que nós devíamos fazer do Diabo uma representação nossa, de acordo com o nosso e a nossa indumentária. As suas preleções a respeito eram sempre sérias e, sem descanso, recheadas de filosofia e erudição. O eloquente autor de *Fausto e Aasvérus*, nelas, me fazia tal descrição do diabo moderno que logo se me apresentou aos olhos o perfil de um qualquer "almofadinha" passador de moedas falsas ou de um *irreproachable* gentleman tocador de "guitarra".

E não é que o diabo gosta de "guitarra"?

O que Otávio Augusto "viu" com seus olhos de vidente poético, eu vi com esses olhos materiais que a terra há de comer. Foi há dias. Estava eu em um botequim, nos arredores da minha casa, pela manhã, lendo os jornais e tomando cerveja preta da marca a que antigamente se dava o nome de barbante. Não me lembro bem que jornal tinha debaixo dos olhos, quando, virando-me, topei com um companheiro na mesa em que estava. Era um tipo simpático, vestido com certo apuro, mas sem demasias almofadinhas. Tinha, na gravata escarlate, um rubi bem grande, cercado de brilhantes. Era o único indício de luxo nele. Percebendo que eu me havia espantado, disse com segurança e mansuetude:

— Continue a sua leitura, sr. Isaías. Quando acabar, quero dar-lhe duas palavras.

A voz, embora me causasse certa estranheza, pareceu-me que não a ouvia pela primeira vez. Não continuei a leitura e respondi-lhe assim:

— Não é preciso... Já vi o que tinha que ver e estou a seu dispor.

— Se *é* assim, meu caro senhor, vou importuná-lo um pouco. O senhor conhece o sr. Afonso de Carvalho?

— Por carta, unicamente.

— Pois então, o senhor vai se encarregar de lhe agradecer as cartas que ele me tem dirigido e eu não tenho respondido.

— Ah! fiz um tanto assustado. O senhor é o Diabo!

— Sou eu mesmo. Não tenha medo. O sr. Carvalho acaba de publicar em volume... o senhor tem?

— Tenho, pois não. *Cartas ao senhor Diabo* — não é?

— Isto mesmo. Diga-lhe, já que o senhor tem relações com ele, que gostei muito das missivas dele, principalmente, agora, que estão em volume. Aquela das "Estátuas pernósticas" — é maravilhosa! E a sobre a "Mocidade dos reis". A do "Amor-punhal" gostei muito, sobretudo por ter ele lembrado aquele mandamento de um *Código de amor*, do século XII, que diz: "A alegação de casamento não constitui nenhuma desculpa legítima contra o Amor". A ironia do sr. Carvalho não é profunda, não é amarga, mas é amável e civilizada. Demais, ele escreve com muita fluência e naturalidade; sabe bem encarar os assuntos e troçá-los sem se indignar. Diga-lhe isto que eu lhe disse e mais...

— O quê?

— Que ele está enganado.

— Como?

IMPRESSÕES DE LEITURA E OUTROS TEXTOS CRÍTICOS

— Está enganado, porque eu não sou mais o Diabo, o espírito do mal etc. etc.

— Quem é, então?

— Os homens, meu caro senhor; os financeiros, os industriais, os políticos, os guerreiros e os diplomatas que desencadearam a guerra de 1914 e a prepararam pacientemente. Eu não seria capaz de fazer tanto mal — fique certo.

— De modo quê?

— De modo que eu aconselhava ao sr. Carvalho que se dirigisse a esses sujeitos, antes de se dirigir a mim. Eles me tomaram o trono — é evidente. Até vocês, na sua casa, isto é, na sua terra, têm gente pior do que eu, pois a podem arrastar a irremediáveis desgraças que a mim, Diabo, apavoram só em as conjecturar.

— Quem são eles?

— Esses tais da tal história de candidaturas: Bernardes, Nilo, Borges, Seabra e, sobretudo, Raul Soares, tenebrosa bruxa de Macbeth. A esses, é que o sr. Afonso de Carvalho se deve dirigir e não a mim que sou, agora, como o senhor está vendo, um pobre-diabo de Diabo, destronado pela malvadez maior que a minha, de homens de diversas raças e países. Adeus.

Sumiu-se sem eu saber como. Fiquei atônito, mas não perdi de memória as suas palavras. Vou transmiti-las, por carta, ao meu distinto confrade Afonso de Carvalho, autor das *Cartas ao senhor Diabo*.

Careta, Rio, 31-12-1921

A Maçã e a polícia

Noticiam os jornais que a polícia, por intermédio de seus agentes e prepotentes, anda a vigiar a *A Maçã*, semanário que o ilustre poeta Humberto de Campos publica com um sal que, se não é de azedas, deve ser ático.

Sou escritor e, se mérito outro não tenho, me gabo de ser independente.

Sendo assim, só admito críticas a meus livros e aos meus escritos senão aquelas provindas de escritores que como eu não dispõem de força, nem de chanfalho. Admitir que um simples delegado de polícia ou uma praça de pré do meu amigo coronel Badaró esteja nos casos de julgar os meus escritos é abdicar do meu esforço silencioso e doloroso durante vinte anos, para dizer o meu pensamento sincero — o que julgo essencial em ajuda da maior felicidade da comunhão humana.

A polícia, pela sua feição própria, é incapaz desse papel de censura de qualquer manifestação de pensamento.

Ela é uma emanação do governo; e é de natureza dos governos não admitirem crítica. Quando se os critica, ela apela para a ordem e para a moralidade. Daí o perigo que há em se entregar à polícia qualquer poder que incida sobre a liberdade de pensamento. Fazendo-a, ela faz obra dos governos e em qualquer trecho do escrito ela encontra atentados à moral. Perguntarei aos policiais: o que é moral? Eles não saberão dizer; e, se o souberem, dirão que é a homenagem que o vício presta à virtude, disfarçando-se e escondendo-se.

O que o sr. Humberto de Campos escreve na sua revista é do conhecimento de todos nós, inclusive do da polícia; e, se ele edita o que edita, embora eu fosse incapaz de fazer o mesmo, a responsabilidade dele não pode ser diante de simples apitos de polícia e delegados, cuja competência em tal assunto não tem nenhuma base na lei e nos costumes.

Polícia foi feita para prender gatunos e assassinos e nunca para fazer crítica literária, sob qualquer ponto de vista. Que "pataqueiros", fabricantes de "revistas" e "peças" de duvidoso mérito a ela se sujeitem, admito; mas um escritor celebrizado, que usa da liberdade de crítica que as leis lhe facultam, o faça, não posso conceber.

Conforme se diz em estilo diplomático, eu protesto contra a censura policial feita à revista de Humberto de Campos, em nome da liberdade de pensamento e tendo em vista a incompetência literária da polícia para fazer censura de escritos e a sua falta de autoridade moral.

Careta, 11/3/1922

O futurismo

São Paulo tem a virtude de descobrir o mel do pau em ninho de coruja. De quando em quando, ele nos manda umas novidades velhas de quarenta anos. Agora, por intermédio do meu simpático amigo Sérgio Buarque de Holanda, quer nos impingir como descoberta dele, São Paulo, o tal de "futurismo".

Ora, nós já sabíamos perfeitamente da existência de semelhante maluquice, inventada por um sr. Marinetti, que fez representar em Paris, num teatro de arrabalde, uma peça — *Le Roi Bombance* — cuja única virtude era mostrar que "il Marinetti" tinha lido demais Rabelais.

Sabemos todos que o cura de Meudon floresceu no século XVI. Assim sendo, vejam os senhores como esse "futurismo" é mesmo arte, estética do futuro.

Recebi, e agradeço, uma revista de São Paulo que se intitula *Klaxon*. Em começo, pensei que se tratasse de uma revista de propaganda de alguma marca de automóveis americanos. Não havia para tal motivos de dúvidas, porque um nome tão estrambótico não podia ser senão inventado por mercadores americanos, para vender o seu produto.

Quem tem hábito de ler anúncios e catálogos que os Estados Unidos nos expedem num português misturado com espanhol sabe perfeitamente que os negociantes americanos possuem um talento especial para criar nomes grotescos para batizar as suas mercancias.

Estava neste "engano ledo e cego", quando me dispus a ler a tal *Klaxon* ou *Clark*. Foi, então, que descobri que se tratava de uma revista de Arte, de Arte transcendente, destinada a revolucionar a literatura nacional e de outros países, inclusive a Judeia e a Bessarábia.

Disse cá comigo: esses moços tão estimáveis pensam mesmo que nós não sabíamos disso de futurismo? Há vinte anos, ou mais, que se fala nisto e não há quem leia a mais ordinária revista francesa ou o pasquim mais ordinário da Itália que não conheça as cabotinagens do "il Marinetti".

A originalidade desse senhor consiste em negar quando todos dizem sim; em avançar absurdos que ferem, não só o senso comum, mas tudo o que é base e força da humanidade.

O que há de azedume neste artiguete não representa nenhuma hostilidade aos moços que fundaram a *Klaxon*; mas, sim, a manifestação da minha sincera antipatia contra o grotesco "futurismo", que no fundo não é senão brutalidade, grosseria e escatologia, sobretudo esta. Eis aí.

Careta, 22/7/1922

História de um mulato

O livro do sr. Eneias Ferraz — *História de João Crispim* —, aparecido recentemente, apesar de umas ousadias fáceis que a sua mocidade desculpa, é obra de mérito que merece ser lida.

É livro de um tipo só, porque os outros, mesmo o do poeta Afonso Pina, mais longamente estudado, ficam apagados diante da força com que o autor analisou o seu personagem central; e essa análise é feita — pode-se dizer sem favor algum — é feita com grande cuidado e rara lucidez.

Trata-se de um rapaz de cor, de grande cultura, egresso de toda e qualquer sociedade, menos da das bodegas, tascas e prostíbulos reles.

É um caso de "moléstia da cor", como qualifica Sílvio Romero, tratando de Tito Lívio de Castro, no prefácio que escreveu para *A mulher e a sociogenia* — desse malogrado escritor.

O derivativo para essa tortura, para essa moléstia especial, no personagem do sr. Eneias Ferraz, não é o estudo, embora seja ele um estudioso; não é o bordel, embora não hesite em frequentar o mais baixo que seja; não é a arte, embora escreva e seja ilustrado; é o álcool, álcool forte, *whisky*, cachaça.

Redator de jornal, possuidor de uma pequena fortuna, leva uma vida solta de boêmio, trocando, na verdade, o dia pela noite, quando corre lugares suspeitos, após os trabalhos de redação, mesmo, às vezes, nela dormindo.

A sua dor íntima, a ninguém revela; e ninguém percebe naquela alma e naquela inteligência o motivo de tão estranho viver quando, quem o levava — como diz o vulgar — "podia ser muita coisa".

Temperamentos como este que o sr. Eneias Ferraz estuda, tão comuns entre nós, nunca tentou a pena de um romancista. Ao que me conste, o autor da *História de João Crispim* é o primeiro que o faz, pelo menos, na parte estática, se assim se pode dizer.

Como o sr. Ferraz se saiu da tentativa, toda a gente pode vê-lo com a leitura de seu interessante e atraente livro.

Há nessas almas, nesses homens assim alanceados, muito orgulho e muito sofrimento. Orgulho que lhes vem da consciência da sua superioridade intrínseca, comparada com os demais semelhantes que os cercam; e sofrimento por perceber que essa superioridade não se pode manifestar plenamente, completamente, pois há, para eles, nas nossas sociedades democraticamente niveladas, limites tacitamente impostos e intransponíveis para a sua expansão em qualquer sentido.

De resto, com o sofrimento, um homem que possui uma alma dessa natureza enche-se de bondade, de afetuosidade, de necessidade de simpatizar com todos, pois acaba, por sua vez, compreendendo a dor dos outros; de forma que, bem cedo, está ele cheio de amizades, de dedicações de toda a sorte e espécie, que lhe tiram o direito de uma completa e total revolta contra a sociedade que o cerca, para não ferir os amigos.

João Crispim é assim: por toda a parte, é querido; por toda a parte, é estimado.

O marmorista que lhe fez o túmulo da mãe simpatiza com ele; mas lastima que gostasse tanto do "copito". Entretanto, mal sabia ele, o marmorista, que se não fosse o "copito" — expansão da dor íntima de Crispim — talvez o fabricante de túmulos não amasse o moço mulato.

Cercado de amigos, encontrando por toda a parte uma afeição e uma simpatia, uma vida, como a do personagem do sr. Ferraz, perde a sua significação e trai o seu destino.

A sua significação era a insurreição permanente contra tudo e contra todos; e o seu destino seria a apoteose, ou ser assassinado por um bandido, a soldo de um poderoso qualquer, ou pelo governo; mas a gratidão e as amizades fazem-no recalcar a revolta, a explosão de ódio, de fel contra as injustiças que o obrigaram a sofrer, tanto mais que os que a sorte aquinhoa e o Estado estimula, com honrarias e cargos, não têm nenhuma espécie de superioridade essencial sobre ele, seja em que for.

Crispim, nem de leve, se insurgiu, a não ser inofensivamente em palestras e na platônica insurreição do cálice de cachaça, sorvidos, nos lábios de um rapaz, embora mulato, mas educado e com instrução superior à vulgar. Morre, porém, debaixo das rodas de um automóvel, num sábado de Carnaval; vai para o necrotério, donde a caridade do Estado, após os folguedos de Momo — como se diz nos jornais —, leva-lhe o cadáver para a sepultura, como indigente, pois não foi reconhecido. A orgia carnavalesca não permitiu que o fosse...

Não quero epilogar sobre essa cena, que é, aliás, uma das mais belas do livro; não posso, porém, deixar de observar que um tipo como esse João Crispim devia ser conhecido, mais ou menos, por todo o mundo, neste vasto Rio de Janeiro, onde sujeitos menos originais que Crispim são apontados por toda a gente.

Isto, porém, é uma nuga sem importância, sobre a qual não vale a pena insistir.

Os detalhes da obra do sr. Ferraz são, em geral, excelentes; e ele possui, como ninguém, o sentimento da cidade, de suas várias partes e de seus vários aspectos, em diversas horas do dia e da noite.

Quase sempre, nós nos esquecemos muito dos aspectos urbanos, do "ar" das praças, das ruas, lojas etc., das cidades que descrevemos em nossos livros, conforme as horas em que eles nos interessam em nossos escritos. A Balzac e a Dickens, os mestres do romance moderno, não escapa isso; e ao sr. Ferraz também interessou essa feição do romancear do nosso tempo, tanto assim que nos dá belas descrições de trechos e coisas da cidade. Não citarei senão aquele das imediações do Teatro Municipal, alta noite; e também a da tradicional livraria do velho Martins, na rua General Câmara — um Daumier!

No final de contas, a estreia do sr. Eneias Ferraz não é uma simples promessa; vai muito além disso, sem que se possa dizer que seja uma afirmação, mesmo porque nós só nos afirmamos com o conjunto de nossas obras, e o sr. Ferraz ainda pode e deve compor muitas outras.

Sobra-lhe talento e vocação para isso; o que é preciso, porém, é não esmorecer, não perder o entusiasmo, nem embriagar-se com os louros colhidos. É o que espero, como amigo que sou dele.

O País, Rio, 17/4/1922

Um livro luxuriante

O sr. Pontes de Miranda é jurisconsulto ou jurista, é do Norte, de Alagoas; tinha, portanto, que ser também filósofo, por força. Se fosse de Sergipe, a obrigação era ainda maior; mas Alagoas fica pertinho da província de nascimento de Tobias Barreto e de Sílvio Romero. Estes dous notáveis brasileiros, pondo eles mesmo na cabeça a coroa de filósofo, obrigaram aos seus conterrâneos a o serem também. É um bovarismo nortista, principalmente de Sergipe, até ao Ceará, a que nenhum moço nascido naquelas paragens escapa, sobretudo se estudou na Faculdade de Direito do Recife. O poder de fascinação do talento daqueles dous homens eminentes, principalmente do primeiro, é tal que é difícil fugir a essa característica modalidade mental as produções intelectuais dos naturais daquelas paragens.

Nós, os do Sul, não ousamos tanto. Contentamo-nos em ser simplesmente jornalistas, poetas, cronistas, contistas, romancistas e, às vezes, historiadores. Somos mais modestos e, por isso, os de lá nos chamam de superficiais. Aceito sem indignação nem desgosto o qualificativo, mesmo porque não acredito na filosofia no Brasil, como não acredito no teatro nacional.

Para filósofos, faltam-nos capacidade de atenção demorada, de abstração seguida, de reflexão e, sobretudo, cultura, sólida cultura científica. Há sujeitos que falam solenemente em filosofia nos nossos jornais e revistas, e citam, como grandes geômetras, Bezout e Dupuis, simples autor de uma tábua de logaritmos de cinco algarismos... Os que são chamados filósofos aqui são os repetidores de doutrinas, às vezes antagônicas, cujos autores citam copiosamente, longamente, nas suas profundas obras de títulos pomposos.

Disse-me um amigo confidencialmente que, tendo comprado num "sebo" um livro de um certo clássico filósofo já falecido, ao lê-lo, verificou que faltavam páginas e páginas. É que ele, o tal filósofo, não quisera ter o trabalho de copiar os trechos que ia citar: cortava logo a página e colava ao papel em branco.

Quando não é assim, organizam galimatias que ninguém entende, por isso mesmo são transcendentais. Sede obscuro que serás profundo, lá diz o sr. Graça Aranha.

Esta história de filosofia no Brasil tem capítulos interessantes. Tem o de Mont'Alverne e do visconde de Araguaia, que — seja dito de passagem — a Academia de Niterói fê-lo nascer no estado do Rio, quando é natural desta cidade; mas este não é o mais curioso.

O mais curioso é de um monsenhor Gregório Lipparoni que, nestas plagas, em 1880, publicou um livro, com este longo título: *A filosofia, conforme a mente de são Tomás de Aquino, exposta por Antônio Rosmini, em harmonia com a ciência e com a religião.*

Esse Rosmini, Antônio Rosmini Serbati, sujeito hoje completamente desconhecido, é proclamado o maior filósofo de todos os tempos, pelo monsenhor Lipparoni, e a sua doutrina a única verdadeira, devendo ela, no parecer do reverendo Lipparoni, ser adotada como "filosofia brasileira".

Nada mais do que isto, e não é pouco.

Como este há muitos, mas seria fastidioso, mesmo porque não os conheço, enumerar todos os casos interessantes da história da filosofia no Brasil.

O que, porém, tudo isto revela, é que nós queremos criar, do pé para a mão, aquilo que outros povos levaram anos, séculos a elaborar.

Faço estas reflexões não para diminuir o esforço, o talento, a cultura que o livro do sr. Pontes de Miranda — *A sabedoria dos instintos* — representa; mas porque ele também possui essa feição bem nossa — o que não é crime nem pecado — de encaminhar a nossa atividade intelectual para objetos que o meio e o momento não comportam e estão fora das nossas cogitações habituais.

O livro do sr. Pontes de Miranda é um livro de fragmentos; e conquanto o tenha eu lido, com o cuidado e a atenção de que dispõe a minha pequena inteligência, não achei relação entre o título e as suas partes. Com livros como o de que se trata, se não têm um título geral — "Pensamentos", "Reflexões" etc. —, acontece, em geral, isso.

A relação entre as partes e o título só existe para o autor; o leitor dificilmente a encontra, ultimamente essa espécie de livros foi posta em moda pelo sucesso de Nietzsche — uma novidade de trinta anos. Sabe-se, porém, que esse autor era um doente mental, incapaz, devido à sua própria doença, de fazer o que se chama um livro, com princípio, meio e fim. Ele escrevia em cadernos o que lhe ocorria e supunha ter relação com o assunto que meditava; depois, reunia tudo, conforme entendia, e punha um título. Devido à sua doença, aconteceu-lhe o que aconteceu com Pascal, por motivo de sua morte. Os *Pensées* eram notas, fragmentos para uma obra que Pascal escreveria, se não morresse; os de Nietzsche são a mesma cousa se ele não sofresse da moléstia mental que sofria.

Obras como as deste e semelhantes parecem-me materiais para um edifício; mas não o edifício.

É o que percebo no trabalho do sr. Pontes de Miranda; e lastimo que, sem sofrer ele de qualquer diátese mental, nem lhe ter acontecido — felizmente — o que aconteceu com Pascal, não tenha erguido a catedral com os soberbos materiais que apresenta. Cedeu à moda, mas fez um livro luxuriante, rico de pontos de vista.

Além do escritor ser dotado de um grau de poder lírico, de uma flexibilidade de estilo surpreendente, é possuidor de uma agudeza e finura de observação que encantam a quem o lê.

Vejam só este seu fragmento:

"Assim como temos medo da loucura, porque nos promete tristezas, ridicularias, escuridade, é possível que tenham os loucos horror à cura, à alegria do mundo real e à claridade da vida. Para quem mora no abismo, o perigo está lá em cima" (p. 77, nº 19).

Ainda este, na p. 99, nº 70:

"Quando algum dia deixarem de existir as posições, ricos e pobres sentirão saudades: os grandes porque o não seriam mais e os pequenos porque o queriam ser."

Ainda cito mais este que vem na p. 111 e tem o nº 90:

"Todas as vezes que vou espairecer nas selvas, volto com a alma limpa, mas a roupa cheia de espinhos. Em casa, mais tarde, tenho que a limpar. Assim, não acontece quando vou a certos salões: as roupas vêm intactas, mas é preciso depois que me limpe o espírito."

O sr. Pontes de Miranda é antes de tudo um moralista, em que predominam a ironia e a ternura. Quando ele quer tomar atitude do neocinismo aristocrático de Nietzsche se contradiz. Comparem o que ele diz no fragmento 44, da p. 215, com o que assevera nas pp. 219 e 227.

O maior escolho de livro como este é mesmo a contradição e não há como evitá-la, pois lhe falta, por sua natureza mesma, unidade de conjunto. No do sr. Miranda há diversas. Notei ainda a que se refere a estilo. A sua opinião não é a mesma quando trata de semelhante assunto na p. 105 e nas pp. 195 e 204.

É afinal de contas — *A sabedoria dos instintos* — uma obra de pensador, de poeta que denuncia no seu autor, tão moço ainda, uma grande cultura, uma vasta erudição e percuciência de visão psicológica e moral pouco comum nos nossos autores.

Eu, que estimava o homem, fiquei sobremaneira admirando o autor que não conhecia.

A.B.C., Rio, 8/4/1922

Reflexões e contradições
à margem de um livro

De uns tempos a esta parte, os fartamente enriquecidos, com o abalo que, na ordem econômica, sucessos externos e internos trouxeram ao nosso país, resolveram apelar para a religião, fonte de consolação para os humilhados e oprimidos, sobretudo a religião católica, a fim de estabilizar a sua situação e o futuro de sua descendência.

O que vai acontecer mete-lhes medo e pedem auxílio à religião, no intuito de defender as suas cobiçadas fortunas.

Até bem pouco, essa gente superenriquecida — Deus sabe como! — contentava-se em converter o genro ambicioso, mediante o dote das filhas que tinham passado pelos colégios de irmãs de caridade.

Viram, porém, que isto não bastava e muito pouco podia impedir que se avolumasse a sincera onda de revolta que crescia em todos os corações contra o atroz despotismo da riqueza e os miseráveis e torpes processos de enriquecimento, usados atualmente.

A última guerra foi-lhes favorável em dois sentidos: eles, esses gananciosos que simulam caridade e temor aos mandamentos da Santa Madre Igreja, prosperaram ainda mais; e a crueldade sem nome do espetáculo e a amplitude da inútil carnificina levaram inteligências honestas e desinteressadas a pensar mais maduramente sobre o mistério da nossa existência e o sentido dela.

Muitas dessas inteligências voltaram um pouco ao catolicismo romano; e eis os magnatas do comércio, do banco e da indústria, de mãos dadas ao inacismo, cantando vitória e contentes porque tinham esmagado os adversários que lhes ameaçavam o pleno gozo e uso das fortunas, não só no que toca a eles, mas também a filhos e netos.

Essa revivescência religiosa é muito natural. Não há como a provação das dores profundas para nos impor indagações sobre as coisas do Além; e a humanidade passou ou está passando por uma das mais duras privações de sua existência.

Demais, o homem nunca deixou de ser um animal religioso e a religião é uma necessidade fundamental de sua natureza. Seja com que fito for, os grandes acontecimentos da humanidade sempre se revestiram de aspecto de crença mística, de férvida esperança no futuro, de religião enfim.

Entre nós, diversos moços, cedendo a esse impulso que a crise guerreira acelerou, se hão dedicado à apologética católica.

Entre eles, sobressai por todos os títulos Jackson de Figueiredo, de quem muito sinto andar em tal matéria afastado. Aparece agora como uma brilhante revelação o sr. Perilo Gomes.

O seu livro — *Penso e creio* — é deveras notável, já por ser escrito superiormente, com grande élan de paixão e soberbos toques de poesia, já pela erudição que demonstra.

Todo o livro não é ocupado somente com a parte apologética propriamente. Há uma segunda parte que podia ser dispensada, pois nenhum parentesco tem com a primeira. Ao que me parece, o autor quis provar, com os artigos de sua lavra, que aduziu à parte principal de sua obra, que o nosso interesse artístico ou a nossa angustiosa perquirição intelectual, científica e teológica, não devem tão somente ser encaminhados para o obscuro, para o desconhecido ou para o debatido.

IMPRESSÕES DE LEITURA E OUTROS TEXTOS CRÍTICOS

Algumas vezes é proveitoso que o nosso exame e as nossas faculdades pensantes se dirijam e repousem no evidente, no respeitado e no que está claro como água.

Deixemos, porém, isso de lado, para considerar somente o escritor e o pensador do *Penso e creio*, porque o que encanta nele é o escritor, é a sua clareza, é o seu poder de expressão, é a sua veemência apaixonada e, sobretudo, a sua simplicidade no dizer e a sua total ausência de pedantismo.

Já houve, entre nós, o pedantismo dos gramáticos que andou esterilizando a inteligência nacional com as transcendentes questões de saber se era "necrotério" ou "necroteca", "telefone" ou "teléfono" etc. etc.; já houve o pedantismo dos positivistas que aterrava toda a gente com a matemática; hoje há ou está aparecendo um outro: o pedantismo católico que se entrincheira atrás de são Tomás de Aquino e outros respeitáveis e sutis doutores da Igreja.

Perilo Gomes não parece nada com esses senhores respeitáveis que hão de ser camareiros de Sua Santidade; ele é um escritor para toda a gente, claro, forte, escondendo com pudor o seu real saber.

Andava bem o catolicismo de Petrópolis necessitado de um espírito como esse que põe a serviço dele a sua fé sincera e o seu talento, pois, em geral, os que ele nos dá são jesuítas alemães ou italianos e irmãos leigos da companhia, nos quais o saber de detalhes e a pouca familiaridade com a língua tiram as indispensáveis qualidades de escritor de combate: a atração e a veemência.

Digo catolicismo de Petrópolis porque o sr. Perilo não se pode furtar em confessar que a sua obra não é de pura contemplação, não é uma confissão, não é um ato de contrição de sua irreligiosidade passada; é militante, é dirigida aos que pensam, aos condutores do pensamento nacional, no intuito, senão de convencê-los, ao menos de abalá-los no seu voltairianismo ou agnosticismo.

É, em substância, no sentido mais alto da palavra, uma obra política e o catolicismo de Petrópolis, por todos os meios, tem visado fins políticos, pacientemente, sorrateiramente. Ele tende à reforma da Constituição; até agora, contentara-se com disfarces na violação dos preceitos dela que interessam ao catolicismo; nos dias atuais, porém, aproveitando o momento de angústias que atravessamos, quer obter a vitória completa.

Sem que nada me autorize a tal explicitamente, eu filio *Penso e creio* à ação do partido que se esboça aí com o título de nacionalismo. A Igreja quer aproveitar ao mesmo tempo a revivescência religiosa que a guerra trouxe, e a recrudescência exaltada do sentimento de pátria, também consequência dela, em seu favor aqui, no Brasil.

O tal partido, pelos seus órgãos mais autorizados, está sempre a apelar para as tradições católicas de nossa terra; e não é difícil ver nisso o desejo de riscar da carta de 24 de fevereiro a separação do poder temporal do espiritual e suas consequências, como: o casamento civil e o ensino oficial inteiramente leigo.

O culto à "brasilidade" que ele prega é o apego à herança do passado de respeito, não só à religião, mas também à riqueza e às regras sociais vigentes, daí a aliança da jovem fortuna, representada pelos improvisados ricaços de Petrópolis, com a Igreja. Mas tal culto tende a excomungar, não o estrangeiro, mas as ideias estrangeiras de reivindicações sociais que são dirigidas contra os credos de toda a ordem. O Jeca deve continuar Jeca, talvez com um pouco de farinha a mais.

Estas reformas me parecem odiosas e sobremodo retrógradas. Dado que a maioria dos brasileiros seja verdadeiramente de católicos, decretada como oficial a Igreja Romana, mesmo toleradas outras seitas, é evidente que há em semelhante ato uma violência inqualificável contra a consciência individual, por parte da massa que nem sempre está com a razão — coisa que, como ameaça, me causa apreensões e, como fato consumado, não pode deixar de revoltar um liberal como eu.

Entretanto, o sr. Perilo Gomes não trata dessas questões claramente, como já disse; mas, remotamente, se ligam a elas algumas das suas afirmações.

Por isso, julgo não ser demais fazer as observações que acima ficam, já que se me oferece pretexto para fazê-las, definindo de vez o meu humilde pensamento em face da agitação católico-nacionalista que está empolgando todos que no Brasil têm alguma responsabilidade mental.

Estaria e estou de acordo com o sr. Perilo, quando afirma que a ciência não satisfaz; que ela parte do mistério e acaba no mistério; e que, fora dela, há muitas razões de crer em Deus e de obedecer à revelação da voz divina na nossa consciência; mas, no que não estou de acordo com o sr. Perilo, é em afirmar ele que essa revelação de Deus em nós só nos pode levar ao catolicismo. Não sei por quê!

Para os que nasceram na religião católica e a abandonaram, ao se sentirem tocados pela graça divina, por isto ou aquilo, é muito natural que voltem a ela. Mas, se o convertido ou arrependido de irreligiosidade nasceu no islamismo ou na igreja grega, voltaria para o catolicismo ou para o maometismo ou para a igreja ortodoxa? A resposta não se faz esperar: ele voltaria para a doutrina religiosa em que foi educado.

As religiões são expressões humanas de Deus, mas não Deus mesmo. É minha desautorizada opinião, em matéria que muito pouco tenho meditado e muito menos pensado.

No argumento, aliás muito antigo, de que a maioria dos homens eminentes em toda a sorte de atividades teóricas e práticas crê ou tem crido em Deus, o autor não faz entre eles a separação dos católicos, dos protestantes, dos simples deístas, dos religiosos de qualquer espécie.

Admiro muito a religião católica; mas sei bem que ela é uma criação social, baseada na nossa necessidade fundamental de Deus e impregnada do cesarismo romano, que a anima e a sustém no seu velho sonho de domínio universal; sei que ela tem sabido aproveitar as conquistas de toda a ordem obtidas por este ou aquele homem, incorporando-as ao seu patrimônio, e até aproveitou-se em seu favor de argumentos dos seus inimigos contra ela; sei bem disso tudo. Porém, essa admirável plasticidade da Igreja, através de quase 2 mil anos de existência, amoldando-se a cada idade e cada transformação social, poderia tentar a outro, que, no assunto, tivesse verdadeira erudição pois não tenho nenhuma, a demonstrar que tem havido, desde o edito de Milão, ou mesmo antes, até hoje, várias igrejas superpostas com os afloramentos fatais das mais antigas através das mais modernas.

Seria certamente um capítulo de uma espécie de geologia religiosa em que, talvez, a classificação dos termos não fosse difícil de estabelecer.

Penso e creio é luxuriante e há tanta riqueza de ideias nele que a gente se perde querendo escolher as que deseja discutir. Vou me deter alguns instantes no que toca à extinção da escravidão antiga.

É fato, como diz o sr. Perilo, citando o sr. Guiraud, que ela instituindo o dogma da fraternidade humana matava a escravatura.

Mas, nessa questão do acabamento dessa odiosa instituição na Europa, na sua transformação em servagem, sob a benéfica influência da Igreja, e no final desaparecimento desta última forma de elementar trabalho humano, desaparecimento que só se fez total com a Grande Revolução (*Vid.* Taine — *Origines de la France contemporaine*) — nessa questão há um argumento em desfavor do papel social da Igreja moderna.

Esse serviço, que não é preciso aqui mostrar de quanto é credora a humanidade ao catolicismo, segundo tudo faz crer, deve-se pela primeira vez, como sendo patrimônio dele, a um filósofo que a Igreja mais combate — Augusto Comte.

Entretanto, quem acabou com esta infame instituição, a que o mundo antigo, no acertado dizer do sr. Perilo, estava a tal ponto identificado que os seus filósofos mais eminentes, mesmo o virtuoso Sócrates, mesmo o quase divino Platão e o conciso Aristóteles, reconheciam a sua legalidade; entretanto, dizia eu, quem conseguiu a vitória de extinguir semelhante infâmia não soube ou não pôde impedir a moderna escravidão negra nem propagou a sua abolição. Há exemplos isolados de eclesiásticos que a combateram; mas nunca um ato solene da igreja que a condenasse. A sua atitude perante a nefanda instituição foi a dos filósofos antigos de que fala o sr. Perilo; foi a de reconhecer-lhe, senão a legalidade, pelo menos a necessidade.

Não fossem os filósofos do século XVIII, especialmente Condorcet, e os filantropos ingleses, talvez ainda a escravatura negra estivesse admitida como legal, apesar dos Evangelhos, onde, afinal, todos nós que conhecemos os homens bebemos inspiração.

A Convenção extinguiu-a nas colônias francesas, para Napoleão criminosamente a restabelecer; e essa grande Convenção Francesa, conforme tudo leva a crer, não foi um concílio muito ortodoxo.

É por isso que Macaulay diz, não me lembro onde, que, durante o século XVIII, os Evangelhos tinham passado das mãos dos religiosos para a dos filósofos, ateus ou não.

Estou a muitas centenas de quilômetros dos meus modestos livros, senão citaria integralmente esse famoso trecho do grande escritor inglês.

Esta incapacidade que a Igreja demonstrou para abolir a escravidão negra nas colônias dos países catolicíssimos, como a França, a Espanha e Portugal, dá a entender que ela não tem mais força para reprimir no coração dos seus fiéis a ganância, a cupidez, mesmo quando essa ambição desenfreada de dinheiro e de lucro se faça em troca da dignidade moral da pessoa humana.

A força moral da Igreja é toda aparente; ela, a força, já se esvaneceu ou vai se esvanecendo. A última guerra mostrou a fraqueza do ascendente do papado que não quis francamente experimentar o seu prestígio sobre os povos em luta, chamando-os ao bom caminho da paz e da concórdia; e, se tal tentou, foi repelido.

Não creio, portanto, que a Igreja possa resolver a questão social que os nossos dias põem para ser solucionada urgentemente.

Se os socialistas, anarquistas, sindicalistas, positivistas etc. etc. não a podem resolver estou muito disposto a crer que o catolicismo não a resolverá também, tanto mais que nunca foram tão íntimas as relações do clero com o capital, e é contra este que se dirige toda a guerra dos revolucionários.

Nestas reflexões que o vibrante livro do sr. Perilo Gomes me provocou fazer, não há o menor sinal de má vontade ou de hostilidade; mas tão somente humilde homenagem de um adversário que, inesperadamente, encontra diante de si campeão contrário de tão raro valor e estranha bizarria, de cuja ação e de cuja crença quisera partilhar para sossego de sua alma.

A.B.C., Rio, 23/4/1921

Tabaréus e tabaroas

Pouco viajado pelo interior do Brasil, carioca da gema, tenho grande prazer em ler romances, novelas, contos, crônicas que tratam de costumes dos nossos sertões. Sempre os li com agrado e surpresa, às vezes, determinada pela estranheza de certos hábitos, opiniões e crendices das gentes do nosso interior.

Ultimamente, a nossa produção literária tem se comprazido em cultivar tal gênero de literatura. Há quem veja nisto um mal. Não tenho nenhuma autoridade, para contestar tal opinião; mas faço uma observação simples.

A literatura é de alguma forma um meio de nos revelar uns aos outros; se não é o seu principal destino, é uma das suas funções normais.

Admitido isto, tratando os conhecedores de costumes, crenças, preconceitos das gentes das regiões que, pelo nascimento ou por outra circunstância qualquer, habitaram, eles fazem com que nós brasileiros que vivemos tão afastados, neste "vasto país", como diz a canção, nos entendamos melhor e melhor nos compreendamos.

Em boa ocasião, o sr. Mário Hora compreendeu isto e acaba de enfeixar, sob o título de *Tabaréus e tabaroas*, alguns contos em que cenas do nordeste brasileiro são apanhadas num flagrante feliz.

A língua, a paisagem, tudo enfim, sem esquecer a própria indumentária, são de uma propriedade, de uma cor local que atrai e encanta. As almas também são aquelas rudes e agrestes, daquelas regiões adustas e calcinadas, em que a vida ameiga o clima ingrato e a faca está sempre a sair da bainha para ensanguentar as catingas.

Qualquer dos contos do sr. Mário Hora é um epítome da vida curiosa daquelas regiões, onde a crueldade se mistura com o cavalheirismo e o banditismo com a mais feroz honestidade.

Aspectos desses de tão chocante contraste só podem ser colhidos por um artista de raça em que preocupações gramaticais e estilísticas não deturpem a naturalidade da linguagem dos personagens nem transformem a paisagem rala daquelas paragens em florestas da Índia.

O autor dos *Tabaréus e tabaroas* conseguiu isto e realizou com rara felicidade uma obra honesta, simples e sincera.

É de esperar que ele não fique nisso e continue o trabalho a que se dedicou, não esquecendo de que ele bem pode servir para estudos de mais vulto.

Careta, Rio, 24/6/1922

Poetas

Andam os vates nacionais brigados comigo, porque disse que não os lia. Entretanto, isso não passou nunca de uma *boutade* minha. Leio-os, mas com vagar. Por exemplo levei um tempo enorme para ler o excelente livro que o meu amigo Araújo Bivar acaba de publicar com o título original ou antes: extravagante, de *Exomologese*. Título tão rebarbativo não convida a ler-se a obra; ela, porém, é digna de leitura, revelando no autor não sei que ingenuidade de inspiração, que não é mais dos moldes atuais, mas que sempre possui um grande encanto para quem gosta das manifestações sinceras em literatura e arte.

Pensando assim é que me associo ao almoço, que por iniciativa do poeta Murilo de Araújo, alguns amigos do escritor Adelino Magalhães vão lhe oferecer no Silvestre, domingo próximo.

Nada mais curioso do que ver reunidos esses dous nomes de artistas tão bizarros, cujas manifestações são tão desencontradas. É que hoje não há entre nós aquela intolerância de escolas que caracterizou o áureo período do nefelibatismo.

Reina, hoje, na República das Letras, uma grande liberdade de opinião que era bom reinasse ela também em outras repúblicas, umas das quais é muito nossa conhecida.

É bom que assim seja; e, por ter sempre pensado dessa forma, é que apreciei os versos do doce Bivar, no seu curioso livro *Exomologese*. O diabo é o nome!

Careta, Rio, 29/7/1922

Elogio do amigo

Não sei como possa dizer bem da atividade literária de Nestor Vítor. Eu o conheci menino, quando fazia preparatórios no Ginásio Nacional.

Nesse tempo, Nestor era vice-diretor do internato; e eu não gostava dele. Correm os tempos e aquele homem que me parecia seco, dogmático, cheio de sentenças, surge-me deliciosamente como uma grande alma, capaz de dedicações e sacrifícios.

Comecei a ler-lhe as obras. Há nelas alguma coisa daquela secura que lhe notei em menino. Ele não é efusivo e revolto. Nestor é uma floresta do Paraná. Não tem entrelaçamentos dos nossos cipós nem as surpresas de variedades de essências que a nossa mata tropical ou subtropical oferece.

As árvores de sua floresta são quase sempre de uma mesma espécie; são como as do Paraná; são araucárias, e sempre araucárias.

Não há árvore mais monótona e mais fácil de explorar do que ela. A nossa floresta tropical ou subtropical é triste, mas grandiosa e impressionadora. Tudo nela é mistério, pululamento de vida, interrogação; mas as araucárias são de uma tristeza impassível e sem eloquência.

Entretanto, graças ao atrativo do contraste, eu aprecio Nestor, nas suas obras, quando ele revela as modalidades naturais do seu temperamento.

Neste *Elogio do amigo* mais do que em nenhuma obra, eu vejo Nestor meditativo, solitário, como um pinho do Paraná, com as suas escassas ramagens, a querer atingir um outro que lhe fica bem distante.

Nestor é bem um amigo dessa forma, porque ele o soube ser de um pobre preto que teve audácia de fazer versos, e foi excomungado por ser preto e fazer versos, como se neste país todos nós não fôssemos mais ou menos pretos e todos nós não fizéssemos versos.

Não há na literatura brasileira, a não ser a amizade de Sílvio Romero por Tobias Barreto, outro exemplo de tão forte amizade literária que esta de Nestor por Cruz e Sousa.

Li este seu livro, em que Nestor tão bem retrata o seu íntimo de amigo, a sua força de amar o camarada; li-o, repito, cheio de embevecimento e entusiasmo.

Nunca amei; nunca tive amor; mas sempre tive amigos, nos transes mais dolorosos da minha vida.

É por isso que gostei muito do livro que o meu amigo Nestor Vítor me ofereceu e que me deu extraordinária satisfação intelectual.

A.B.C., Rio, 5/8/1922

Livros

Recebo-os às pencas, daqui e de acolá.

O meu desejo era dar notícia deles, quer fosse nesta ou naquela revista; mas também o meu intuito era noticiá--los honestamente, isto é, depois de tê-los lido e refletido sobre o que eles dizem. Infelizmente não posso fazer isso com a presteza que a ansiedade dos autores pedem. A minha vida, se não é afanosa, é tumultuária e irregular, e a vou levando assim como Deus quer. Há mais de um mês — vejam só! — recebi o romance de meu amigo Ranulfo Prata — *Dentro da vida* — e ainda não escrevi sobre ele uma linha.

Tenho também, há bastante tempo, de outro amigo, Jackson de Figueiredo, uma obra sua recente — *Pascal e a inquietação moderna* — da qual ainda não pude falar como ela merece.

Entretanto os livros chovem sobre mim — cousa que muito me honra, mas com a qual me vejo atrapalhado, devido à falta de método na minha vida.

Há dias veio ter-me às mãos um volumezito editado em Pernambuco, no Recife. Era assinado por uma senhora: d. Débora do Rêgo Monteiro, e tinha por título *Chico Ângelo*. Trata-se de contos e cioso pus-me a lê-lo com açodamento. Encantou-me pela sua simplicidade, pela despretensão no escrever da autora — cousa rara em mulher — e pela maravilhosa meiguice em tratar os personagens e a paisagem; mas fi-lo de bonde, de forma que não é uma leitura meditada, como a obra de d. Débora requeria; mas foi uma leitura cheia de simpatia e boa vontade.

A ilustre autora há de desculpar-me isso, mas quando se lembrar que a vida tem terríveis imperativos...

Careta, Rio, 12/8/1922

Fetiches e fantoches

O sr. Agripino Grieco é merecedor de toda a atenção pelo livro que, com o título acima, acaba de publicar a Livraria Schettino.

Não é que nessa obra haja grandes pontos de vista, uma larga visão da Arte e da Vida; mas há nele uma desenvoltura de dizer e um poder de expressão que bem denunciam as origens do autor.

Há no volume do sr. Grieco, conforme meu fraco juízo, grandes qualidades e grandes defeitos. Pode-se dizer dele o que alguém disse de Rabelais: quando ele é bom, é ótimo; quando é mau, é péssimo.

O sr. Agripino, conquanto seja um homem culto, falta-lhe, entretanto, certa ideia geral do Mundo e do Homem. Daí, as suas injustiças nos seus julgamentos. Sainte-Beuve, quando examinava um autor, procurava saber qual tinha sido a sua educação primeira. Isto é indispensável, para aquilatar um autor.

Nunca me despedi dessa lição do mestre das *Causeries du Lundi*.

No meu amigo Grieco se manifesta esse pequeno defeito, quando faz o exame e crítica de certos vultos da nossa atividade intelectual.

Um exemplo que cito com amargor é a análise do sr. Félix Pacheco, feita pelo autor do *Fetiches e fantoches*.

Não é do sr. Félix Pacheco, senador e redator-chefe do

Jornal do Commercio, de quem falo. É do Félix, protetor dos escritores desprezíveis ou desprezados a quem me refiro e de quem só tenho recebido homenagens; e, como eu, muitos outros da minha têmpera.

Se o sr. Agripino tivesse mais meditado, havia de ver que um homem como o Félix é uma necessidade na nossa literatura. Ele vê longe e largo.

Careta, Rio, 2/9/1922

Carta de Lima a Carlos Süssekind de Mendonça

12-6-1922.

Meu caro Mendonça.

Muita saúde.

Não sei se você leu o que, a respeito da obra que você escreveu sobre o *football*, eu perpetrei na *Careta*.

A notícia estava encalhada na minha cabeça. Mas, recebendo de Porto Alegre uma carta de um velho amigo, dr. Afonso de Aquino, pedindo-me um exemplar do trabalho de você, logo ela se safou do meu bestunto e foi parar na *Careta*.

Julgo que você não se aborreceu, pois a fiz com a máxima ternura e simpatia.

Do amigo agradecido, imensamente agradecido, que se apelida

Lima Barreto

Carta de Carlos Süssekind de Mendonça a Lima

Rio, 1º de novembro de 1922.

Meu querido Amigo.

Um bilhete apressado, apressadíssimo, de quem não quer roubar aos outros o tempo que também lhe é pouco e raro. Mas o dia de Todos os Santos reavivou-me a sua lembrança e, com ela, a minha saudade. A sua ausência inquieta-me. Será doença? Tanto você me habituou àquele abraço de todas as tardes que a sua falta já se me afigura um roubo...

Mande-me notícias suas ou me vejo forçado a apelar para a polícia.

Teu de sempre

Mendonça

Cronologia

1881   Afonso Henriques de Lima Barreto nasce no Rio de Janeiro, a 13 de maio.

1887   Em dezembro, morre sua mãe.

1888   Abolição da Escravatura.

1889   Proclamação da República.

1890   João Henriques, pai do escritor, é demitido da Imprensa Nacional em fevereiro. Em março é nomeado escriturário das Colônias de Alienados da Ilha do Governador.

1891   Deodoro da Fonseca fecha o Congresso Nacional; contragolpe de Floriano Peixoto leva-o ao poder para restaurar a ordem constitucional.
       Lima Barreto matricula-se como aluno interno no Liceu Popular Niteroiense.

1893   João Henriques é promovido a almoxarife das Colônias de Alienados.
       A Armada revolta-se no Rio; Revolução Federalista no Sul.
       João Henriques é nomeado administrador das Colônias de Alienados.

1894   Prudente de Morais assume a presidência da República.

1895   Morre Floriano Peixoto.
       Concluída a instrução primária, Lima Barreto entra para o Ginásio Nacional (novo nome dado para o antigo Colégio Pedro II).

1896   Lima Barreto conclui os primeiros preparatórios no Colégio Paula Freitas.

1897   Ingressa na Escola Politécnica do Rio de Janeiro.

1898	Campos Sales inicia seu governo como presidente da República.
1902	Rodrigues Alves assume o poder e começa a reconstruir e sanear o Rio de Janeiro.
	Colabora em jornais acadêmicos, escrevendo para *A Lanterna*, a convite de Bastos Tigre.
	O pai de Lima Barreto enlouquece.
1903	Com a loucura do pai, Lima Barreto é obrigado a deixar a faculdade para sustentar a família. Ingressa como amanuense na Secretaria da Guerra.
	Lima Barreto colabora no semanário *O Diabo*, de Bastos Tigre, e é nomeado amanuense na Diretoria de Expediente da Secretaria da Guerra.
1904	Começa a escrever *Clara dos Anjos*.
1905	Passa a trabalhar como jornalista profissional, escrevendo uma série de reportagens para o jornal *Correio da Manhã* sob o título "Os subterrâneos do Morro do Castelo".
	Escreve prefácio para *Recordações do escrivão Isaías Caminha*.
1906	Data do prefácio para *Vida e morte de M. J. Gonzaga de Sá*.
	Primeira licença para tratamento de saúde.
1907	Funda no Rio de Janeiro a revista *Floreal*.
	Começa a publicar textos na *Fon-Fon*.
1909	Morte de Afonso Pena; Nilo Peçanha o substitui.
	Publicado em Lisboa o romance *Recordações do escrivão Isaías Caminha*, pelo editor M. Teixeira.
1910	Hermes da Fonseca inicia o governo.
	Nova licença para tratamento de saúde.
1911	O *Jornal do Commercio* começa a publicar em folhetins o romance *Triste fim de Policarpo Quaresma*.
1912	Lima Barreto colabora no jornal *A Gazeta da Tarde*, onde publica, além de relatos folhetinescos, a sátira *Numa e a ninfa*.
	Nova licença para tratamento de saúde.
	Publica dois fascículos das "Aventuras de dr. Bogóloff".
1913	Muda-se para a rua Major Mascarenhas, 42, em Todos os Santos.

1914 Venceslau Brás chega ao poder em meio a grave crise econômica.

Começa a escrever diariamente uma crônica para o *Correio da Noite*.

Em agosto, Lima Barreto é recolhido pela primeira vez ao hospício. Nova licença para tratamento de saúde.

1915 Publica *Triste fim de Policarpo Quaresma*.

Numa e a ninfa começa a ser publicado em folhetins no jornal *A Noite*.

Primeira fase de sua longa colaboração na revista *Careta*.

1916 Começa a colaborar regularmente na revista *A.B.C.*

Por conta de um alcoolismo renitente, é internado para tratamento de saúde, interrompendo sua atividade profissional e literária.

1917 Crises e greves operárias alastram-se pelo país. Lima Barreto atua na imprensa anarquista, apoiando a plataforma libertária dos trabalhadores.

Entrega originais de *Os bruzundangas*.

Declara-se candidato à ABL, mas a inscrição não é aceita.

1918 Colabora em *A Lanterna* sob o pseudônimo de dr. Bogóloff. Sai na revista *A.B.C.* seu manifesto maximalista.

Por ter sido considerado "inválido para o serviço público", é aposentado de seu cargo na Secretaria da Guerra.

1919 Epitácio Pessoa assume a presidência da República. Lima Barreto é novamente recolhido ao hospício.

Primeira edição de *Vida e morte de M. J. Gonzaga de Sá* é colocada à venda. Lima Barreto vê sua candidatura à ABL novamente fracassar.

Inicia a segunda fase da colaboração regular na *Careta*, que vai durar até 1922.

1920 Aparece nas livrarias *Histórias e sonhos*.

Entrega ao editor os originais de *Marginálias*.

1921 Publica um trecho do romance *Cemitério dos vivos*.

Novamente apresenta-se candidato à ABL, mas retira seu nome meses depois.

Entrega ao editor os originais de *Bagatelas*.

1922 Entrega os originais de *Feiras e mafuás* e publica o primeiro capítulo de *Clara dos Anjos* na revista *Mundo Literário*.

Semana de Arte Moderna em São Paulo.

Lima Barreto morre, no dia 1º de novembro, em sua casa, no Rio de Janeiro, de colapso cardíaco.

Morre, em 3 de novembro, o pai do escritor.

Sugestões de leitura

ANTÔNIO, João. *Calvário e porres do pingente Afonso Henriques de Lima Barreto*. Rio de Janeiro: Civilização Brasileira, 1977.

BARBOSA, Francisco de Assis. *A vida de Lima Barreto (1881--1922)*. 11. ed. Belo Horizonte: Autêntica, 2017.

CANDIDO, Antonio. "Os olhos, a barca e o espelho". In:____. *A educação pela noite & outros ensaios*. São Paulo: Ática, 1987.

COUTINHO, Carlos Nelson. "O significado de Lima Barreto na literatura brasileira". In: ____ (Org.). *Realismo e antirrealismo na literatura brasileira*. Rio de Janeiro: Paz e Terra, 1974.

FIGUEIREDO, Carmem Lúcia Negreiros de. *Trincheiras de sonho*: *Ficção e cultura em Lima Barreto*. Rio de Janeiro: Tempo Brasileiro, 1998.

LINS, Osman. *Lima Barreto e o espaço romanesco*. São Paulo: Ática, 1976.

MACHADO, Maria Cristina Teixeira. *Lima Barreto*: *Um pensador social na Primeira República*. Goiânia: UFG, 2002.

MARTHA, Alice Áurea Penteado. *A tessitura satírica em Numa e a ninfa*. Assis: ILHPA-Hucitec, 1987. Dissertação (Mestrado em Letras).

OAKLEY, Robert John. "Lima Barreto's Menippean Satire *Numa e a ninfa* in its Historical Context". In: EARLE, Tom (Org.). *Portuguese, Brazilian and African Studies*: *Studies Presented to Clive Willis on his Retirement*. Oxford: Aris & Phillips, 1995.

PRADO, Antônio Arnoni. *Lima Barreto: O crítico e a crise.* Rio de Janeiro: Cátedra, 1976.

_____. *Trincheira, palco e letras.* São Paulo: Cosac Naify, 2004.

PROENÇA, M. Cavalcanti. "Prefácio de *Impressões de leitura*". In: BARRETO, Lima. *Obras de Lima Barreto.* v. 13. São Paulo: Brasiliense, 1956. pp. 9-41.

RESENDE, Beatriz. *Lima Barreto e o Rio de Janeiro em fragmentos.* Belo Horizonte: Autêntica, 2016.

_____. "Sonhos e mágoas de um povo". In: _____; VALENÇA, Rachel (Org.). *Lima Barreto: Toda crônica.* v. 1. Rio de Janeiro: Agir, 2004. pp. 9-23.

SANTIAGO, Silviano. "Uma ferroada no peito do pé". In: _____. *Vale quanto pesa: Ensaios sobre questões político-culturais.* Rio de Janeiro: Paz e Terra, 1982. pp. 163-81.

SCHWARCZ, Lilia Moritz. *Lima Barreto: triste visionário.* São Paulo: Companhia das Letras, 2017.

_____. "Lima Barreto: Termômetro nervoso de uma frágil República". In: _____. (Org.) *Contos completos de Lima Barreto.* São Paulo: Companhia das Letras, 2010. pp. 15-53.

SEVCENKO, Nicolau. *Literatura como missão: Tensões e criação cultural na Primeira República.* 2. ed. revista e ampliada. São Paulo: Companhia das Letras, 2003.

Índice onomástico

A.B.C., revista, 11, 15, 37, 115-9, 123-34, 138-41, 195-9, 224-32, 234-41, 247-64, 283-99, 316-28, 333-4

Abreu Costa, Maria Teresa de, 212-3

Academia Brasileira de Letras, 30

Academia Mineira de Letras, 101

Adorno, Theodor W., 29, 31

Albano, Ildefonso, 138-41, 243

"Álbum de Elisa Lynch" (Taunay), 199

Alencar, José de, 174, 202

Alighieri, Dante, 280

Almeida Garrett, João Baptista, 124

Almeida Magalhães, 203

Alves, Heitor, 284, 286

Alvim, Emílio, 115

América Latina, revista, 187, 201

Anchieta, padre José de, 87

Andrade Murici, 187, 201, 203-4

Anita e Plomark, aventureiros (Théo-Filho e Bédarieux), 115-7, 119, 257

anticristo, O (Nietzsche), 79, 221

Apolo, Teatro, 94

Apoteoses (Fontes), 154

Aquino, Afonso de, 339

Aquino, são Tomás de, 323

Araripe Júnior, 202

Araújo Bivar, 331

Araújo Jorge,187

Araújo, Murilo, 110-1, 331

Argos, revista, 176-83

Arinos (de Melo Franco), Afonso, 89

Aristóteles, 60, 327

Arquivo Municipal do Rio de Janeiro, 195-7

Arte sob o ponto de vista sociológico, A (Guyau), 152, 278

Assis Sintra, Francisco, 247
Associação dos Empregados no Comércio, 97
Astronomia (Delaunay), 61
Athalie (peça de Racine), 65
Athayde, Austregésilo de, 145
Avenida, revista, 59
Azevedo, Ciro de, 90-1

Bagatelas (Lima Barreto), 1
Balzac, Honoré de, 122, 209, 218, 315
Bandeira de Melo, Cecília, 40
Barbosa, Francisco de Assis, 43
Barbosa, Rui, 188, 267
Barreto, Paulo, 233
Barreto, Tobias, 316, 334
Barros, João de, 249
Bastos Tigre, Manuel, 74
Bataille, Georges, 65
Baudelaire, Charles, 101
Beaumarchais, Pierre- -Augustin de, 65
Bédarieux, Robert de, 115-9
Bergerets (France), 129
Berta, Albertina, 21, 32-3, 113-4, 145, 218-23
Bezerra, Zé, 186
Bézout, Étienne, 317
Biblioteca Nacional, 104-5
Bilac, Olavo, 49, 89, 101, 174
Bjørnson, Bjømstjerne, 170
Bluteau, Rafael, 247
Boissier, Gaston, 214
Bojer, Johan, 125

Boletim Mundial, 153, 156, 158, 161
Bonaparte, Napoleão, 280, 327
Bórgia, César, 220, 222
Bossuet, Jacques-Bénigne, 138
Bouglé, Célestin, 40, 47-9
Bradley, W. Smith, 287-93
Braga, Belmiro, 77, 92
Braga, Cincinato, 253
Brandão, João Lúcio, 192
Brandão, Otávio, 180-2
Brito, J., 68, 74
Brito, José Saturnino de, 224-6
Brunetière, Ferdinand, 130, 271-2
bruzundangas, Os (Lima Barreto), 1
Buarque de Holanda, Sérgio, 23, 39, 310
Bulcão, Mário, 153
Burckhardt, Jacob, 220
Busy, R., 84

Cabotinos (peça de Lopes), 95, 98
Caldas Barbosa, Domingos, 49
Câmara, Jaime Adour da, 37, 151-2
Cambiantes (Oliveira), 159
Camões, Luís de, 126, 268, 274
Campos, Cândido, 91
Campos, Humberto de, 308-9

ÍNDICE ONOMÁSTICO

Canais e lagoas (Brandão), 180-2

Caperton, almirante William, 187

capitania de Sergipe e as suas ouvidorias, A (Prado), 213-4

Cardoso Júnior, Manoel, 59

Cardoso, Licínio, 211

Careta, revista, 15, 31, 35, 41, 51-3, 63-4, 184-6, 213, 305-11, 329-32, 336-9

Carlos Rubens, 302

Carlos VIII, rei da França, 222

Carlyle, Thomas, 79, 114, 121, 207, 281

Carneiro Leão, Antônio, 186

Cartas ao senhor Diabo (Carvalho), 306

Carvalho, Afonso de, 306-7

Casados... na América (Vasconcelos), 215-6

Castelo Branco, Camilo, 124

Castriciano, Henrique, 151

Castro Alves, Antônio F. de, 178, 202

Castro Lopes, Antonio, 68

Castro, Tito Lívio de, 312

ceia dos cardeais, A (peça de Dantas), 124

Cemitério dos vivos (Barreto), 234

Chagas, Carlos, 148

Chichorro da Gama, Antonio, 196

Chico Ângelo (Rêgo Monteiro), 335

Chrysantème, Mme. (Cecília Bandeira de Melo), 40

Cid, El (peça de P. Corneille), 84

Cidades mortas (Monteiro Lobato), 244

Circo Spinelli, 66, 73

cisma, A (peça de Soares), 197

Clara dos Anjos (Lima Barreto), 1

Coelho Neto, Henrique M., 17, 21, 36, 49, 69, 74-5, 82-3, 89, 91, 109, 120-2, 135-7, 151, 174

Coivara (Cruls), 234, 247-50, 252

Collignon, Max, 277

Combate, O, jornal, 233

Comte, Augusto, 236, 326

Condorcet, Nicolas de, 327

"Cordas de cabelo" (Mendes de Oliveira), 102-3

Corneille, Pierre, 65, 84

Corneille, Thomas, 84

Corrêa, Felipe Botelho, 31, 44

Correio da Manhã, 1

Correio da Noite, 93-105, 108-9

Correio da Roça (Lopes), 115

Costa Rego, Pedro da, 77

Costa, Bonifácio, 108

Costallat, Benjamin, 40

Couto de Magalhães, José Vieira, 200, 205

Couto, Diogo do, 249

Cozinheiro imperial, 213
Crainquebille (France), 275
Cravo vermelho (Ribeiro
    Filho), 59-61
Crime e castigo
    (Dostoiévski), 272, 274
Cristais partidos (Machado),
    106-7
crítica de ontem, A (Vítor),
    169-75, 217
Cruls, Gastão, 234, 247-50,
    252
Cruz e Sousa, João da, 203,
    334
Cunha, Euclides da, 29, 89, 182
Cyrano de Bergerac (peça de
    Rostand), 126

D' Annunzio, Gabriele, 222
Da volúpia ao ideal (Brito),
    226
Daltro, Deolinda, 105
Dantas, Júlio, 123-7, 129
Darwin, Charles, 163-4, 258
Daudet, Alphonse, 218
Daumier, Honoré, 315
de la Barca, Calderón, 73
de Pina, Rui, 249
De Profundis (Wilde), 252
Delaunay, Charles, 61
"Dentro da noite" (Oliveira),
    153, 159-61
Dentro da vida (Prata), 335
Der Grosse, Friedrich, 289
Descartes, René, 138
destino da escolástica,
    O (Varejão), 192-4
Diário íntimo (Lima
    Barreto), 1, 29

Dias, Artur, 151
Dias, Carlos Malheiros,
    126, 128-30
Dickens, Charles, 315
Dieux ont soif, Les (France),
    198
Discours sur l'histoire
    universelle (Bossuet),
    138
Discours sur la méthode
    (Descartes), 138
dois garotos, Os
    (Decourcelle), 73
Dom Quixote de la Mancha
    (Cervantes), 60, 275
Dostoiévski, Fiódor, 36, 125,
    251, 272, 274
du Camp, Maxime, 118
Dumas, George, 266
Durkheim, Émile, 40

Eliot, George, 114, 125
Elogio do amigo (Vítor),
    333-4
"Elogio do ocaso" (Fontes),
    153, 156-8
Elucidário (Viterbo), 247
Ensaios de sociologia
    (Manoel Carlos), 234-8,
    240-1
Entre neblinas (peça de
    Brito), 224-5
Estação Teatral, A, revista,
    65-87
Estado de S. Paulo, O, 147
Estado, O, 187-90
estética da vida, A (Graça
    Aranha), 288
Estudos (Berta), 219-23

Estudos (Veríssimo), 90
Eulalio, Alexandre, 31
Exaltação (Berta), 113-4,
218
Exomologese (Bivar), 331

Farias Brito, Raimundo,
203
Fatos e comentários
(Spencer), 221
Fédon (Platão), 284
Feiras e mafuás (Lima
Barreto), 1
Ferraz, Enéias, 37, 312-5
Ferraz, Fausto, 137
Ferreira de Araújo, João, 49
Ferreira de Meneses, José,
49
Fetiches e fantoches (Grieco),
337-8
Feuillet, Octave, 122
Fichte, Johann, 289
Figueiredo Pimentel,
Alberto, 108
Figueiredo, Antero de, 124,
126, 129
Figueiredo, Fidelino de, 233
Figueiredo, Jackson de, 203,
228-32, 322, 335
*filosofia, conforme a mente
de são Tomás de Aquino,
exposta por Antônio
Rosmini, em harmonia
com a ciência e com a
religião, A* (Lipparoni),
317
Flaubert, Gustave, 109, 136,
209
Flocos (Oliveira), 158

Floreal, revista, 1, 14, 30,
33, 54-62
Folha, A, 201-4
Folhas que ficam (Vítor),
216-7
Fontes, Hermes, 76, 90,
153-8, 161
Fouillée, Alfred, 131
France, Anatole, 128-9,
266
Franco, Luís, 101-3
Frontin, Paulo de, 262
Fundação Biblioteca
Nacional, 39

Galiani (Galileu Galilei), 60
Gama, Arnaldo, 124
Gardênia, Paulo, 108-9
Garnier, Hipólito, 88-92
Gaultier, Jules, 221
Gazeta da Tarde, 88-92
Gazeta de Notícias, 108,
205-23, 242-6
Goldoni, Carlo, 73
Gomes de Souza, Joaquim,
267
Gomes, Perilo, 234, 321-8
Gomes, Roberto, 73
Gonçalves de Magalhães,
José, 173
Gonçalves Dias, Antônio,
49, 202
Gonzaga Duque, Luís, 90
Górki, Máximo, 125
Goulart de Andrade, José
Maria, 74
Gourmont, Rémy de, 86
Graça Aranha, José Pereira,
283, 288, 317

Grieco, Agripino, 77, 337-8
Guerra Junqueiro, Abílio, 178
Guiraud, Pierre, 326
Guyau, Jean-Marie, 129, 271, 278-9, 281

Hamlet (Shakespeare), 286
Hamon, A., 238
Hegel, Friedrich, 289
Herculano, Alexandre, 124, 247
História de João Crispim (Ferraz), 312-5
Histórias e sonhos (Lima Barreto), 1
homem sem máscara, O (Veiga), 294-9
Hora, Mário, 329-30
Houaiss, Antônio, 43
Humilhados e luminosos (Figueiredo), 228-32
Huret, Jules, 218

Ibsen, Henrik, 65, 73, 125, 170
Ilha dos Pinguins (France), 129
Ilusão (Perneta), 204
Impressões (Nilo), 145
Impressões de arte (Rubens), 302
"Inferno" (Alighieri), 153

J. Carlos, chargista, 40
Jacquemont, Victor, 258, 260
Jammes, Francis, 106

Jaramillo, H., 93-4
Jean Christophe (Rolland), 203
João do Rio, 17, 22, 91, 144
Jornal do Comércio, 1, 338

Kant, Immanuel, 206
Kilkerry, Pedro, 229
Klaxon, revista, 23, 39, 310-1
Knowing and Life (Macran e Bradley), 287-93

Lanterna, A, revista, 135-7
Laupts, Dr. (Georges Saint--Paul), 251
Leitão da Cunha, Vasco, 185
Leite de Castro, 90-1
Lemos, Eugênio de, 67-9
Lessa, Pedro, 206
"Levanta-te e caminha" (Souto Maior), 176-9
Liga da Defesa Nacional, 52
Lima Barreto, Amália Augusta de, 1
Lima Barreto, Carlindo, 234
Lima Barreto, João Henriques de, 1
Lima Campos, 90
Lima, Augusto de, 266
Lima, Hélio, 283
Lipparoni, Gregório, 317
Lírico, Teatro, 94
Lobatchévski, Nikolai, 60
Lobo, Hélio, 155
Loiola, Leônidas de, 243

Lopes, Júlia, 73-5, 115
Lopes, Oscar, 73-6, 95
López, Carlos Antonio, 199
Lorenzo, Tina de, 99
Lusíadas, Os (Camões), 126-7, 274
Luso, João, 73-5, 128
Luz, Fábio, 91

Maçã, A, revista, 308
Macaulay, Thomas, 327
Machado de Assis, Joaquim
    Maria, 18-9, 34, 49, 174-5, 202
Machado, Gilka, 21, 32, 106-7, 145
Machado, Julião, 81, 85
Mackay, Clarence, 218
Macran, Joachin, 287-93
Maeterlinck, Maurice, 65
Magalhães, Adelino, 34, 216, 331
Magalhães, Domingos, 91
Magalhães, Juca, 230
Maia, Alcides, 202
Mané Xiquexique (Albano), 243
Manuel Carlos (tenente), 234-8, 240-1
Maria Antonieta, rainha da
    França, 280
Mariano, Olegário, 35, 265
Marinetti, Filippo, 23, 310-1
Mau olhado (Miranda), 162-7
Maupassant, Guy de, 109, 218, 222
Médecin malgré lui
    (Molière), 84

Melo Leite, 228-9
Melo Morais, Alexandre
    José de, 87
*Memórias póstumas de Brás
    Cubas* (Machado de
    Assis), 175
Mendes de Oliveira, 100-3
Mendes Leal, José da Silva, 202
Meneses, Emílio de, 80, 101
Miranda e Toledo, Rodolfo
    de, 115
Mme. Bifteck-Paff (Théo-
    -Filho), 115
Mme. Bovary (Flaubert), 136
Mme. Pommery (Tácito), 191, 200, 205-10
Molière, 65, 84
Montaigne, Michel de, 31
Monteiro Lobato, José
    Renato, 35, 38, 142, 144-9, 188, 191, 200, 234, 242-6
Moréas, Jean, 101
Moreira, Álvaro, 39
mulher e a sociogenia, A
    (Castro), 312
Müller, Lauro, 233
Mundo Literário, revista, 40
Museu Nacional, 94

Negrinha (Monteiro Lobato), 244
Neiva, Artur, 148
Nestor Vítor (dos Santos), 34, 169-75, 203, 216-7, 333-4

"neurastenia do professor
 Filomeno, A" (Cruls), 249
Newton, Isaac, 267
Nick Carter (Coryell), 275
Nietzsche, Friedrich, 33,
 219-20, 318
Nobre, Antônio, 124, 231
Noções de Arte Culinária
 (Abreu Costa), 212-3
Nogueira da Silva, 158, 160
Noite, A, jornal, 142
"Noites brancas" (Cruls),
 250
"noiva de Oscar Wilde,
 A" (Cruls), 250
Noronha Santos, Francisco
 Agenor de, 37, 195-6
Notícia, jornal, 67
"noturno no 13, O" (Cruls),
 248
Numa e a ninfa (Lima
 Barreto), 1, 142
Nunes Garcia, José
 Maurício, 49

O que é a Arte? (Tolstói),
 270
*O que se ensina e o
 que se aprende nas
 escolas de direito do
 Brasil* (Süssekind de
 Mendonça), 300
Oiticica, José, 77, 92, 181
Oliveira Júnior, João Batista
 de, 77
Oliveira Lima, Manuel
 de, 115
Oliveira Martins, Joaquim
 Pedro de, 124

Oliveira Viana, Francisco
 José de, 142-3
Oliveira, Alberto de, 89,
 231
Oliveira, Filipe de, 92
Oliveira, Leonete de, 153,
 158-61
Oliveira, Vitorino de, 74
*Origines de la France
 contemporaine* (Taine),
 198, 326
Ornelas, Gustavo do
 Amaral, 77, 90, 92, 303
Otávio Augusto, 305

Pacheco, Félix, 337
País, O, 128, 142-3, 312-5
Paixão, Múcio da, 53
Paixão Cearense, Catulo da,
 31, 51-2
Parreiras, Antônio, 98
*Pascal e a inquietação
 moderna* (Figueiredo),
 335
Pascal, Blaise, 318
Patrocínio Filho, José do, 77
Patrocínio, José do, 49, 116
Peixoto, Afrânio, 202, 233
Pena, Belisário, 148
Penso e creio (Gomes), 321-8
Pereira Barreto, João, 78-9,
 90
Pereira Lima, 186
Pereira, J. N., 213
Perneta, Emiliano, 204
*Perversion et perversité
 sexuelles* (Laupts), 251
Phèdre (peça de Racine),
 65

ÍNDICE ONOMÁSTICO

Pina, Afonso, 312
Pinheiro Chagas, Manuel,
124
Pinto da Rocha, Artur,
74
Pires, Paulo Roberto, 31
Plans, Telésforo, 97
Platão, 284, 327
Poesias (Ornelas), 303
Poincaré, Henry, 60
Pompadour, Mme., 206
Pontes & Cia (Brandão),
192
Pontes de Miranda,
Francisco, 316-20
Prado Chaves, 186
Prado, Ivo do, 213-4
Prata, Ranulfo, 132-4, 300,
335
"Predestinado" (Mendes
de Oliveira), 102
Prélios pagãos (Mendes
de Oliveira), 100-3
Problema vital (Lobato),
147-50
Proença, Manuel Cavalcanti,
43
professor Jeremias, O (Vaz),
184-91, 255
*Psicologia do militar
profissional* (Hamon),
238
Pujol, Alfredo, 202

Queirós, Eça de, 124, 130
Quental, Antero de, 124

Rabelais, François, 310, 337
Racine, Jean, 65, 73, 84

Ramalho Ortigão, José
Duarte, 124
*Recordações do escrivão
Isaías Caminha* (Lima
Barreto), 1, 151
Régnier, Martha, 99
Rêgo Monteiro, Débora do,
335
Reinach, Teodoro, 276
Reis, Ataliba, 74
remorso vivo, O (Amorim),
73
Renan, Ernest, 79, 242
reposteiro verde, O (peça de
Dantas), 123-7
Resende, Beatriz, 43
Revista Brasileira, 115
Revista Contemporânea, 38,
120-2, 146-50, 162-75
Revista do Brasil, 38, 187-
8, 199
Revista Sousa Cruz, 265-82
Ribeiro Filho, Domingos,
59-61
Riemann, Bernhard, 60
Rimini, Francesca da, 153
Rio-Jornal, 300-4
Robinson Crusoe (Defoe),
275
Rocambole (Ponson du
Terrail), 275
Rogério (peça de Soares),
197, 199
Roi Bombance, Le (peça
de Marinetti), 310
Rolland, Romain, 203
Romero, Sílvio, 37, 312, 316,
334
Rosas (Braga), 92

Rostand, Edmond, 126
Rotrou, Jean, 84

sabedoria dos instintos, A
   (Miranda), 316-20
Sainte-Beuve, Charles, 337
Saint-Paul, Georges ver
   Laupts, Dr.
Sand, George, 114
Santos, marquesa de, 206
Santos, Urbano, 137
Schelling, Friedrich, 289
Schettino, Francisco, 233-4
Schittini, Solfieri, 303
Schwarcz, Lilia, 32, 39
Science et Hypothèse
   (Poincaré), 60
Selvas e céus (Barreto), 79
Senhora de engenho (Sete),
   234, 253-6
Serbati, Antônio Rosmini,
   317
sete degraus do crime, Os,
   73
Sete, Mário, 234, 253-6
Sevcenko, Nicolau, 29
Shakespeare, William, 65,
   73, 125
Sieyès, Emmanuel, 116
Silva Alvarenga, Manuel
   Inácio, 49
Silveira, Tasso da, 187, 201,
   203
Soares, Orris, 197, 199
Sócrates, 284, 327
sombra, A (peça de Ornelas),
   303
Sons ritmados (Alves),
   285-6

Sousa, frei Luís de, 249
Souto Maior, Walfrido,
   176-9, 186
Spencer, Herbert, 206, 221
Suspiros Poéticos (Gonçalves
   de Magalhães), 173
Süssekind de Mendonça,
   Carlos, 41, 300-3, 339-
   40

Tabaréus e tabaroas (Hora),
   329-30
Tácito, Hilário, 205-10
Taine, Hippolyte, 130, 198,
   271, 296, 326
Tapajós, Júlio, 68
Taunay, Afonso de, 199
Tavares, Uriel, 231
Teatro Municipal do Rio
   de Janeiro, 67, 70-7, 82,
   94, 99
Temps, jornal, 276
Thalita (peça de Pinto da
   Rocha), 75
Théo-Filho, 39, 40, 115-9,
   257-64
Timocrate (peça de T.
   Corneille), 84
Tojeiro, Gastão, 74
Tolstói, Liev, 36, 125, 170,
   270, 277
Torres, Alberto, 115
Triste fim de Policarpo
   Quaresma (Lima
   Barreto), 1, 33, 37, 145,
   234
triunfo, O (Prata), 132-4
Tumulto da vida
   (Magalhães), 216

ÍNDICE ONOMÁSTICO

Turguêniev, Ivan, 125, 222

Urupês (Monteiro Lobato),
142, 146-50, 188, 243-4

Valença, Rachel, 43
Varejão, Lucilo, 192-4
Varela, Heitor, 199
Vasconcelos, Carlos de, 215-6
Vaux, Clotilde de, 136
Vaz, Leo, 184-91, 255
Veiga Lima, 203
Veiga Miranda, João Pedro
da, 162-7, 253
Veiga, Vinício da, 294-9
Velas (Lima), 283-4
Veríssimo, José, 90, 115
Verlaine, Paul, 101
Verne, Júlio, 212
Viagem ao Araguaia
(Couto de Magalhães),
200, 205
Viagens de Gulliver (Swift),
275
*Vida e morte de M. J.
Gonzaga de Sá* (Lima
Barreto), 1
Vida extinta (Oliveira), 92
Vieira, padre Antonio, 247
Virgens amorosas (Théo-
-Filho), 257-64
Viterbo, Francisco Joaquim,
247
Voltaire, 65

Wilde, Oscar, 250-1, 295
Woolf, Virginia, 35

Xavier Marques, Francisco,
202, 228

Zacconi, Ermetto, 98
Zola, Émile, 170, 251

LEIA MAIS PENGUIN-COMPANHIA
CLÁSSICOS

Lima Barreto

Triste fim de Policarpo Quaresma

Introdução de
LILIA MORITZ SCHWARCZ
Notas de
LILIA MORITZ SCHWARCZ, LÚCIA GARCIA
E PEDRO GALDINO

Ambientado no final do século XIX, *Triste fim de Policarpo Quaresma* conta a história do major Policarpo Quaresma, nacionalista extremado, cuja visão sublime do Brasil é motivo de desdém e ironia. Interessado em livros de viagem, defensor da língua tupi e seguidor de manuais de agricultura, Policarpo é, sobretudo, um "patriota", quer defender sua nação a todo custo. O patriotismo aferrado leva o protagonista a envolver-se em projetos que constituem as três partes do livro.

Lançado pela primeira vez como folhetim no *Jornal do Comércio*, *Triste fim de Policarpo Quaresma* completa, em 2011, cem anos de sua primeira publicação. Esta nova edição traz uma introdução da historiadora Lilia Moritz Schwarcz que, recorrendo ao original manuscrito e às resenhas da edição do autor publicada em 1915, faz uma análise contundente do romance e de seus personagens, desvendando o contexto social e político em que foi escrito por Lima Barreto.

Complementando a fortuna crítica do livro, cerca de trezentas notas elaboradas por Lilia Moritz Schwarcz, Lúcia Garcia e Pedro Galdino recuperam citações, textos, autores e personalidades históricas presentes no romance.

WWW.PENGUINCOMPANHIA.COM.BR

LEIA MAIS PENGUIN-COMPANHIA
CLÁSSICOS

Lima Barreto

Recordações do escrivão Isaías Caminha

Introdução de
ALFREDO BOSI
Prefácio de
FRANCISCO DE ASSIS BARBOSA
Notas de
ISABEL LUSTOSA

Mais de cem anos depois de sua primeira edição, *Recordações do escrivão Isaías Caminha* não poderia ser mais atual. Ambientado no Rio de Janeiro no começo do século XX, este livro de estreia de Lima Barreto narra a história de um jovem negro, culto e inteligente que, embora tenha todos os atributos para ser inserido na sociedade, é massacrado pelo preconceito racial.

Resgatando a atualidade da obra do escritor, o crítico Alfredo Bosi, que assina a introdução, destrincha o romance do ponto de vista da crítica literária se atendo especialmente à figura do narrador, que oscila entre as fantasias de prestígio social e o cotidiano sempre à beira de humilhações.

Esta edição traz ainda um prefácio de Francisco de Assis Barbosa, pesquisador e historiador que fez um dos mais importantes estudos sobre a obra de Lima Barreto. Complementando a fortuna crítica do livro, mais de cem notas de Isabel Lustosa, que resgatam a história social e cultural da *belle époque* carioca e desvendam o caráter memorialista do romance ao apontar as verdadeiras figuras por trás dos personagens.

WWW.PENGUINCOMPANHIA.COM.BR

Esta obra foi composta em Sabon por Alexandre Pimenta
e impressa em ofsete pela Geográfica
sobre papel Pólen Soft da Suzano Papel e Celulose
para a Editora Schwarcz em julho de 2017

A marca FSC é a garantia de que a madeira utilizada na fabricação do papel deste livro provém de florestas que foram gerenciadas de maneira ambientalmente correta, socialmente justa e economicamente viável, além de outras fontes de origem controlada.